国家社科基金项目（项目编号：20BTJ012）
资助

河北大学共同富裕研究中心

Research on the Measurement and Evaluation
Methods and Application of Modernization of

CHINESE NATIONAL
GOVERNANCE

中国国家治理现代化的
测度与评价方法及应用研究

郭子雪　张运通　蒋莎莎　张运梅 ◎ 著

中国财经出版传媒集团
经济科学出版社
Economic Science Press
· 北京 ·

图书在版编目（CIP）数据

中国国家治理现代化的测度与评价方法及应用研究／
郭子雪等著 . -- 北京：经济科学出版社，2024. 10.
ISBN 978 - 7 - 5218 - 6231 - 7

Ⅰ. D630. 1

中国国家版本馆 CIP 数据核字第 202426YN90 号

责任编辑：宋艳波
责任校对：王肖楠
责任印制：邱　天

中国国家治理现代化的测度与评价方法及应用研究
ZHONGGUO GUOJIA ZHILI XIANDAIHUA DE
CEDU YU PINGJIA FANGFA JI YINGYONG YANJIU
郭子雪　张运通　蒋莎莎　张运梅　著
经济科学出版社出版、发行　新华书店经销
社址：北京市海淀区阜成路甲 28 号　邮编：100142
编辑部电话：010 - 88191469　发行部电话：010 - 88191522
网址：www. esp. com. cn
电子邮箱：esp@ esp. com. cn
天猫网店：经济科学出版社旗舰店
网址：http://jjkxcbs. tmall. com
固安华明印业有限公司印装
710×1000　16 开　18 印张　280000 字
2024 年 10 月第 1 版　2024 年 10 月第 1 次印刷
ISBN 978 - 7 - 5218 - 6231 - 7　定价：88. 00 元
（图书出现印装问题，本社负责调换。电话：010 - 88191545）
（版权所有　侵权必究　打击盗版　举报热线：010 - 88191661
QQ：2242791300　营销中心电话：010 - 88191537
电子邮箱：dbts@ esp. com. cn）

　　中国共产党第十九届中央委员会第四次全体会议通过的《中共中央关于坚持和完善中国特色社会主义制度、推进国家治理体系和治理能力现代化若干重大问题的决定》指出，要进一步坚持和完善中国特色社会主义制度，将我国制度优势更好地转化为国家治理效能，推动国家治理体系和治理能力现代化。中国国家治理现代化是中国式现代化的重要组成部分，实现中国国家治理现代化必须充分发挥市场在资源配置中的决定性作用，更好发挥政府作用，激发和培育政府与市场、国家与社会的双引擎和双动能，实现政府、市场、社会的互惠共生与良性互动，构建共建共治共享的复合治理机制。但是，受多种客观因素影响，推进中国国家治理现代化仍面临诸多挑战，经济发展质量不高、整体治理能力失衡、社会治理参与度较低、环境治理能力不足、文化建设意识不强等现实问题，成为阻碍中国国家治理现代化进程的不利因素。在中国特色社会主义进入新时代，坚持以中国式现代化推进中华民族伟大复兴的历史背景下，坚定不移地贯彻新发展新理念，从政治、经济、文化、社会、生态等方面全面、深入地探讨中国国家治理现代化问题，探寻中国国家治理现代化的动力、路径与方式，具有非常重要的现实意义和研究价值。

　　本书针对我国国家治理现代化发展的现状及面临的问题，综合运用平均集结算子、云模型、多属性决策、多元统计等理论方法，较系统深入地研究国家治理现代化的概念与内涵、中国国家治理现代化评价指标体系以及国家治理现代化测度评价方法等问题。本书共分9章。

第1章为绪论。本章主要介绍了研究背景和意义、国家治理相关问题国内外研究现状、研究内容与结构安排、研究目标与研究方法、研究的创新点等。

第2章为国家治理理论与国家治理现代化的产生与发展。本章主要介绍治理理论的兴起，概括总结西方国家治理理论与中国国家治理理论与实践，探讨国家治理现代化的内在逻辑，并分析我国推进国家治理现代化面临的困境。

第3章为中国国家治理现代化测度与评价指标体系构建。本章界定了国家治理现代化的概念与科学内涵，分析了影响国家治理现代化发展的重要因素，基于国家治理现代化评价的基本原则，通过指标初选和筛选，建立了包括5个一级指标、12个要素指标和49个二级指标的中国国家治理现代化评价指标体系。

第4章为基于集结算子的中国国家治理现代化测度方法研究。本章首先定义平均集结算子概念，讨论算术平均集结算子、几何平均集结算子、调和平均算子等平均集结算子的幂等性、齐次性、置换性及单调性；其次定义复合平均集结算子，讨论算术平均复合集结算子、几何平均复合集结算子、幂平均复合集结算子具有的基本性质；最后在前面研究的基础上，提出基于混合平均复合算子的中国国家治理现代化测度方法。

第5章为基于集结算子方法的国家治理现代化水平测度与分析。本章依据第3章建立的中国国家治理现代化发展评价指标体系，基于2017～2021年的指标数据，分别利用国家层面和省市层面的统计数据，运用第4章提出的方法实证测度了治理现代化一级指标的发展指数与总的治理现代化指数，并分析了其分布特征。

第6章为基于云模型–TOPSIS法的中国国家治理现代化评价研究。本章提出了基于正态云特征信息的中国国家治理现代化评价指标组合赋权法，探讨了国家治理现代化评价指标的无量纲化方法，建立了基于改进TOPSIS法的中国国家治理现代化评价模型，最后通过实例验证所提出方法的可行性。

第7章为权重未知情形下中国国家治理现代化动态评价方法。本章运用研究对象的面板数据，在特定时间段内对国家治理现代化水平进行动态评价。首先给出了国家治理现代化动态评价的时间权重确定方法和指标无量纲化方法；其次讨论了基于国家治理现代化动态评价的动态加权集成算子，并通过对不同时期决策信息进行集成，提出了基于改进 TOPSIS 法的国家治理现代化动态评价方法。

第8章为中国国家治理现代化评价问题的实证研究。本章以中国29个省份为研究对象，基于 2012～2021 年的统计数据，首先对 2021 年我国国家治理现代化发展水平进行评价；其次利用 2017～2021 年的面板数据，通过确定时间序列权重向量和动态加权集成算子，对不同时段的决策信息进行集成，并利用动态评价模型测度我国国家治理现代化发展水平；最后通过结果分析提出了相关发展对策。

第9章为研究结论与展望。本章对全书的研究内容和研究结论进行了总结，并指出本书的局限以及未来有待进一步研究的若干问题。

由于笔者学识和水平所限，书中疏漏之处在所难免，敬请广大同仁和读者批评指正。

郭子雪

2024 年 8 月

目录
Contents

第1章 绪论 / 001

1.1 研究背景与研究意义 / 001

1.1.1 研究背景 / 001

1.1.2 研究意义 / 003

1.2 国内外研究综述 / 004

1.2.1 关于国家治理体系和治理能力内涵的研究 / 004

1.2.2 关于国家治理体系和治理能力现代化的研究 / 005

1.2.3 关于国家治理体系和治理能力现代化路径的
研究 / 006

1.2.4 关于国家治理统计测度与评价研究 / 007

1.2.5 相关研究评述 / 008

1.3 研究内容与结构安排 / 008

1.4 研究目标与研究方法 / 010

1.4.1 研究目标 / 010

1.4.2 研究方法 / 010

1.5 研究工作创新点 / 011

1.6 本章小结 / 012

第2章 国家治理理论与国家治理现代化的产生与发展 / 013

2.1 治理理论的兴起 / 013

2.2 西方国家治理理论的历史演进 / 015

    2.2.1 国家干预理论 / 015

    2.2.2 新公共管理理论 / 017

    2.2.3 新公共服务理论 / 018

    2.2.4 结构理论 / 019

    2.2.5 治理理论 / 020

2.3 新中国国家治理理论与实践 / 021

    2.3.1 创立人民民主专政理论 / 021

    2.3.2 贯彻落实民主集中制 / 022

    2.3.3 健全人民当家做主的制度体系 / 022

    2.3.4 建立社会主义市场经济体制 / 023

    2.3.5 创新发展中国特色社会主义制度 / 024

    2.3.6 坚持法治与德治相结合的治理理念 / 024

2.4 国家治理现代化的内在逻辑 / 025

    2.4.1 理论逻辑 / 025

    2.4.2 制度逻辑 / 026

    2.4.3 实践逻辑 / 027

2.5 推进中国国家治理现代化面临的困境 / 029

    2.5.1 社会主义治理制度和治理机制尚未健全 / 029

    2.5.2 公众与社会组织的国家治理参与度较低 / 030

    2.5.3 国家治理面临价值多元化带来的挑战 / 031

    2.5.4 国家治理主体的整体治理能力不足 / 031

2.6 本章小结 / 032

第3章 中国国家治理现代化测度与评价指标体系构建 / 033

3.1 国家治理现代化的概念与内涵 / 033

    3.1.1 治理与国家治理的概念 / 033

3.1.2 现代化的内涵与发展 / 035

3.1.3 国家治理现代化的内涵与特征 / 037

3.2 国家治理现代化评价要素分析 / 039

3.2.1 政策分析 / 039

3.2.2 关键词分析 / 039

3.2.3 评价要素分析 / 041

3.3 国家治理现代化测度与评价指标体系的建立 / 048

3.3.1 国家治理现代化测度与评价的原则 / 048

3.3.2 国家治理现代化测度与评价指标初选 / 048

3.3.3 国家治理现代化测度与评价指标的约简 / 051

3.3.4 国家治理现代化测度与评价指标体系的确定 / 063

3.4 本章小结 / 068

第4章 基于集结算子的中国国家治理现代化测度方法研究 / **069**

4.1 集结算子及其性质 / 069

4.1.1 平均集结算子的概念及其性质 / 069

4.1.2 加权平均集结算子 / 075

4.1.3 基于位置信息的平均集结算子 / 076

4.2 复合平均集结算子 / 081

4.2.1 复合平均集结算子的概念 / 081

4.2.2 算术平均复合集结算子 / 083

4.2.3 几何平均复合集结算子 / 084

4.2.4 有序算术平均复合集结算子 / 086

4.2.5 有序几何平均复合集结算子 / 087

4.2.6 幂平均复合集结算子 / 088

4.3 基于平均算子的中国国家治理现代化测度方法 / 089

4.3.1 问题的提出 / 089

4.3.2 基于几何平均算子的一级指标现代化水平测度模型 / 090

4.3.3 基于复合集结算子的国家治理现代化水平测度模型 / 092

4.3.4 基于平均算子的我国国家治理现代化测度步骤 / 094

4.4　本章小结　/　096

第5章　基于集结算子方法的国家治理现代化水平测度与分析　/　**097**

5.1　数据来源与研究方法　/　097

　　5.1.1　数据来源　/　097

　　5.1.2　研究方法　/　098

5.2　基于全国数据的国家治理现代化水平测度指数分析　/　098

　　5.2.1　全国数据规范化处理　/　098

　　5.2.2　全国数据归一化处理　/　100

　　5.2.3　计算国家治理现代化评价指标权重　/　102

　　5.2.4　计算国家治理现代化测度指数　/　104

5.3　基于省份数据的省域治理现代化水平测度指数分析　/　104

　　5.3.1　数据规范化处理　/　105

　　5.3.2　计算省域治理现代化二级指标权重　/　112

　　5.3.3　省域治理现代化一级指标权重的计算与分布特征
　　　　　分析　/　119

　　5.3.4　计算省域治理现代化一级指标测度指数并分析其
　　　　　分布特征　/　120

　　5.3.5　省域治理现代化综合指数的计算及其分布特征
　　　　　分析　/　122

5.4　本章小结　/　124

第6章　基于云模型 – TOPSIS 法的中国国家治理现代化评价研究　/　**125**

6.1　云模型相关理论　/　125

　　6.1.1　云模型的概念　/　125

　　6.1.2　云模型的数字特征　/　126

　　6.1.3　云发生器　/　127

　　6.1.4　云的代数运算　/　129

　　6.1.5　正态云的距离测度　/　129

6.2　国家治理现代化评价指标的组合赋权法　/　129

6.2.1 基于云模型不确定度的指标赋权法 / 130

6.2.2 基于偏差最大化的指标赋权方法 / 131

6.2.3 测度评价国家治理现代化的组合赋权法 / 133

6.3 国家治理现代化评价指标的无量纲化方法 / 134

6.3.1 指标无量纲化概述 / 134

6.3.2 国家治理现代化评价问题常用的指标无量纲化方法 / 136

6.3.3 国家治理现代化评价问题的指标无量纲化方法选择 / 138

6.4 基于改进 TOPSIS 法的中国国家治理现代化评价方法 / 141

6.4.1 传统 TOPSIS 法的基本原理与步骤 / 141

6.4.2 基于改进 TOPSIS 法的中国国家治理现代化评价
方法 / 144

6.5 实例分析 / 147

6.6 本章小结 / 154

第 7 章 权重未知情形下中国国家治理现代化动态评价方法 / 155

7.1 国家治理现代化动态评价时的时间权重确定方法 / 155

7.2 国家治理现代化动态评价时的指标无量纲化方法 / 159

7.3 国家治理现代化动态评价时的动态加权集成算子 / 162

7.4 基于 TOPSIS 法的中国国家治理现代化动态评价方法 / 164

7.4.1 国家治理现代化动态评价问题的一般性描述 / 164

7.4.2 时段权重与属性权重的确定方法 / 165

7.4.3 国家治理现代化动态评价步骤 / 167

7.5 实例分析 / 168

7.6 本章小结 / 192

第 8 章 中国国家治理现代化评价问题的实证研究 / 193

8.1 数据来源与研究方法 / 193

8.1.1 数据来源 / 193

8.1.2 研究方法 / 194

8.2 国家治理现代化发展水平评价 / 194

8.2.1　数据归一化处理　/　194

8.2.2　计算评价指标的权重　/　205

8.2.3　二级指标数据信息的集成　/　206

8.2.4　计算评价对象到理想方案和负理想方案的距离
与贴近度并排序　/　208

8.3　国家治理现代化发展水平动态评价　/　209

8.3.1　确定时间序列权重向量　/　209

8.3.2　确定评价对象各指标的集成信息　/　213

8.3.3　二级指标数据信息的集成　/　224

8.3.4　计算评价对象到理想方案和负理想方案的距离
与贴近度并排序　/　225

8.4　推动我国国家治理现代化的对策建议　/　226

8.4.1　研究结果分析　/　226

8.4.2　中国国家治理现代化发展的对策建议　/　229

8.5　本章小结　/　232

第9章　研究结论与展望　/　**233**

9.1　主要研究结论　/　233

9.2　本研究的局限与后续研究展望　/　234

附录　/　**236**

参考文献　/　**261**

第**1**章

绪　论

国家治理现代化是在中华民族伟大复兴这一时代背景下提出的，这是中国共产党治国理政的全新境界。本章立足国家治理研究的背景和意义，系统梳理了国家治理现代化相关问题的国内外研究现状，阐述了成果的研究内容与结构安排、研究目标与研究方法、研究的创新点等。

1.1 研究背景与研究意义

1.1.1 研究背景

"国家治理体系和治理能力现代化"是习近平总书记在党的十八届三中全会中首次提出的概念，① 标志着将现代化的国家治理提升至战略性、全局性的高度，促进经济、政治、文化、社会、生态各领域的全面深化变革，探索了一条具有中国特色的国家治理现代化之路。

2013 年，中国共产党第十八届中央委员会第三次全体会议（以下简称中共十八届三中全会）提出了"国家治理现代化"的重大战略命题，这表

① 中共十八届三中全会在京举行 习近平作重要讲话［EB/OL］.（2013 – 11 – 13）［2024 – 03 – 09］. http：//jhsjk. people. cn/article/23521588.

明党对社会政治的发展规律有了更深刻的认识，是对马克思主义国家治理思想的创新发展，是认识现代化的最新成果，为我国进一步深化改革并完善国家治理指明了方向。从"四个现代化"到国家治理现代化，现代化从经济层面推进至国家层面，将国家治理与现代化有机结合起来，指明了国家治理在现代化中的重要作用和重要地位。2014 年，中国共产党第十八届中央委员会第四次全体会议通过的《中共中央关于全面推进依法治国若干重大问题的决定》指出了全面依法治国以促进国家治理体系与治理能力现代化。2017 年，党的十九大报告将"推进国家治理体系和治理能力现代化"作为分两个阶段基本实现现代化的重要内容。2022 年，党的二十大把"深入推进国家治理体系和治理能力现代化"作为未来五年我国发展的主要目标之一。中国国家治理立足社会主义国家本质特征，在实践中逐步形成了以政府为主导的多元治理主体、法治与德治并用的治理方式、选举民主与协商民主并存的治理形态以及符合中国国情的治理模式和治理经验，为我国政治体制改革和经济体制改革的有效推进奠定了政治基础。

现代化潮流推动着经济的全球化、世界的信息化及社会的民主化，促使国家治理体系和治理能力发生变革。首先，全球化浪潮打破了空间的限制，尤其是以互联网为代表的信息技术的快速发展，"地球村"与世界产业链一体化格局日益凸显，促使国家间交流与合作日益密切。但全球化也伴随着国际关系的复杂化、国内市场环境受到冲击、政治文化多元主义倾向等诸多问题，形成了国家治理问题的"蝴蝶效应"。其次，新一轮的科学革命、信息革命、技术革命促使新媒体、大数据等信息技术快速发展，为国家治理现代化提供了技术支撑，但对国家治理能力也提出了更高的要求。最后，社会民主化、利益多样化促使国家治理方式与治理能力不断变革。公民参与社会治理的意识逐步增强，社会组织不断发展壮大，如何发挥各类社会主体的积极性，是国家治理全面深化改革面临的重大课题。我国经济社会转型进入攻坚阶段，在经济高质量发展的同时仍存在经济发展不平衡、不协调、不充分、环境污染及资源浪费等诸多问题，同样加大了国家治理的难度。国家治理不仅要有效应对全球公共性问题，也要解决国内经济发展问题，以摆脱治理困境，寻求发展契机。面对全球化的挑战及国内转型的压力，根据国际形势及国内发展现状，研究国家治理现代化，既是解决转型中所产生的问题需要，也是全面深化改革的迫切要求。

国家治理现代化的理论问题与实践问题已经引发了学界的高度关注，从研究的视域来看，主要围绕国家治理现代化内涵、相关理论、实现路径等方面进行研究。而国家治理现代化的研究已经不再是一个单纯的政治学或公共管理学命题，应充分考量经济学与管理学的协同效应，以形成多学科交叉的格局。为此，需要理论测度评价中国国家治理体系和治理能力现状，继而通过实证研究探寻新时代背景下中国国家治理体系和治理能力现代化的动力、路径与方式。应坚定不移地贯彻新发展新理念，从政治、经济、文化、社会、生态、国防等方面全面、深入地探讨中国国家治理现代化问题。

1.1.2 研究意义

（1）理论意义

本研究的理论意义主要体现在两个方面：一是本研究通过界定国家治理体系和治理能力现代化的概念、内涵，对中国国家治理现代化统计测度问题进行系统研究，可以丰富和完善统计测度理论；二是本研究综合运用集结算子、云模型等方法，结合中国国家治理现状及其未来发展趋势，科学地提出中国国家治理现代化统计测度评价的理论和方法，可以填补国家治理现代化评价研究的空白，是对国家治理理论的一种创新性探索。

（2）现实意义

研究国家治理现代化，是对当代社会所面临的各种问题与危机的深刻关注，是寻求解决之道的有益探索。其现实意义有三个方面：一是本研究能够揭示中国国家治理现代化发展的演进机理、薄弱环节和变化规律，可以指导其持续、健康、高质量的发展；二是本研究对中国国家治理现代化统计测度的研究，涉及对我国政治、社会、经济、环境等子系统发展状况的分析评价，对指导我国相关领域的实践活动有重要参考价值；三是通过本研究可以探寻促进中国国家治理现代化发展的实现路径，为政府制定各子系统的发展政策提供依据。

国内外研究综述

1.2.1 关于国家治理体系和治理能力内涵的研究

国家治理的核心问题在于重构作为传统政治统治主体的国家（魏治勋，2014），本质上是社会权力运行过程，具有主体多元、方式多样、价值多元等特点，是国家和社会各方力量的博弈与合作（徐琳和谷世飞，2014）。推进国家治理体系和治理能力建设涉及理念与意识的深刻变革（杨丽，2021），面临来自外部环境和国家治理结构两个方面的挑战（贾玉娇，2015），特别强调系统治理和治理的协调化（徐勇和吕楠，2014）。从制度论视角，国家治理体系是规范社会权力运行和维护公共秩序的一系列制度与程序（俞可平，2019），是在中国共产党领导下管理国家各项事务的一系列制度体系（娄成武和张国勇，2020），这种制度体系的政治效能要较之松散的制度更有效果，它包括行政体制、经济体制和社会体制的制度体系（辛向阳，2014），既有党的领导制度，还有政治、经济、文化、社会、生态、国防及外交等领域的制度体制机制（张荣臣和王启超，2020）。从系统论视角，国家治理体系是由治理主体、治理客体、治理目标和治理方式等要素构成的完整体系（丁志刚，2015），是各个领域的指导思想、组织结构、法律法规、组织人员、制度安排构成的一整套紧密相连、相互协调的体系（许耀桐，2014）。学界对于国家治理能力内涵的看法比较一致，都认为国家治理能力就是国家治理体系的执行能力（俞可平，2014），是运用国家制度管理社会各方面事物的能力，包括国家的治国理政、内政外交、治党治军、国防、政策规划、改革发展开拓创新、识才用贤等能力（夏自军，2018）。衡量国家治理能力至少包含政治认知力、体制吸纳力、制度整合力和政策执行力四项指标（杨光斌，2019），更加关注将制度转化为制度效能的人的因素（崔晓彤，2017）。有关国家治理体系与国家治理能力之间关联关系的研究，大多数学者认为国家治理体系是一个国家的制度体系，而治理能力是制度的执行能力，二者相互影响、相互促进，是一个有机的整体（郝保权，2018；熊光清和蔡正道，2022）。

1.2.2 关于国家治理体系和治理能力现代化的研究

国家治理体系和治理能力现代化是一个从传统治理体系转型为现代治理体系、稳步推进现代国家建设的历史过程，是社会现代转型的具体体现（徐琳和谷世飞，2014），具有历史维度、现实维度、未来维度、理论维度、实践维度的复合式特征（朱文毅，2020），以及制度化、规范化、科学化、法治化的内在要求（王林，2021）。推进国家治理体系与治理能力现代化，要求塑造服务型政府、开放型经济新体制、创新型国家（辛向阳，2014），以及推进治理制度创新和治理方式创新（高小平，2014）。中国国家治理体系和治理能力现代化是国家治理主体以人的最大解放、人权的最大实现和人民最大幸福为目标，坚持党的领导、人民当家做主和依法治国的有机统一（应松年，2014），国家治理体系体现国家的制度设计能力，治理能力体现贯彻治理体系的执行能力（徐奉臻，2020）。国家治理体系现代化是有效提升国家治理能力的重要基础，国家治理能力现代化则是充分发挥国家治理体系效能的必要保障（魏晓文，2014），但从治理体系向治理能力的转化并不是线性的（王林，2021）。

从法学学科角度看，相关学者主要通过法治的功能与作用来解读国家治理体系和治理能力现代化的内涵，认为法治与国家治理之间存在着紧密的联系，是国家治理体系与治理能力现代化的内在要求（李新廷，2016），也是国家治理体系和治理能力现代化不可或缺的一部分（韩克芳，2019），能够直接影响到国家治理体系和治理能力现代化的实现程度（梁迎修，2019）。法学思维是实现国家治理体系和治理能力现代化的根本思维（刘淑芳，2021），"法治精神"是国家治理体系和治理能力现代化的核心要求，国家治理体系和治理能力现代化的主要标志就是要全面贯彻落实依法治国基本方略（莫纪宏，2014）。

从公共管理学科角度看，国家治理体系与治理能力需要适应社会发展的要求，国家治理体系与治理能力现代化的过程也是创新社会公共治理体制的过程（李景鹏，2014；贾玉娇，2015）。多元协调是国家治理能力现代化的重要组成要素（刘宇、罗敏和黄杜娟，2017），要实现治理体系和治理能力的现代化，政府就要更加注重公众的需求，最大限度地实现公共利益（施雪华和张琴，2014）。国家治理体系与能力现代化本质上是国家治理体系与其面临的公共问题性质和特征之间不断契合的过程（杨冠琼和刘雯雯，2014），需要有多元主体共同治理的导向理念，坚持民主与法治结合的治国理政方略，最终形成以国家治理为核心任务的多元治理体系格局（陈霞和王彩波，2015）。

从政治学学科角度看，相关研究主要基于政治制度和民主制度考察国家治理现代化，认为国家治理体系与治理能力现代化实质上是一个政治层面的现代化（宋鑫华，2015）。实现国家治理现代化，关键要积极稳妥地推进现代国家制度建设（李放，2014），使中国特色社会主义制度在国家治理中发挥基础性作用，构成国家治理体系和治理能力现代化宏大的制度逻辑（黄建军，2020）。党的政治建设为国家治理能力现代化指引正确方向（曲洪波和田宇禾，2019），是实现国家治理现代化的重要战略保证（孙岩和王瑶，2016）。现代国家治理追求的是多元治理，在中国政治格局下，治理体系现代化是在中国共产党领导下建立国家治理体制机制及与此相关制度体系的现代化（娄成武和张国勇，2020），这对中国共产党的执政能力、领导水平、领导体制和领导方式提出了新的要求（袁红，2019）。

1.2.3　关于国家治理体系和治理能力现代化路径的研究

围绕国家治理体系和国家治理能力现代化的实现路径，学界主要从政府职能转变、社会组织培育、法治体系建设、大数据运用几个维度进行了探讨。政府是国家治理的主要主体，政府职能的转变是实现国家治理体系和治理能力现代化的关键（徐顽强，2014）；推进国家治理体系和国家治理能力现代化，政府机构除了发挥主导作用，还必须放下姿态与社会各界广泛合作，实现政府与社会的共管共治，才能更好地推动国家治理的进步（罗智芸，2020）；国家治理能力不足主要源自局部的政治生态失衡，重构政治生态是提升国家治理能力的重要维度（黄科，2018）。发挥政府在国家治理体系中的主导作用，并不意味着政府就是唯一的治理主体，现代国家治理强调政府主导下的多元协同参与，应将培育社会组织和提升社会自治能力视为国家治理现代化的必备元素（张凤阳，2014）；提高社会组织与公民参与的制度化、组织化水平既是国家治理的重要内容，同时也是国家治理现代化的有效途径（徐琳和谷世飞，2014）；依托统一战线在国家治理体系和治理能力现代化中的重要地位，需进一步完善社会多元共治体系（殷啸虎，2020）。法治是国家制度的重要组成部分，是治理能力和治理水平的重要实现方式和手段，也是将我国国家制度优势转化为治理效能的重要保障；国家治理现代化与法治化相互依存、相互促进，推进国家治理体系法治化是实现国家治理现代化的最重要制度要求和现实需求（莫纪宏，2014；谢晓娟和辛显华，2021）；健全和完善国家治理法律体系、依法治国，既是中共十八届三中全会的重要精神，也是创新国家治理体系和提升国家治理能力的应有之义（辛向阳，2014）。大数据是国家治理现代化的有效媒介（郭建锦和郭建平，2015），大数据技术的运用可以推动我国治理主体由单一转向多元，有效拓展国家治理的主体范围（胡洪彬，2014）；大数据能够推动我国国家治理方式从经验走向科学，提升治理主体对治理对象的科学认知（张璐斐和张艳丽，2020）；大数据推动我国国家治理过程从封闭走向开放，促进国家治理的透明化（许珍，2017）；大数据能够提升国家的智慧决策水平、公共服务能力、社会监管能力、腐败防治水平和应急管理能力（唐皇凤和陶建武，2014）。

1.2.4 关于国家治理统计测度与评价研究

有关国家治理的测度与评价主要从指标体系的构建和方法两方面进行研究。在国家指标体系的构建方面，国际上比较有影响力的有世界治理指标（Worldwide Governance Indicators，WGI）、世界银行的国家政策与制度评估（Country Policy and Institutional Assessment）以及经济合作发展组织（OECD）的"人权与民主治理测评"指标体系（Measuring Human Rights and Democratic Governance）等。国外的指标体系虽然建立了一些普遍性的标准，但是带有西方中心主义价值倾向（俞立平，2014）。国内的国家治理评价指标体系主要涉及经济发展指标和公共事务治理指标两大类，着重从经济、社会、环境、政治、技术等多个维度构建评价指标体系（吴丹，2019；俞可平，2008；何增科，2008；唐勇，2015）。从评价方法来看，目前国家治理测度与评价主要包括目标一致法、层次分析法（杨浩勃、滕涛和傅立平，2020）、加权综合指数法（吴丹，2019）、相关系数法、标准离差法（唐天伟和李林，2016）、多元时间序列回归模型等方法。

1.2.5 相关研究评述

综上所述，已有文献对国家治理体系和治理能力的概念、国家治理体系和治理能力现代化的内涵、国家治理体系和治理能力现代化的路径等方面开展了深入研究。但是，不足之处一是这些研究主要从政治学、公共管理、政治学等单学科视角研究国家治理体系和治理能力现代化问题，多学科交叉研究的格局尚未形成，未能充分考量经济学、管理学的协同效应；二是研究模式单一、研究方法创新性不足，相关研究多是规范研究与定性研究，实证研究和定量研究还比较薄弱；三是关于国家治理体系和治理能力现代化的统计测度的研究尚不多见。为我们从综合视角研究国家治理体系和治理能力现代化统计测度问题提供了切入点与研究空间。

 研究内容与结构安排

本书借助云模型、多指标（属性）决策、集结算子等理论方法，针对中国国家治理现代化现状，较系统深入地研究中国国家治理现代化发展水平测度、评价及其应用问题。本书的主要内容和结构安排如下。

第 1 章为绪论。本章主要介绍了研究背景和意义、国家治理相关问题的国内外研究现状、研究内容与结构安排、研究目标与研究方法、研究的创新点等。

第 2 章为国家治理理论与国家治理现代化的产生与发展。本章主要介绍治理理论的兴起，概括总结西方国家治理理论与中国国家治理理论与实践，探讨国家治理现代化的内在逻辑，并分析我国推进国家治理现代化面临的困境。

第 3 章为中国国家治理现代化测度与评价指标体系构建。本章界定了国家治理现代化的概念与科学内涵，分析了影响国家治理现代化发展的重要因素，基于国家治理现代化评价的基本原则，通过指标初选和筛选，建立了包括 5 个一级指标、12 个要素指标和 49 个二级指标的中国国家治理现代化评价指标体系。

第 4 章为基于集结算子的中国国家治理现代化测度方法研究。本章首先定义平均集结算子概念，讨论算术平均集结算子、几何平均集结算子、调和平均算子等平均集结算子的幂等性、齐次性、置换性及单调性；其次定义复合平均集结算子，讨论算术平均复合集结算子、几何平均复合集结算子、幂平均复合集结算子具有的基本性质；在此基础上，提出基于混合平均复合算子的中国国家治理现代化测度方法。

第 5 章为基于集结算子方法的国家治理现代化水平测度与分析。本章依据第 3 章建立的中国国家治理现代化发展评价指标体系，基于 2021 年的指标数据，分别利用国家层面和省市层面的统计数据，运用第 4 章提出的方法实证测度了治理现代化一级指标的发展指数与总的治理现代化指数，并分析了其分布特征。

第 6 章为基于云模型 – TOPSIS 法的中国国家治理现代化评价研究。本章提出了基于正态云特征信息的中国国家治理现代化评价指标组合赋权法，探讨了国家治理现代化评价指标的无量纲化方法，建立了基于改进 TOPSIS 法的中国国家治理现代化评价模型，最后通过实例验证所提出方法的可行性。

第 7 章为权重未知情形下中国国家治理现代化动态评价方法。本章运用研究对象的面板数据，在特定时间段内对国家治理现代化水平进行动态评价。首先给出了国家治理现代化动态评价的时间权重确定方法和指标无量纲化方法；其次讨论了基于国家治理现代化动态评价的动态加权集成算子，并通过对不同时期决策信息进行集成，提出了基于改进 TOPSIS 法的国家治理现代化动态评价方法。

第 8 章为中国国家治理现代化评价问题的实证研究。本章以中国 29 个省份为研究对象，基于 2012 ~ 2021 年的统计数据，首先对 2021 年我国国家治理现代化发展水平进行评价；其次利用2017~2021年的面板数据，通过确定时间序列权重向量和动态加权集成算子，对不同时段的决策信息进行集成，并利用动态评价模型测度我国国家治理现代化发展水平；最后通过结果分析提出了相关发展对策。

第9章为研究结论与展望。本章对全书的研究内容和研究结论进行了总结，并指出本书的局限以及未来有待进一步研究的若干问题。

 ## 1.4 研究目标与研究方法

1.4.1 研究目标

本书针对中国国家治理现代化发展的现状及面临的问题，综合运用平均集结算子、云模型、多指标（属性）决策、多元统计等理论方法，对国家治理现代化的概念与内涵、国家治理现代化评价指标体系及国家治理现代化评价方法等一系列问题展开深入研究，研究的主要目标包括：厘清中国国家治理现代化发展的内在逻辑与关键影响因素；界定中国国家治理现代化的概念及其科学内涵，建立较为完善的中国国家治理现代化评价指标体系与模型、方法体系；为研究国家治理现代化测度评价及相关问题提供技术支持，为政府制定国家治理现代化发展政策提供了理论依据。

1.4.2 研究方法

本书采用跨学科的方法，研究思路上注重定性分析与定量分析、规范研究与实证研究相结合。具体研究方法包括以下几个方面。

（1）文献检索法

通过文献检索法对国家治理现代化相关研究的现状、存在的问题进行系统梳理，借鉴已有的国家治理现代化理论成果，分析中国国家治理现代化的概念与科学内涵，为本研究奠定坚实基础。

（2）理论结合法

将云模型理论、多指标决策理论、多元统计分析、平均型集结算子等理论方法相结合，深入地研究中国国家治理现代化测度评价问题。

（3）系统分析法

从系统角度界定国家治理现代化的内涵，分析国家治理现代化的关键影响因素，构建中国国家治理现代化评价指标体系等。

（4）定量分析法

在界定国家治理现代化概念、分析国家治理现代化关键影响因素基础上，利用多属性决策理论方法，从静态和动态不同视角，构建中国国家治理现代化发展问题的评价模型。

（5）实证研究法

在理论研究基础上，实证分析中国国家治理现代化状况、中国省域治理现代化一级评价指标的发展指数，提出促进中国国家治理现代化发展的对策建议。

 研究工作创新点

本研究的创新点包括以下几个方面。

（1）提出了基于云模型特征信息的国家治理现代化评价指标权重确定方法

定义了云模型不确定度概念，提出了基于云模型不确定度和偏差最大化模型的国家治理现代化评价问题指标组合赋权方法。

（2）提出了国家治理现代化评价问题的指标无量纲化方法

提出选取无量纲化方法应基于指标数据的分布不变性、变异特征不变性及方法运用中处理结果的稳定性，证明了线性无量纲化方法不改变指标内数据的分布，伸缩型无量纲化方法不改变指标内部数据的变异系数，归一化处理法具有最好的稳定性。

（3）提出了基于中国国家治理现代化测度评价的信息集结方法

基于不等式视角定义了平均集结算子概念，讨论了算术平均集结算子、几何平均集结算子、调和平均算子及其性质；定义了复合平均集结算子概念，讨论算术平均复合集结算子、几何平均复合集结算子、幂平均复合集结算子及其性质；在此基础上建立了国家治理现代化问题的信息集结方法体系。

（4）构建了中国国家治理现代化测度评价指标体系

基于对国家治理现代化评价要素的分析，依据党的十八大提出的"五位一体"总体布局，从经济治理、政治治理、文化治理、社会治理、生态治理五个维度出发，建立中国国家治理现代化测度评价指标体系。

（5）提出了基于平均集结算子的中国国家治理现代化统计测度方法

考虑我国国家治理发展阶段特征、省域治理现代化水平的空间差异性及测度指标的多层次性，选择平方平均算子对国家治理现代化一级指标进行测度，运用混合几何算子测度我国国家治理现代化进程，建立了基于混合平均复合算子的中国国家治理现代化统计测度模型。

（6）提出了基于改进 TOPSIS 法的中国国家治理现代化评价方法

通过提出基于云模型的指标组合赋权法，构建了基于改进 TOPSIS 法的中国国家治理现代化评价方法；通过定义动态加权集成算子，给出时间权重的确定方法，建立了中国国家治理现代化多指标动态评价模型。

 1.6 本章小结

推进国家治理现代化是实现中华民族伟大复兴的必然要求和根本支撑，关系人民群众对美好生活需求的满足程度。在实践探索中，中国共产党在国家治理问题上积累了宝贵的经验，在经济建设、民主法治建设、生态文明建设、全面从严治党等方面取得了伟大的历史成就，新时代需要进一步完善和发展我国的国家治理体系，因此，研究国家治理现代化统计评价问题具有重要的理论价值和现实意义。

第2章

国家治理理论与国家治理现代化的产生与发展

国家治理现代化是借鉴西方治理理论，并结合中国具体国情，在不断实践与反思的过程中提出来的，是中国共产党对马克思主义国家治理理论的升华与创新。国家治理现代化以马克思主义国家治理理论为理论逻辑，以社会主义建设为制度逻辑，以中国在现代化进程中难题的破解历史过程为实践逻辑，体现了国家治理现代化的优势与特色。本章阐述治理理论的兴起，概括总结西方国家治理理论和中国国家治理理论与实践，探讨中国国家治理现代化的内在逻辑，并分析我国推进国家治理现代化面临的困境。

 治理理论的兴起

治理理论的兴起和发展与当时的社会历史环境相契合，主要基于两条线：一条线是西方资本主义国家面临经济与政府的双重失灵，相关学者对国家治理的反思与探索，促使治理理论产生与创新发展；另一条线是马克思、恩格斯基于当时生产力发展水平和社会主义革命与建设的实践，为社会主义国家治理理论的发展提供依据。

西方资本主义国家在不同历史时期和发展阶段对国家治理进行了积极有益的探索。1929～1933 年以美国华尔街股市崩溃为主要标志的资本主义经济危机席卷全球，整个资本主义世界无一幸免，出现了经济发展低迷、失业率激增、社会秩序较为混乱的困难局面。由于西方国家普遍出现了政府和市场的"双重失灵"困境，政府希望通过相关的政策干预来拉动经济，提高就业率并刺激消费。20 世纪 30 年代，美国总统 F. D. 罗斯福（Franklin Delano Roosevelt）开始推行新政，逐步形成社会福利制度；政府不再仅仅充当"守夜人"的角色，开始调节市场经济以应对市场失灵的困境；长期以来主张自由放任型经济政策的自由主义经济学派在此次危机中退出了历史舞台。出于对经济危机的反思，50 年代西方国家开始推行凯恩斯主义以加强国家对经济的干预，提升福利水平并开展社会建设，促使资本主义社会进入相对稳定的发展时期。60 年代，发达国家不约而同地出现了长期的经济滞涨，尤其是 70 年代产生的"石油危机"，实行福利政策的国家由于巨额的社会福利支出导致政府财政赤字严重，经济建设投资极其薄弱。面对不稳定的经济发展以及福利国家职能的扩大，为解决政府低效问题，产生了新凯恩斯主义以适应新的经济状况。80 年代，全球化的趋势越来越明显，面对国内及国际大环境的变化，西方国家开始了一场新的公共管理革命，以企业家精神来对政府加以改革，以市场竞争规则为准来进行政府管理。虽然在此阶段新公共管理方式发挥了积极的作用，但是在"经纪人"假设前提下，将市场机制引入政府管理中来，利己主义的思想不利于政府系统的公共性原则。过于强调市场化与利益趋向性的政府管理流程，促使公共事务与市场之间的行为边界问题无法得到有效的解决，不利于满足社会群体需求的公益性事业的发展。1989 年，世界银行首次使用了治理危机（governance crisis）一词，治理一词引发了西方学者的广泛关注。基于新公共管理运动的反思，西方资本主义国家通过思考"有形的手"和"无形的手"两种传统的治理模式所带来的弊端，开始逐步接受"治理"的思想与范式，以寻求解决市场与政府双重失灵的困境。在全球化、信息技术快速发展，民主化诉求，传统政府治理方式低效背景下，强调多中心治理、扁平化治理及数字化治理的治理理念代替新公共管理理论逐步兴起。

马克思主义国家治理理论的探索主要体现在以下两个方面。首先，马克思、恩格斯在系列经典著作中对于社会主义国家治理的总任务、总目标及治理模式提出了设想。1843 年，马克思在《黑格尔法哲学批判》中指出无产阶级专政是实现政治解放与人类解放的基本途径。1848 年，马克思、恩格斯通过对欧洲大革命中无产阶级的实践进行总结，发表了《共产党宣言》，标志着马克思主义国家治理理论的提出。在《1848 年至 1850 年的法兰西阶级斗争》中马克思提出了无产阶级专政思想，为世界各国的无产阶级政党提供了理论指导。1871 年在《法兰西内战》中马克思对巴黎工人的阶级斗争进行科学总结，阐明了巴黎公社的历史意义。马克思、恩格斯运用唯物史观科学地阐述了国家的产生、发展与演变，辩证分析了国家的构成与国家职能，推动了马克思主义国家理论的完善（孙伟，2020）。其次，列宁对无产阶级国家治理理论进行了拓展和延伸。1917 年俄国十月革命爆发，在列宁的领导下"十月革命"取得胜利并建立了苏维埃政权，世界上第一个社会主义国家建立（王伟国，2023）。列宁既要致力于社会主义革命取得胜利，还要解决政权建立后社会主义建设的难题。列宁在马克思、恩格斯国家治理理论的基础上思考了未来社会主义国家治理的组织形式与基本原则等问题，促使马克思主义国家治理思想在实践中得到创新发展。马克思主义经典作家对社会主义国家治理的实践与探索，对以后的无产阶级革命和建设指明了方向。

西方国家治理理论的历史演进

西方国家在资本主义社会长期发展实践中，出于对市场失灵与政府失灵的反思，从国家干预市场到建立民主社会、实行多元化治理，国家治理理论不断得到推进与创新发展。

2.2.1　国家干预理论

国家干预主义的起源最早可以追溯到重商主义，托马斯·孟（Thomas

Mun）是英国晚期重商主义国家干预理论的代表人物，开创了强调国家全面干预的先河；西斯蒙第（Sismondi）认为政治学的目的是"为组成社会的人类谋求幸福"，国家应该协调好经济发展中人口增长、收入、消费及生产和再生产之间的比例关系；弗里德里希·李斯特（Friedrich List）极力反对亚当·斯密的自由市场及自由贸易理论，主张国家调节经济并实行贸易保护。

20世纪30年代，西方经济危机爆发和苏联计划经济取得较大成就，让人们再次意识到国家对市场经济进行干预可以实现经济增长。1929～1933年，美国政府开始实行"罗斯福新政"，利用政府直接或间接干预经济的方式，成功摆脱了经济危机，自由主义经济学派受到冲击，并掀起了经济领域的变革，即"凯恩斯革命"（何双梅，2009）。以凯恩斯（Keynes，1936）等为代表，他们认为市场自由调节本身存在缺陷必然会造成市场失灵、社会不稳定和分配不公，这些都需要由国家全面干预来解决（惠康和任保平，2007）；凯恩斯在《就业、利息和货币通论》一书中对国家干预主义进行了理论性的、全面的概括和总结，提出了通过政府干预以调节经济并促进就业的理论体系（陈景庆，2011）。

第二次世界大战后如何维持经济稳定并促进经济发展成为各国普遍关注的焦点。为了使凯恩斯主义更加适应相对稳定的经济环境，以萨缪尔森（Samuelson，1939）为代表的新古典综合派提出通过国家财政收支变化使经济"自动稳定"的学说，即财政的"自动稳定器"功能。

20世纪60年代赫勒（Heller）、托宾（Tobin）、奥肯（Okun）等提出"增长性财政货币政策"，主张以刺激经济增长为目标的连续增长性的赤字预算财政货币政策（陈景庆，2011）；70年代以后在凯恩斯主义的基础上形成了新凯恩斯主义，主要代表人物包括格雷戈里·曼昆（N. Gregory Mankiw）、拉里·萨墨斯（Larry Summers）、奥利维尔·布兰查德（Oliver Blanchard）、斯蒂格利茨（Stiglitz）等。该学派主张以不完全竞争、不完善市场、不对称信息和相对价格黏性为基本理论，认为政府的经济政策能够影响就业和产量，市场的失效需要政府干预才能发挥积极作用（杜人淮，2011）。新国家干预理论与自由主义经济理论形成了强烈的对比，强调直接调控与间接调控的均衡，丰富了国家干预的方式，极大地拓展了凯恩斯国家干预理论的研究范畴（傅墨庄和魏建，2023）。

国家干预理论主张政府干预市场，强调财政政策在稳定经济中的作用，借助扩张性经济政策以实现经济恢复和发展。但国家干预理论过分强调政府收入分配政策和公共工程投资政策对国民经济活动的刺激作用，忽视经济发展中国家与市场的协调问题。

2.2.2　新公共管理理论

进入 20 世纪 80 年代以后，理论界开始反思政府与市场、政府与社会的关系问题，传统政府管理模式由于缺乏灵活性与适应性，已经跟不上时代发展的步伐。西方国家站在宏观发展的角度进行全面的政府改革，以公共管理工作为核心，对传统管理模式进行创新，新公共管理理论应运而生。波立特（Pollitt，1990）在《管理主义和公共服务：盎格鲁和美国的经验》中强调要将商业管理的理论、方法、技术及模式在公共管理中应用，为国家治理开辟了新的思路与视野。1991 年，英国学者克里斯托弗·胡德（Christophe Hood）在《公共行政评论》中对公共管理改革运动进行概括总结，将西方国家的政府管理采用的新模式称为"新公共管理"，开启了新公共管理的典型范式（林婷，2022）。澳大利亚学者欧文·休斯（Owen Hughes）在《公共管理导论》中明确指出，"新公共管理"终将取代传统公共行政。霍姆斯（Holmes）和尚德（Shand）也认为，新公共管理运动产生了一种相对于传统的韦伯式科层制而言新的范式。1995 年，经济合作与发展组织在年度公共管理发展报告《转变中的治理》中，将新公共管理的特征归纳为加强中央指导、控制和责任制、优化信息技术等八个方面，使这一理论的产生与发展更具典型意义。戴维·奥斯本和特德·盖布勒（David Osborne and Ted Gaebler，1996）主张以企业家精神来改革政府，以提升政府效率和办事效果。

新公共管理理论的理论基础是公共选择理论（James Mcgill Buchanan，1958）、新制度经济学理论（Ronald-Coase，1960）、私营企业的管理理论与方法（Ronald H. Coase，1960）等，新公共管理模式着力于经济规则，更加注重管理的科学化与实用性，形成了以"理性经纪人"为表征的个人主义的理性思维方式，以市场经济为取向的竞争式管理方法。新公共管理模式关注市场机制和管理技术的引进，但由于"理性经济人"是一种典型的个人主义的理性思维方法，强调个人利益最大化，导致其过度关注效率而忽视了公共管理中人对公平愿望的要求。

2.2.3 新公共服务理论

20 世纪 90 年代，随着公共部门改革的实践，在总结新公共管理理论运动的成功与面临挑战的基础上，学者们提出了新公共服务理论。"新公共服务"强调公民在治理体系的中心地位，政府治理角色应由掌舵向服务转变。新公共服务理论以美国学者珍妮特·登哈特（Janet v. Denhrd）、罗伯特·登哈特（Robert B. Denhardt）等为代表，其理论基础为民主公民权理论、组织人本主义思想等，认为政府官员在进行公共管理和提供公共服务过程中应该明白政府是属于人民的，他们应当承担提供公共服务的职责；主张政府的职能是提供公共服务，政府官员应以人为本，鼓励公民积极参与公共政策的全过程；帮助社会公众表达利益需求，树立共享理念、增进符合共同价值要求的公共利益。登哈特夫妇（Janet v. Denhardt and Robert B. Denhardt）在民主社会的公民权理论、社区和公民社会的模型、组织人本主义和组织对话的基础上，提出了新公共服务的七大原则，对政府职能进行了全新的界定，明确了政府服务的对象是公民，治理的目标与任务应是维护公共利益，即公共利益最大化（杨荣涛，2012）；以人作为管理的主体，基于战略性思维开展战略性活动，寻求治理活动的创新。费利耶（E. Ferlie）在《行动中的新公共管理》一书阐述了四种新公共管理模式，其中提到了"新公共服务取向模式"，强调了公共服务的使命与价值。桑德尔（Sandel）认为政府的存在就是要一定的程序和公民权利，从而使公民能够根据自身利益做出选择，行政官员应当提高公民的信任度，他强调了民主社会的公民权，直接为新公共服务提供了理论基础（杨荣涛，2012）。普特纳姆（Putnam）提出了"市民社会"，认为公民与社区之间的联系需要政府加以促进和支持，政府应起到决定性作用。

新公共服务理论关注公民参与和社区建设，更加关注民主价值与公共利益，将公共活动中过度的理性控制在合理的范围内，辅之必要的人文主义关怀，提出并建立了一种更加关注民主价值与公共利益，更适合现代公共社会和公共管理实践需要的新的理论选择，摒弃了新公共管理理论中企业家政府理论的固有缺陷，建立了一种以公共协商对话和公共利益为基础的公共服务行政。

2.2.4　结构理论

结构理论将国家治理这个宏观话题围绕行动、关系、过程和结构展开分析与整合，结构主义（Nicos Poulantzas，1974）、社会资本理论（Robert D. Putnam，1883）、"嵌入性自主"（Peter B. Evans，1995）、"制度性衔接"（Linda Weiss，1998）、"竞争性互动"（Thomas Heberer et al.，2004）等观点为其核心内容。恩格斯在《家庭、私有制和国家的起源》中，对早期社会结构、资本主义社会结构及未来社会结构展开了论述。普兰查斯（Nicos Poulantzas）认为："国家的特殊职能就是要成为一种社会形态各个方面调和的因素。"一种社会形态的各个方面的平衡从来不是由经济因素带来的，而是由国家来维持的，国家既是调和一个社会形态统一的因素，也是这个形态各个方面矛盾集中在一起的结构。普兰查斯（Nicos Poulantzas）运用结构主义的观点和方法，重新解释了马克思主义的阶级理论和国家理论，从而创立了独特的结构主义国家理论（江红义，2011）。罗伯特·帕特南（Robert D. Putnam）将社会资本引入政治经济学研究中，提出了公民参与网络，从自愿群体的参与程度角度研究社会资本。彼得·埃文斯（Peter B. Evans）运用"嵌入性自主"来描述国家与社会、市场之间的互动关系。

结构理论主张通过主体间跨领域的互动、互惠规则和普遍的信任，构建国家、社会、市场之间互助和共赢关系，并使主体间出于共赢关系的考虑主动对自身行为保持节制，形成制度性产物，衔接国家和社会各层面的竞争性互动，但该理论仍未对最佳水平的治理能力予以充分考量。

2.2.5　治理理论

治理理论兴起于西方政府与市场双重失灵的历史背景下，治理理论的兴起进一步拓展了政府改革的视角，对现实问题的处理涉及政治、经济、文化等诸多领域。其核心理论包括元治理理论、整体治理理论、合同制治理理论、多中心治理理论及数字治理理论等，反映了治理理论的发展与演进过程。元治理理论兴起于 20 世纪 80 年代，该学派的代表人物是鲍勃·杰索普（Bob Jessop，1997）和索伦森（Sorensen），倡导政府、私营部门和公民相互协作共同解决社会问题，即如何促使三者兼容，是元治理理论面临的巨大挑战。20 世纪末，佩里·希克斯（Perri Six，1997）最早倡议英国政府再造迈向"整体性政府"，形成了整体治理理论，该理论强调全观型治理。菲利普·库伯（Phillip J. Cooper，2003）在《合同制治理：公共管理者面临的挑战与机遇》中提出了合同制治理理论，主张通过协议实现由权利治理走向合同制治理。以埃莉诺·奥斯特罗姆（Elinor Ostrom）为代表的制度分析学派提出了多中心治理理论。"多中心"一词最早由英国哲学家迈克尔·波兰尼（Michael Polanyi，1951）提出，他在《自由的逻辑》一书中区分了社会的两种秩序，即只存在一个权威指挥的秩序和多中心的秩序。埃莉诺·奥斯特罗姆（Elinor Ostrom）将波兰尼（Michael Polanyi）的"多中心"概念引入公共事务的分析当中，发展出一套不同于国家理论和市场理论的多中心治理理论。"交叠管辖与权力分散"是奥斯特罗姆多中心治理理论的核心，存在不止一个决策中心是多中心治理模式的典型特征（郁俊莉和姚清晨，2018）。网络治理理论学派的代表人物是埃克斯特罗姆（Ekstrom），该学派认为网络治理可以简化治理的形式并减少治理的层级，使治理简单化。21 世纪初，信息技术快速发展，数字治理理论也随之运用而生，该理论强调信息技术与信息系统对公共管理的影响。代表人物帕却克·邓利维（Patrick Dunleavy）强调数字政府治理；林奎斯和休斯（Lindquist EA，Husel）分析了数字政府治理过程中的政府监督问题。

治理理论与当代西方的政治、经济与文化相连接，主要源于是执行计划经济还是市场经济的争论，从经济领域逐步渗透到政治与公共管理领域中来，强调参与主体的多元化、协调治理原则及治理的技术与方法。该理论可以弥补国家和市场在调控与协调过程中的某些不足，但存在竞争与合作、责任与效率等矛盾。

新中国国家治理理论与实践

马克思主义国家理论崇尚人民主权、倡导民主政治、主张依法治理等理念（胡志远和胡顺宇，2021）。新中国成立后，中国共产党依据马克思主义国家理论，对新中国国家治理实践进行了大量的有益探索，形成了符合中国国情的国家治理理论。

2.3.1 创立人民民主专政理论

人民民主专政理论是毛泽东结合近代中国国情，对马克思主义关于无产阶级专政理论的创新发展（苏跃林，2021），阐述了人民民主专政的成因、内涵、特点、历史使命和未来归宿等，对新中国将建成一个什么样的国家作出了明确回答，是毛泽东探索国家治理现代化实践的重要成果。人民民主专政是中国阶级斗争的产物，是中国人民反帝反封建革命胜利的成果，是新型民主和新型专政的结合，是人民民主与对极少数敌对分子专政的有机统一。人民民主专政主体是人民，以工农联盟为基础，核心是强调中国共产党的领导，实质是中国特色的无产阶级专政，既符合共产党的执政规律，也符合无产阶级专政的基本规律。人民民主专政确定为新中国的政体，标志着毛泽东人民民主专政理论的正式建立，也标志着中国共产党在国家问题上的成熟（石琳琳，2021）。人民民主专政理论是毛泽东探索国家治理能力现代化在政治层面的重要表现，这既是中华人民共和国的重要制度设计，又是民主政治建设的重要内容。

2.3.2 贯彻落实民主集中制

民主集中制是党和国家最根本的制度，"没有民主集中制，无产阶级专政不可能巩固"[①]。民主集中制是我们党的根本组织原则和领导制度，是马克思主义政党区别于其他政党的重要标志，是中国共产党科学的、合理的、有效率的制度，也是我们党最大的制度优势。坚持民主集中制可以充分发挥人民群众、共产党员、党组织的积极性，以及汇聚全党的意志和智慧，保持行动一致（马勇军，2021）。民主集中制将党的领导和社会主义制度有机结合，坚持民主与集中的对立与统一。一方面，全面从严治党，在党的建设方面坚持党中央权威和集中统一领导；另一方面，要充分发展人民民主与党内民主，以维护人民群众切身利益。各国家机关是一个统一整体，既合理分工，又密切协作；既充分发扬民主，又有效进行集中；民主是本质与基础，起着决定性的作用，在充分民主的前提下形成正确的集中。实行民主集中制是我国国家制度实践中的巨大优势之一，是推进国家治理体系和治理能力现代化的重要制度保障。

2.3.3 健全人民当家做主的制度体系

坚持以人民为中心是国家治理的出发点和落脚点，体现了以人为本的价值理念。"以人民为中心"的国家治理理论，实质上就是把实现好、维护好、发展好最广大人民群众的利益作为国家治理的根本追求，把人民当作国家治理的根本动力。人民是历史的创造者，是决定党和国家前途命运的根本力量。发展社会主义民主政治就是要充分体现人民意志、保障人民权益、激发人民创造活力。在抗日战争时期，毛泽东就提出了要为民着想，全心全意为人民服务。新中国成立之初，党和政府明确提出"我们的第一个方面的工作并不是向人民要东西，而是给人民以东西"[②]。改革开放

[①] 毛泽东文集（第8卷）［M］．北京：人民出版社，2009.

[②] 毛泽东文集（第2卷）［M］．北京：人民出版社，1993.

时期，邓小平提出了我们的政府是人民的政府，努力解放和发展生产力以提高人民生活水平；江泽民进一步提出"三个代表"重要思想，将维护最广大人民的根本利益作为根本目标；胡锦涛在科学发展观中提出了"权为民所用"的新要求，强调以人为本。党的十八大以来，以习近平同志为核心的党中央以人民对美好生活的向往为目标，致力于建设"人民满意的服务型政府"；用制度架构保证人民当家做主，将"以人民为中心的发展"作为治国理政的根本出发点和归宿；积极推进公民教育、提高全体民众的整体素质；培养公民的参与意识、法治意识和主体意识（胡志远和胡顺宇，2021）；坚持以基层群众自治为基础、政府治理为主导、非政府组织和社会团体参与为中介，实现治理主体多元化，充分体现人民主体地位。人民群众是历史的主人，围绕"以人民为中心"进行中国特色社会主义建设，深刻明确国家治理的导向，是实现国家治理民主化、推动国家治理主体多元化的前提和基础。

2.3.4　建立社会主义市场经济体制

我国社会主义市场经济体制是伴随改革开放政策的落实而逐步建立和完善起来的。1992 年，党的十四大提出了我国经济体制改革的目标是"建立社会主义市场经济体制"；1997 年，党的十五大进一步提出了"以公有制为主体，多种所有制共同发展"的基本经济制度；2002 年，党的十六大明确了"两个毫不动摇"，极大地推动了非公有制经济发展；2007 年，党的十七大进一步强调"坚持和完善公有制经济为主体、多种所有制经济共同发展"的基本经济制度；2012 年，党的十八大指出"经济体制改革的核心问题是处理好政府和市场的关系"；2017 年，党的十九大强调"加快完善社会主义市场经济体制"，明确指出"经济体制改革必须以完善产权制度和要素市场化配置为重点"。社会主义市场经济体制是一个统一的有机整体，它将社会主义基本制度与市场经济相互结合、相互影响、相互渗透，将市场的基础调节作用与政府的宏观调控相结合，坚持公有制为主体，多种所有制并存，效率优先并兼顾公平，最终走向共同富裕。社会主义市场经济体制的不断完善，极大提升了我国社会主义市场经济能力，为我国国家治理提供了丰厚的物质保障（燕连福，2018）。

2.3.5 创新发展中国特色社会主义制度

中国特色社会主义制度深深植根于中国大地，形成于中国人民的伟大创造实践中。《论十大关系》和《关于正确处理人民内部矛盾的问题》是毛泽东同志探索中国特色社会主义道路和制度体制的杰作，为中国特色社会主义制度体系的形成提供了宝贵的精神财富、理论资源和思想先导（张静和张爽，2020）；邓小平理论、"三个代表"重要思想、科学发展观、高质量发展等理论，是党推进和完善中国特色社会主义制度的重要创新和实践成果（李庚香，2021）。中国特色社会主义制度追求共同富裕、公平正义，代表最广大人民群众的根本利益，符合历史发展规律和人民意愿，这种制度优势是中国共产党和全国各族人民坚定中国特色社会主义制度自信的内在根源。

2.3.6 坚持法治与德治相结合的治理理念

市场经济本质上是法治经济，同时又是以信用为核心的道德经济。随着我国市场经济体制的确立与发展，党中央提出了依法治国和以德治国相结合的理念，以规范社会主义市场经济秩序，保证国家的稳定与和谐（张军和刘俊杰，2017）。以毛泽东为主要代表的中国共产党人对道德与法治的同步建设，是社会主义德治与法治相结合的雏形。邓小平不仅大力弘扬社会主义道德文化且十分注重社会主义法治建设。2001 年，江泽民明确提出了"依法治国"与"以德治国"相结合的基本治国方略[①]。以胡锦涛为主要代表的中国共产党人汲取新中国成立以来国家治理思想的精髓，在科学发展观的指导下，与时俱进深化和扩展了党的德治思想，积极稳妥地继续完善与推进全面依法治国的基本方略。党的十八大以来，以习近平同志为核心的党中央对德法结合进行了全面的理论论述，提出了社会主义核心

---

① 江泽民文选（第 3 卷）［M］. 北京：人民出版社，2006：221.

价值观以加强社会主义道德建设，并把依法治国推到了重要的战略位置。依法治国是党领导人民治理国家的基本方略，在加强社会主义法治建设的同时，还要坚持不懈地加强社会主义道德建设。习近平总书记指出"法律是成文的道德，道德是内心的法律，法律和道德都具有规范社会行为、维护社会秩序的作用"①。强调法治和德治两手抓，是对我国国家治理规律的深刻把握，体现了中国特色社会主义法治道路的鲜明特点（魏艳和朱方彬，2018）。

2.4　国家治理现代化的内在逻辑

2.4.1　理论逻辑

国家治理现代化的理论逻辑主要体现在以下两个方面：一是国家治理现代化是以马克思主义国家治理思想作为理论基础；二是国家治理现代化是中国共产党在科学理论与实践探索下的创新发展，遵循着内在客观规律性。

国家治理现代化是将马克思主义基本原理与中国具体国情相结合，在中国共产党的实践探索与理论创新下，基于中华民族的传统文化，促进社会主义现代化建设的一种理论与实践的探索。马克思、恩格斯所创立的马克思主义国家治理思想体系，设想了社会主义国家治理的总任务、总目标及治理模式并进行了积极有益的探索，对于无产阶级革命政权的组织形式、原则及价值理念做出了科学的阐述。马克思主义国家治理思想为党和国家事业的发展奠定了理论基础，为社会主义发展指明了方向，为中国共产党在长期的社会主义建设实践提供了依据。将马克思主义国家治理思想与中国具体实践相结合，依次创立了毛泽东思想、邓小平理论、"三个代表"重要思想、科学发展观和习近平新时代中国特色社会主义思想，这些思想体系中包含丰富的国家治理内容，既与马克思主义国家治理一脉相承，又具有突出的时代特征，为中国社会主义政治制度不断巩固、制度执

---

①　加快建设社会主义法治国家［J］. 求是，2015（1）.

行力的有效提升，奠定了理论基石（韩亚光，2018）。国家治理现代化集中体现了国家制度设计体系与运行体系，推动了政治制度的建设、发展与完善，是马克思主义国家治理思想在中国的具体展开，其演进逻辑体现了从理论到实践、从抽象到具体、从普遍主义到特殊主义的马克思主义基本原理（孙伟，2020）。

国家治理现代化历经长期的理论创新和实践检验，逐步形成了符合社会发展和时代要求的国家制度体系，深刻地反映了党的执政规律、社会主义建设规律与人类社会发展规律，形成了国家治理现代化的内在规律性（郑士鹏和张静宇，2021）。首先，国家治理现代化是在中国共产党领导下的社会主义国家治理现代化。中国共产党始终是引领国家治理现代化的领导力量，坚持中国共产党的领导为国家治理现代化提供了组织保障和政治保障。中国共产党正确把握社会主义本质及当前社会的主要矛盾，不断推进理论创新发展，提高建设水平与执政能力，进一步彰显了党的领导优势。其次，国家治理现代化与社会主义建设密切相关。中国共产党不断探索国家治理现代化的理论、原则及实现路径，使国家治理现代化与社会主义建设的需求更加契合。最后，从我国治理现代化的历史进程来看，国家治理现代化始终把解放和发展生产力作为第一要务，不断促进生产力与生产关系的协调发展，深刻反映了人类社会发展规律。

2.4.2　制度逻辑

制度逻辑是指制度体系自身建设与完善的过程。国家治理本质上是一种制度治理，强调制度在国家治理中发挥基础性作用，使国家治理能够真正达到有序化、规范化、法治化，这既是新时代国家治理的现实诉求，也是国家治理体系和治理能力现代化制度逻辑直观性的诠释（黄建军，2020）。习近平总书记多次指出："国家治理体系和治理能力是一个国家的制度和制度执行能力的集中体现，两者相辅相成，单靠哪一个治理国家都不行。治理国家，制度是起根本性、全局性、长远性作用的。"① 制度是国

---

① 坚定制度自信不是要固步自封［DB/OL］．（2014 - 02 - 17）［2024 - 03 - 08］，新华网．

家治理体系和治理能力现代化的基础，国家治理体系和治理能力现代化是制度及其执行力的集中体现。在国家治理体系和治理能力现代化的语境下，要使制度发挥基础性的作用，必须构建完整的制度体系，分别包括国家的行政体制、经济体制和社会体制。从中央到地方各个层级、从政府治理到市场治理与社会治理，各种制度安排作为一个统一的整体，相互协调、密不可分，构成了国家治理体系和治理能力现代化制度逻辑体系。党的十八届三中全会以来，党从政治、经济、文化、社会、生态及国防与军队等方面的体制加以改革，全面发力、多点突破，增强了国家制度机制的整体性、系统性、协同性和法治化，提升了国家治理体系的现代化水平，不断推进"中国之制"优势向"中国之治"效能转变（冉杰，2022）。

坚持和完善中国特色社会主义制度并在国家治理中发挥基础性作用是国家治理体系和治理能力现代化的制度逻辑的集中体现（周奇奇，2021）。马克思主义认为社会主义制度是"比资本主义制度更公正、更公平、更先进、更科学的社会制度"，社会主义制度逻辑是我们区别于资本主义最显著的特征。党的十九届四中全会明确指出："中国特色社会主义制度是党和人民在长期实践探索中形成的科学制度体系，我国国家治理一切工作和活动都依照中国特色社会主义制度展开，我国国家治理体系和治理能力是中国特色社会主义制度及其执行能力的集中体现。"依托于党所领导的中国特色社会主义的制度优势，中国的国家治理现代化才能得以实施并发挥出更加积极的效能（欧阳康，2023）。中国始终坚持社会主义根本制度不动摇，在实践中创新发展了一条基于中国传统文化，适合中国基本国情，促进中国特色社会主义制度不断完善与发展的道路。

2.4.3　实践逻辑

国家治理现代化总体目标是在总结过往历史经验基础上作出的新部署。新中国成立以来，党不断探索国家治理现代化的理论、方式与路径，促使国家治理现代化与社会主义现代化的需求更加契合。我国社会主义建设的不同历史时期，国家治理呈现出不同的发展态势，形成了具有中国特色的发展轨迹（郑士鹏和张靖宇，2021）。

新中国成立初期，主要采取全能型国家治理模式（刘杰，2008），重点在于维护社会秩序，恢复并发展生产力，因而此阶段国家取代了市场自主调节功能，控制了大部分的经济、文化、政治与社会资源。虽有利于稳定当期政权，但是不利于市场经济的快速发展，也不利于人民个体需求的满足。

改革开放以来，国家进入了发展型国家治理阶段（陈毅，2015）。国家主要致力于经济与社会秩序的维护及公共事务的处理，明确了当期的主要矛盾是人民日益增长的物质文化需要与当前落后生产力的主要矛盾，因而以经济建设为中心，更加注重市场化改革。随着国家治理重心的改变，加之技术治理的行政改革，行政监督和控制及财政关系都出现了行政科层化倾向。该阶段主要依靠行政规章制度来行使行政权力，在各项实践中突出了党领导下的制度优势。随着改革全面推进，社会事务纷繁复杂，企业、个体公民的力量不断壮大，治理主体日益多元化。此时的国家治理需要发挥多元主体的治理作用，协商治理，共同处理社会公共事务、编制公共政策规划，解决公共利益矛盾，为全社会提供优质的公共产品与公共服务。

党的十八大以来，党不断总结经验，将坚持与完善中国特色社会主义制度与国家治理现代化有机统一起来。2013 年，党的十八届三中全会《中共中央关于全面深化改革若干重大问题的决定》中首次提出了以"完善和发展中国特色社会主义制度，推进国家治理体系和治理能力现代化"作为全面深化改革的总目标，将国家治理现代化上升到国家战略层面上来。从"四个现代化"到"国家治理现代化"的发展，促使中国特色社会主义现代化所包含的内涵更加丰富、领域更加全面、路径更为清晰，它标志着中国共产党对世界现代化进程的认识更加深刻，对中国社会主义现代化面临的问题与挑战的认识更加清晰。国家治理现代化的提出是党在实践中对治理理论的创新发展，从现代化角度出发，将"国家治理"与"现代化"紧密结合，体现了党对国家治理与现代化均有了更为深刻的认识。国家治理是现代化建设的重要组成部分，在社会主义现代化建设中起到了重要的作用。根据经济发展与社会形势的变化，全面推进社会主义现代化建设，促进政治、经济、社会、文化与生态文明的全面协调发展，以实现社会的长治久安。2014 年，党的十八届四中全会《中共中央关于全面推进依法治国若干重大问题的决定》中指出"依法治国是实现国家治理体系和治理能力现代化的必然要求"。2017 年党的十九大报告设定了"两步走"的目标，将国家治理体系与治理能力现代化相结合，并作出了具体的时间安排，开启了国家治理体系与治理能力现代化的新时代。实现这一建设目标要理顺政府运行机制，并处理好政府同各方的关系，建设人民满意的服务型政府。2019 年，党的十九届四中全会《中共中央关于坚持和完善中国特色社会主义制度、推进国家治理体系和治理能力现代化若干重大问题的决定》对坚持和完善中国特色社会主义制度，坚持党的领导以及人民当家作主等内容进行了阐述，将现代化从经济层面推动到国家治理层面。党的十九届六中全会通过的《中共中央关于党的百年奋斗重大成就和历史经验的决议》对新时代党推进国家治理现代化指明了更明确的目标，提出："我国物质文明、政治文明、精神文明、社会文明、生态文明将全面提升，实现国家治理体系和治理能力现代化，成为综合国力和国际影响力领先的国家，全体人民共同富裕基本实现，我国人民将享有更加幸福安康的生活，中华民族将以更加昂扬的姿态屹立于世界民族之林。"这是我国国家治理现代化建设具有里程碑意义的新提法，历史性地开启了中国特色社会主义的新征程。2022 年，党的二十大报告指出，全面依法治国是国家治理的一场深刻革命，关系党执政兴国。依法治理是国家治理现代化的内在要求、基本特征和根本路径，是国家治理体系更加成熟与高效的标志。国家治理现代化就是中国共产党在对世界现代化和社会主义现代化规律重新认识的基础上，提出的新主张和新论断，通过具体实践，不断丰富治理能力现代化的理论体系。

推进中国国家治理现代化面临的困境

2.5.1　社会主义治理制度和治理机制尚未健全

当前，国家的政治、经济、文化、社会、生态等方面都处于稳步发展的态势，国家制度的建设也越来越完善，理论指导与实际国情相结合，逐步形成独具中国特色的各项制度，多年的实践也证明了中国特色社会主义制度是利于国家发展的制度体系。但随着社会矛盾的转化，新的社会矛盾的出现，国家的制度建设将面临新的挑战。首先，制度系统整体性不足（王明春，2019）。党和国家监督体系、行政管理体制、生态文明制度体系等方面仍存在不足，制度与制度之间不够协调，呈现出碎片化状态，需要统筹顶层设计，使各领域的制度建设能够相互作用、相互连接，形成系统完备、科学规范、运行有效的制度体系，确保制度体系整体效能的发挥。其次，体制机制梗阻（王佃利，2020）。政府部门分工不合理、责任不明确导致体制和机制的运转不顺畅，影响治理效率及公正性。政府内部与政府外部行为主体间缺乏有效互动，导致制度的执行合法性不足、群众认同度不高和执行效果不理想，降低了制度的权威性和制度的执行力，使制度的效能无法充分发挥。最后，制度创新的障碍（杨志荣，2016）。创新制度建设相对滞后，创新文化亟须加强。在新时代背景下面对复杂的国内外环境，需要守正创新，坚持改革，大胆进行实践探索，构建与新时代相适应的中国国家制度和国家治理体系。

2.5.2　公众与社会组织的国家治理参与度较低

市场、社会组织和公民个人的社会主体意识在不断增强，治理主体也逐步多元化，传统的单一治理模式已经不能满足市场、各类社会组织及公民个人的诉求，因而在治理上产生很多"越位""错位""缺位"的问题（韩屹立，2015）。共同协作参与国家治理成为主流，但当前公民社会参与总体水平较低，主要原因在于国家治理现代化的相关知识普及度不够，人民群众了解不够全面，参与的热情与积极性相对缺乏；市场与社会作为重要的治理主体，其作用未得到充分发挥，主体化程度仍有很大的提升空间；政府与市场的治理职责、治理界限仍存在界定不明确的问题（周奇奇，2021）。国家治理主体体系中各治理主体在治理中不能明确自身所处的地位、所起的作用和应承担的责任，各治理主体间权责划分不清、归属不明。政府大包大揽但力不从心，市场、社会和公民个人的治理积极性也被削弱，难以发挥其活力与创造力，不利于我国的民主化与法治化进程及全面深化改革。为摆脱现实困境，在持续推进国家治理现代化的进程中，应转变思维定式，增强人民群众的主体意识，积极回应群众关切的问题，充分调动治理主体的积极性。

2.5.3 国家治理面临价值多元化带来的挑战

经济全球化及互联网等信息技术的快速发展，全球思想文化交融及主流意识的传播呈现新的特点，价值多元化对国家治理的包容性与开放性提出了更高的要求。首先，外来文化对价值选择的影响是国家治理现代化所面临的挑战。随着全球化不断发展，西方文化以及多元价值的传入，对人民群众的生活方式及价值选择产生了巨大影响，对社会主义意识形态造成了一定的冲击。这些外来文化和思想有其积极性的一面，但是其消极性的一面不容忽视。其次，互联网的发展导致主流意识形态传播的渠道发生变化，打破传统信息传递方式，削弱了主流意识形态传播效力（高建华，2012），对主流媒体的舆论引导力、传播力及公信力提出了更高的要求（何慧媛和卢超，2020）。推进国家治理现代化既要适应当前中国价值的多元化，也要引领中国社会价值的合理化进程，对社会存在的各种社会思潮及价值取向，去其糟粕，取其精华，进行多元价值整合，为人们作出正确的价值选择提供合理引导。

2.5.4 国家治理主体的整体治理能力不足

随着国家治理领域系统化、治理主体多元化，客观上要求治理主体在面对国内外瞬息万变的局势时，要具有较强的适应性与创新精神，这对治理主体的治理能力提出了更高的要求。首先，国家治理领域系统化、治理主体多元化，呼唤具有强大统筹整合能力的政党。国家治理涉及政治、经济、文化、社会、生态文明及国防等各个领域，在多主体共同治理的架构下，如何提升基层党组织的治理能力和决策创新力，维护中国共产党的政治权威，并协调平衡各方利益诉求，是新时代中国共产党政治建设必须解决好的课题，也是对党的建设提出的新要求。其次，社会治理能力有待提高。作为能够缓解市场与政府失灵的治理机制，社会治理已经成为一种不可或缺的力量，但是由于政府一直在社会治理中占据主导地位，政府管得太多，受这种"全能政府"的影响，社会治理还存在许多需要解决的问题，社会组织的不成熟、社会组织过度行政化、社会自治能力较弱等问题的存在，不利于国家治理和社会治理的发展（韩屹立，2015）。最后，治理参与责任感缺失。国家治理是一种治理行为方式，国家治理的理想效果离不开治理参与和技能水平的支撑，除了非制度化的治理参与因素，国家治理技能缺失是造成治理参与责任感缺失的重要原因，对国家治理的途径、手段和责权进行制度规范，有利于国家治理能力现代化建设（李至敏，2016）。

2.6 本章小结

本章首先介绍了治理理论兴起的背景，并对国内外核心治理理论与实践进行梳理，分析了国家治理现代化产生的机理，为本研究奠定了理论基础。其次从理论、制度及实践三个方面系统分析了国家治理现代化的内在逻辑。最后介绍了当前阶段我国推进国家治理现代化面临的困境。面对社会主义制度和机制尚未健全、社会组织与公民参与度低、价值多元化的挑战及国家治理主体整体治理能力不足等诸多问题，应致力于摆脱现实困境，使我国治理体系更适应新时代发展要求，促进完全转型，以推动国家治理现代化进程。

第3章

中国国家治理现代化测度与评价指标体系构建

党的十八届三中全会把"推进国家治理体系和治理能力现代化"列为全面深化改革的总目标之中，党的十九届四中全会又进一步明确了推进国家治理体系和治理能力现代化的总目标与路线图。要实现国家治理现代化，必须要有明确的国家治理现代化标准，构建国家治理现代化测度评价指标体系对评价国家治理现代化水平至关重要。本章在明确国家治理及治理现代化科学内涵的基础上，分析影响国家治理现代化水平的主要因素，建立国家治理现代化测度与评价指标体系。

国家治理现代化的概念与内涵

3.1.1　治理与国家治理的概念

（1）治理

"治理"一词源于拉丁文和希腊语，原意是"控制、引导和操纵"，20世纪90年代在全球范围逐步兴起。治理理论的主要创始人之一詹姆斯·N·罗西瑙（James N. Rosenau，2001）认为，治理是通行于冲突之间的制度安排，是在调节竞争利益之间发挥作用的原则、规范、规则和决策程序，强调无须依靠国家强制能力的"无政府治理"；格里·斯托克也认为治理的本质在于多个具有相互影响的行为者的互动；而另一位代表人物罗伯特·罗茨（R. A. W. Rhodes，1996）却认为治理一词的出现标志着政府管理含义的改变，它是一种新的管理过程，也是一种改变了的有序统治状态。因此治理比政府管理范围更广，既有政府参与又包括非国家的行为者。在中国，很早便有"治理"一词的出现，《荀子》中记载"明分职，序事业，材技官能，莫不治理，则公道达而私门塞矣，公义明而私事息矣。"① 孔子亦云"任能黜否，则官府治理。"② 可见古代治理有治理政务、管理、统治的含义。

在治理的各种定义中，全球治理委员会的表述具有很强的代表性和权威性。该委员会于 1995 年对治理作出如下界定：治理是或公或私的个人和机构经营管理相同事务的诸多方式的总和。它是使相互冲突或不同的利益主体得以调和并且采取联合行动的持续过程。它包括迫使人们服从的正式机构和规章制度，以及种种非正式安排（周志芬，2014）。从定义可知，治理具有三个特征：首先，治理是一个持续的过程，不是一种活动也不是一条规则，规章制度只是治理过程中的一部分；其次，治理具有多主体性，治理需要政府、市场、社会组织和公民等多种主体参与，形成有机的协作机制；最后，治理的目的不是统治，而是以公共利益为目的，以调和为基础，促进社会和谐。

（2）国家治理

如上所述，在国家治理概念提出之前，治理的概念和理论已经在科学领域被广泛运用。从学术理论的角度来看，治理理论是从社会中心论出发，从社会的诉求来规制国家和政府的职责和作为，国家治理概念则强调了转型社会国家发挥主导作用的重要性。因此，我们可以将国家治理定义为：通过国家机构和相关机构对社会进行管控、调整和管理，以促进社会的稳定、发展和繁荣的持续过程。国家治理是国家权力行使的过程，包括

---

① 荀子·君道.
② 孔子家语·贤君.

立法、执法、司法、行政管理等各个方面；国家治理需要依靠有效的法律制度、科学的政策和决策、完善的制度体系、高效的行政管理和公正的司法体系等多种手段，才能有效地实现国家治理目标。

国家治理的内涵也可以从三个方面加深理解：首先，国家治理的主体由具有多元、多层次特征的同一群体构成；其次，国家治理的目标是通过有组织、有计划、有目的、有领导的活动，管理社会公共事务，增进公共利益，维护公共秩序，创新制度安排和制度设置；最后，国家治理的内容包括政府内部治理和社会公共事务管理，既要以法律为基础，建立科学完善的法律制度，使国家治理具有可预见性、公正性、规范性，又要尊重公民的基本权利和利益，促进民主决策、民主管理、民主监督。

3.1.2　现代化的内涵与发展

（1）现代化

20世纪，现代化大潮席卷全球，人类新文明走向辉煌。随着现代化理论的传播，现代化成为一个大众化词语，关于什么是现代化，没有统一定义。"现代化"一词具有时间属性和空间属性：时间上的现代指从科学革命到当前这段历史时间；空间上的现代是涉及人类活动各个方面的新近感，没有区域的限制和具体的标准。罗荣渠教授认为"现代化作为一个世界性的历史过程，是指人类社会从工业革命以来所经历的一场急剧变革，这一变革以工业化为推动力，导致传统的农业社会向现代工业社会的全球性的大转变过程"（胡乐明和胡怀国，2023）；70年代，哈佛大学亨廷顿（Huntingcon）教授认为"从长远的观点来看，现代化不仅是不可避免的，而且是人心所向"；中国科学院中国现代化研究中心主任何传启给出了更严格的定义，认为"现代化是指工业革命以来人类社会所发生的深刻变化，这种变化包括从传统经济向现代经济、传统社会向现代社会、传统政治向现代政治、传统文明向现代文明等各个方面的转变"（马俊毅，2023）。简言之，现代化代表了社会、经济、文化等方面的发展和进步，使得社会生活更加便利、舒适、安全、文明化，人们的生活水平得到提高。现代化通常包括科技、工业、城市化、教育、医疗、环境保护等方面的进步。在现代化进程中，经济的发展和社会的进步相互促进，人们的生活与思想观念也随之改变和进步，现代化对于一个国家的发展和国民生活水平的提高具有重要意义。

（2）中国式现代化

中国共产党对中国式现代化的探索经历了从"四个现代化"到"国家治理现代化"的历史转折。20世纪五六十年代，周恩来在第一届全国人民代表大会上提出"四个现代化"，指出中国发展要建立工业现代化、农业现代化、国防现代化和科学技术现代化。随后20世纪80年代，邓小平提出了"中国式现代化"，中国正式进入了改革开放和中国特色社会主义现代化建设的探索阶段。党的十八大之后，在坚持和发展中国特色社会主义的基础上，提出了中国国家治理现代化的全新目标。因此，国家治理现代化是中国式现代化的重要组成部分，研究国家治理现代化必须要了解中国式现代化的内涵和发展逻辑。

中国共产党从1921年成立伊始就把实现中华民族的彻底解放和中国的现代化作为历史使命。1949年新中国的成立揭开了中国现代化的新篇章。此后，中国共产党开始探索中国式现代化道路，其间对中国式现代化的认识也有一个不断深化的过程（熊光清和蔡正道，2022）。党的二十大报告指出，中国式现代化是中国共产党领导的社会主义现代化，既有各国现代化的共同特征，更有基于自己国情的中国特色。中国式现代化具有以下五个方面的特征。

第一，人口规模巨大的现代化（裴长洪，2023）。迄今为止，世界上实现工业化的国家人口总数不超过10亿人，中国14亿多人口的基数决定了其现代化规模将超过现有发达国家人口的总和，实现中国现代化的艰巨性和复杂性前所未有，发展途径和推进方式也必然具有自己的特点。

第二，人民共同富裕的现代化（许耀桐，2023）。中国走属于自己的现代化道路，必须坚持以人民为中心，坚持发展为了人民、发展依靠人民、发展成果由人民共享的发展理念，让现代化建设成果惠及全体人民，不断把人民对美好生活的向往变为现实，这与社会主义阶段实现全体人民共同富裕的本质要求一致。

第三，物质文明和精神文明相协调的现代化（罗宗毅，2022）。经济增长过程中物质文明与精神文明发展不平衡是世界性难题，在各国现代化建设实践中，总是要面对物质主义、享乐主义等社会思潮对精神文明的挑战。中国式现代化道路，避免了现代化实践中物质文明与精神文明发展不均衡的问题，共同实现了经济快速发展和社会长期稳定两大目标。

第四，人与自然和谐共生的现代化（王德蓉，2022）。习近平总书记指出"我国现代化注重同步推进物质文明建设和生态文明建设，走生产发展、生活富裕、生态良好的文明发展道路，否则资源环境的压力不可承受"①。人与自然是生命共同体，走可持续发展之路需要坚持绿色发展，致力构建人与自然和谐共处的美丽家园。

3.1.3　国家治理现代化的内涵与特征

（1）国家治理现代化内涵

国家治理现代化是中国共产党在对世界现代化和社会主义现代化规律重新认识的基础上提出的新主张和新论断（熊光清和蔡正道，2022）。党的二十大报告明确指出"改革开放迈出新步伐，国家治理体系和治理能力现代化深入推进"，中国式现代化视域下的国家治理现代化是中国共产党团结带领中国人民，坚持和完善中国特色社会主义制度，深化改革，不断提升国家治理能力，实现国家治理的科学性、民主性、法治性和有效性的过程和事业。

理解国家治理现代化的内涵要注意以下三个方面。

第一，国家治理现代化是在社会主义制度的基础上发展的（杜浦，2021）。中国共产党领导的多党合作和政治协商制度，决定了国家在现代化治理中的主导作用；按劳分配为主、多种分配方式并存的经济制度，决定了国家治理现代化的基本形态和体制结构；民族区域自治制度及基层群众自治制度，决定了国家治理过程中的多主体参与。

第二，中国社会的主要矛盾是国家治理现代化的原动力。"人民日益增长的物质文化需要同落后的社会生产之间的矛盾"是社会主义初级阶段的主要矛盾，为了解决该矛盾推进改革开放，促进经济、社会、文化的发

---

①　新发展阶段贯彻新发展理念必然要求构建新发展格局［J］. 求是，2022（17）.

展。进入社会主义新时代，中国社会主要矛盾转化为"人民日益增长的美好生活需要和不平衡不充分的发展之间的矛盾"（马云志和赵荣锋，2022）。推进国家治理现代化是不断满足人民美好生活需要、解决发展不平衡不充分问题的重要抓手。

第三，政治权力与公民权利之间的均衡是国家治理现代化的重要内容。政治权力需要加强党的全面领导和完善中国特色社会主义制度（公丕祥，2021），公民权利强调依法治国、人民民主。明确权力边界、规范权力运行，推进政治权力与公民权利的良性互动，是实现国家治理现代化的基本保障。

（2）国家治理现代化特征

中国国家治理现代化是符合中国国情的现代化，是中国共产党团结带领人民实现美好生活的现代化。国家治理现代化思想的提出：一是强调国家在治理中的重要作用，中国国家治理现代化的实现要坚持共产党领导，呼吁国民共同参与；二是强调中国式现代化与国家治理之间的逻辑关系，国家治理现代化的实现依托于中国式现代化的发展背景，在中国式现代化进程中要求的国家治理现代化具有鲜明的独特性。

第一，国家治理现代化的实现要以中国特色社会主义制度为基础。党的十九届四中全会全面概括了中国特色社会主义制度和治理体系的十三个方面的显著优势，并指出"中国国家治理一切工作和活动都依照中国特色社会主义制度展开"（龚建华，2019）。因此，国家治理现代化评价也不能脱离中国特色社会主义制度。

第二，国家治理现代化的实现要以共产党领导的全民参与为评价主体。坚持共产党领导是区别于其他资本主义国家的本质特征，过去70余年，党领导人民取得的伟大成就也证明了共产党领导的正确性。但共产党并不是实现国家治理现代化的唯一主体，推进国家治理现代化要坚持"全心全意为人民服务"的根本宗旨，以共产党为主导，以人民为中心。

第三，国家治理现代化的实现要以中国特色社会主义核心价值观为导向。社会主义核心价值观是一个国家一切行动的终极价值追求，中国的国家治理现代化最终是社会主义核心价值观的集中体现。党的十八大提出的"富强、民主、文明、和谐，自由、平等、公正、法治，爱国、敬业、诚信、友善"的社会主义核心价值观，正是中国国家治理现代化的价值目标。

国家治理现代化评价要素分析

3.2.1　政策分析

首先，中共十八届三中全会明确提出国家治理现代化是"国家治理体系和治理能力的现代化"，因此，评价国家治理现代化的标准也应该包含国家治理体系现代化和国家治理能力现代化两方面内容。国家治理体系是国家的制度体系，包括经济、政治、文化、社会、生态文明和党建等各领域体制机制；国家治理能力则是运用制度体系管理社会各方面事务的能力。习近平总书记曾指出"国家治理体系和治理能力是一个国家的制度和制度执行能力的集中体现"。[①] 两者相辅相成，不可分割。其次，在探索中国式现代化的过去十年，先后构建了"经济建设、政治建设、文化建设、社会建设、生态文明建设"的总体布局，推进了"全面建成小康社会、全面深化改革、全面依法治国、全面从严治党"的战略布局，提出了"物质文明、政治文明、精神文明、社会文明、生态文明"的协调发展（许耀桐，2023）。从"五位一体"到"四个全面"再到"五大文明"都为国家治理现代化提供了依据和发展思路。所以，从政策发展和国家治理现代化内涵的角度来看，要客观公正地评价国家治理现代化水平，需要从经济、政治、文化、社会、生态文明等几个方面来综合考量，这既符合国家战略发展需要，又与经济目标相一致。

3.2.2　关键词分析

通过学术期刊网（CNKI），以"国家治理现代化"为关键词进行检索，筛选文献类型为 CSSCI，得到 2013～2023 年的有效文献 1524 篇，文献发表年份如图 3-1 所示，利用关键词检索到 2013 年之前发表文献数量为 0，2013 年发表

---

① 中共中央文献研究室编. 习近平关于协调推进"四个全面"战略布局论述摘编［M］. 北京：中央文献出版社，2015.

文献数量为 2 篇，2014 年提高到 160 篇，2020 年最多，2023 年相关研究继续呈现上升趋势。对 1524 篇文献进行聚类分析后，可以明显看到 12 项研究集中度比较高的主题中，"法制""党政""民主""社会治理"等与国家治理现代化研究密切相关；随着信息技术的发展，"大数据""科学化"等现代技术也逐步应用到政府治理过程中，以提高"治理效能"（见图 3 - 2）。为了进一步验证与国家现代化治理有关的要素，对 1524 篇文献进行人工筛选，找到"国家治理现代化与××"相关的文献 359 篇，利用 citespace 可视化工具对主题词相关度分析（见图 3 - 3），可以看出，从治理能力和治理体系两个方面得到关联度较高的词汇均与数字政府、文化、法规、民主、党建、公共服务、财政预算、区域差异等有关。除此之外，还涉及一些研究频率比较低的词汇，如社保、经济、党治、低碳、共享等，表 3 - 1 汇总了文献研究热点分析中与中国国家治理现代化密切相关的研究词汇。

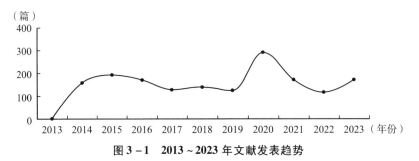

图 3 - 1　2013 ~ 2023 年文献发表趋势

图 3 - 2　关键词聚类分析

图 3 - 3　主题词相关度分析

表 3 - 1　　　　　　中国国家治理现代化文献研究热点汇总

	2013～2014 年	2015～2016 年	2017～2019 年	2020～2021 年	2022～2023 年
高频词汇	政府治理	善治	法治建设	制度优势	
	依法治国	反腐	共同富裕	数字政府	
	人民民主	大数据	机构改革	治理效能	
	党的领导	法治体系	乡村振兴	国家权力	碳中和
	社会治理	政党治理	信息化	数字经济	数字经济
低频词汇		公众参与		公共文化	
		社会组织	社会保障	人民性	人与自然
	公民参与	依法行政	文化	党内监督	公共文化
	制度建设	党的建设	信息公开	碳中和	党建引领
	保障机制	公共服务	人民公社	人与自然	产权保护

3.2.3　评价要素分析

本节从经济治理、政治治理、文化治理、社会治理、生态文明治理五个维度，分析确定国家治理现代化评价的评价要素指标。

（1）经济治理维度

经济发展是衡量一个国家、一个地区进步的重要标志，而经济发展的动力来源于技术进步。马茹等（2019）从供给、需求、效率、经济运行和开放5个维度构建经济高质量发展评价指标体系；张震和刘雪梦（2019）从经济发展动力、新型产业结构、交通信息基础设施、经济发展的开放性、协调性、共享性和绿色发展7个维度构建了高质量发展评价体系；苏丽敏（2022）在评价经济高质量发展时选取了人均GDP、城镇失业率和产品质量损失率等指标评价经济增长，使用居民消费水平、第三产业增加值、进出口、高新技术指标等衡量经济发展的创新性和协调性；胡忠和张效莉（2022）提出评价经济发展质量要从创新、协调、绿色、开放、共享五个方面考虑，创新投入与创新产出可以评价创新性，城乡协调与产业结构协调可以评价协调性、贸易和投资可以评价开放性、绿色产业可以评价绿色性基尼系数、人均GDP等可以反映共享性；胡越秋和矫立军（2022）认为经济的开放性可以从基础设施建设、贸易量、创新能力等方面进行评价；陈贵富和蒋娟（2021）认为经济发展的基本情况需要考虑有效性、协调性、外向性、创新性、稳定性等方面，可以选取人均GDP、工业化率、进出口贸易、R&D经费等指标进行测度与评价。根据文献研究，从经济发展速度与经济发展质量两类评价要素出发，设计经济治理维度的具体评价指标如表3-2所示。

表3-2　　　　　　　　　　　经济治理要素指标

维度	评价要素	评价指标	参考文献
经济治理	发展速度	GDP指数（上一年=100）	（马茹等，2019） （张震和刘雪梦，2019） （苏丽敏，2022） （胡忠和张效莉，2022） （胡越秋和矫立军，2022） （陈贵富和蒋娟，2021）
		财政税收收入	
		居民消费价格指数	
		固定资产投资（不含农户）增长率	
	发展质量	外商投资企业数	
		有电子商务交易活动的企业数比重	
		企业电子商务销售额	
		财政科学技术支出	
		技术市场成交额	
		R&D人员全时当量	
		规模以上工业企业有效发明专利数	

（2）政治治理维度

国家机构的职责履行、依法管理国家事务、提高自身事务能力是国家治理的基本要求。习近平总书记在 2014 年 2 月 17 日省部级主要领导干部学习贯彻十八届三中全会精神全面深化改革专题研讨班开班式上发表重要讲话时指出"只有以提高党的执政能力为重点，尽快把我们各级干部、各方面管理者的思想政治素质、科学文化素质、工作本领都提高起来，国家治理体系才能更加有效运转"①。王艳珍和颜俊儒（2016）认为全面从严治党的效能提升是国家治理现代化的重要路径，提升全面从严治党效能务必要重塑治党的价值取向，完善治党的内容体系，充分调动治党的主体力量，营造好治党的环境，健全治党的评估督察机制，以此建构起全面从严治党效能提升的长效机制；马原和丁晓强（2021）认为政治生态是党在特定的政治系统中生存和发展的状态，党内政治生态主要由政治生活、政治文化、政治制度三个子系统构成，考核党内政治生态要观察作风建设、组织建设、制度建设、反腐建设等方面；郑燕和周宏（2019）认为政治生态建设离不开政治生活规范度、领导班子坚强度、选人用人公信度、清廉成效度、人民群众满意度几个方面，因此构建政治生态建设评价指标时也应考虑这些方面的因素；黄振华和王美娜（2021）从沟通视角测度地方政府治理能力，以"平台—政府—民众"为基本框架，构建了"沟通平台""政府主动""民众主动"三类一级指标；张萌萌和杨雪冬（2022）从现有的近百种政治评估指数中筛选了 10 种考核指标，包括民主指数、法治指数和世界治理指数，其中民主指数测量选举过程、政府职能、政治参与、政治文化和公民自由，法治指数遵循责任、公正法律、开放及公正的争议解决四个原则，世界治理指数包括言论和问责、政治稳定和暴力削减、政府效能、监管质量、法治、腐败控制六个方面；白德全（2003）指出建设社会主义政治文明的正确途径：一是发挥社会主义民主制度的优势，保证人民群众民主权益；二是加强社会主义法治；三是要完善党的领导方式。根据文献研究从依法治国、民主监督、公共安全三类评价要素衡量政治治

---

① 省部级主要领导干部学习贯彻十八届三中全会精神全面深化改革专题研讨班在京举行，习近平作重要讲话［EB/OL］.（2014 - 02 - 17）［2024 - 03 - 05］. http://www.xinhuanet.com/politics/2014 - 02/17/c_119373758.htm.

理水平，设计政治治理维度的具体评价指标如表 3 - 3 所示。

表 3 - 3　　　　　　　　　政治治理要素指标

维度	评价要素	评价指标	参考文献
政治治理	依法治国	对警察的信任度	（王艳珍和颜俊儒，2016）（马原和丁晓强，2021）（郑燕和周宏，2019）（黄振华和王美娜，2021）（张萌萌和杨雪冬，2022）（白德全，2003）
		公民实际享有政治权力的公平度	
		司法与执法公平度	
		打击犯罪，维护社会治安满意度	
		廉洁奉公，惩治腐败满意度	
		依法办事执法公平的满意度	
	民主监督	政府信息公开透明度	
		对党政领导干部的信任度	
		党政干部选拔的公平度	
		民众上访参与意愿	
		民众参与选举意愿	
	公共安全	财政公共安全支出	
		突发环境事件次数	

（3）文化治理维度

社会文化环境在一定的社会形态下会影响一个社会的价值观念、行为偏好、风俗习惯等，加强文化建设对于实现国家治理现代化具有十分重要的作用。袁海（2012）认为中国文化事业和文化产业的快速发展与效率改进在很大程度上具有文化市场开放的"体制性松绑"和政策推动的效应；尚子娟等（2021）从文化事业和文化产业两大文化建设方面构建文化建设要素，考虑文化建设的机构、投入、产出与人力资源，构建包含文化投入、公共图书馆数量、博物馆数量、文化部门教育机构从业人数等多个指标在内的文化建设评价指标体系；黄伟群（2014）从生产要素、市场需求、关联产业和政府支持 4 个维度构建了中国文化产业发展影响因素评价指标体系；陈波和李好（2018）在探讨公共文化建设思路与路径选择时，强调了公共文化服务的软硬件设施建设及公共文化空间建设的重要性；陈波和邱新秀（2016）在评价公共文化绩效时，从"三馆一站"的投入与产出角度进行评价，主要从博物馆、图书馆、文化馆和文化站的社区教育、社区活动、基础建设三个方面构建指标体系；陈波和李晶晶（2021）评价乡村公共文化时，选取了物理文化、精神文化和虚拟文化三个层面，认为物理文化指文化活动开展的物质场所，分为知识技能、体育健身、文化娱乐这三类二级指标，精神文化指开展的文化活动，艺术表演、电影、文体培训等作为二级指标，虚拟文化是网络信息技术与市民社会的融合，包括网络课堂、电子阅览网络社群等；林秀梅和张亚丽（2014）通过计量分析发现，文化消费需求、文化产业投资和政府扶持是影响区域文化产业发展的重要因素。根据文献研究，从教育发展、文化发展两类评价要素衡量文化治理能力，设计文化治理维度的具体评价指标如表3-4所示。

表 3-4　　　　　　　　　　文化治理要素指标

维度	评价要素	评价指标	文献来源
文化治理	教育发展	国家（地方）财政教育支出	（袁海，2012）（尚子娟等，2021）（黄伟群，2014）（陈波和李好，2018）（陈波和邱新秀，2016）（陈波和李晶晶，2021）（林秀梅和张亚丽，2014）
		文盲率（人口抽样调查）	
		每十万人口高等教育学校平均在校生数	
		普通高中生师比（教师人数＝1）	
	文化发展	财政文化体育与传媒支出	
		艺术表演场馆观众人次	
		博物馆参观人次	
		人均拥有公共图书馆藏量	
		每万人拥有公共图书馆建筑面积	

（4）社会治理维度

社会治理的目标是通过不断创新社会治理体制，更好地实现人民群众的利益，实现人民对美好生活的向往。中央编译局"中国社会管理评价体系"课题组在2012年发布的中国社会治理评价指标体系中提出了含有人类发展、社会公平、公共服务、社会保证等六个基本维度的中国社会治理评价体系，并强调社会参与在指标评价中的重要性；俞可平（2012）提出社会治理评价指标体系应包含人类发展、社会公平、公共服务、社会保障、公共安全和社会参与六项一级指标；杨明洪（2015）从社会经济安全、社会凝聚、社会包容和社会赋权四个维度出发，构建了包含收入、住房面积、失业率、医护、权利、公共服务、保险等在内的78个衡量指标；方振邦和邬定国（2015）采取平衡计分卡的方式，从利益相关者层面、实现路径层面、保障措施层面考核北京市社会建设绩效，并把公共服务满意度、社会保障实施、社会建设投入等指标纳入考核标准；李旭辉（2019）基于"五位一体"总布局评价中国经济社会发展绩效，把科技创新、教育卫生、社会保障就业作为社会建设的主要考核指标；冯华艳（2022）构建地方政府社会治理能力评价指标时提出，社会治理目标的基本要素为民生保障、社会公平、社会秩序和社会凝聚力。结合上述研究成果与文献研究热点，确定从社会保障、基础设施建设和劳动就业三类评价要素衡量社会治理能力，设计的具体评价指标如表 3-5 所示。

表 3-5　　　　　　　　　社会治理要素指标

维度	评价要素	评价指标	文献来源
社会治理	社会保障	每万人拥有卫生技术人员数	（俞可平，2012）（杨明洪，2015）（方振邦和邬定国，2015）（李旭辉，2019）（冯华艳，2022）
		每万人医疗机构床位数	
		财政医疗卫生支出	
		居民最低生活保障人数	
		居民养老保险覆盖率	
		城乡居民社会养老保险实际领取待遇比率	
		财政社会保障和就业支出	
		农村供养五保人数	
		社会组织单位数	
	基础设施	移动电话普及率	
		城市燃气普及率	
		城市供水普及率	
		农村有线广播电视用户数占家庭总户数的比重	
		每万人拥有公共交通车辆	
		每万人拥有公共厕所	
	劳动就业	城镇登记失业率	
		失业保险使用率	
		城镇单位就业人员平均货币工资指数（上年 = 100）	
		全体居民人均可支配收入	
		全体居民人均消费支出	

（5）生态治理维度

根据叶谦吉学者 1987 年给出的定义，所谓生态文明就是人类既获利于自然又还利于自然，在改造自然的同时又保护自然，人与自然之间保持和谐统一的关系；霍光耀（2012）认为生态文明是以尊重自然为前提，以可持续发展为依据，以人、自然、社会之间的和谐为宗旨，建立可持续的生产方式和消费方式；才吉卓玛（2023）评价青海省生态文明建设时构建包含资源利用、环境质量、生态平衡三个一级指标和 11 个二级指标的评价体系；张康洁（2023）研究国家生态文明建设示范区分布时说明影响生态环境的因素主要有城市污水处理、生活垃圾处理、人均绿地面积、空气质量优良天数等；冯华艳（2022）依据公众对社会治理效果的主观评价，构建了包括 4 个要素和 20 个指标的地方政府社会治理能力评价体系，4 个要素分别为提升民生保障水平的能力、促进社会公平的能力、维护社会秩序的能力和增强社会凝聚力的能力；潘晴艳（2020）研究城市经济活力与竞争力，从经济成长力、城市吸引力、生活质量水平、创新创造力四个方面测度城市活力，并从人均 GDP、R&D 经费支出、财政收入、财政支出、进出口贸易等指标构建指标体系。结合现有研究成果，从环境治理和生态平衡两类评价要素衡量生态文明程度，设计的具体评价指标如表 3－6 所示。

表 3－6　　　　　　　　　　生态治理要素指标

维度	评价要素	评价指标	参考文献
生态治理	环境治理	化学需氧量排放量	（霍光耀，2012） （才吉卓玛，2023） （张康洁，2023） （冯华艳，2022） （潘晴艳，2020）
		工业污染治理完成投资	
		财政环境保护支出	
		生活垃圾清运量	
		生活垃圾无害化处理率	
		道路清扫保洁面积	
		城市污水日处理能力	
	生态平衡	建成区绿化覆盖率	
		人均公园绿地面积	
		水土流失治理面积	
		造林总面积	
		国家级自然保护区面积	

国家治理现代化测度与评价指标体系的建立

3.3.1　国家治理现代化测度与评价的原则

为了使所建立的评价指标体系能够综合反映中国国家治理现代化水平，并且能够为各省市后续发展提供理论指导，在构建国家治理现代化测度评价指标体系时应遵循一定的基本原则。

（1）差异化原则

国家治理现代化评价指标的选择不仅要测度治理能力，还要体现现代化水平。治理能力是效能的体现，现代化水平是现代技术、现代化思想应用的体现，在国家治理现代化测度评价指标选择上要与国家治理评价指标有所区别。

（2）独特性原则

对国家治理现代化进行测度评价，期望能够通过各地区治理现代化水平的测度，发现地方政府在实现治理现代化的比较优势。因此，构建国家治理现代化测度评价指标体系，既要体现一致性，又要反映各地区发展的独特性。

（3）可解释性原则

构建国家治理现代化评价指标体系需要对抽象的定义进行量化，同时所选择的量化指标也必须能够解释指标含义，即测度评价国家治理现代化水平时需要构建的是一个可描述性的指标体系。

（4）完整性原则

国家治理涉及与党政、社会、群众生活的方方面面，构建国家治理现代化测度评价指标体系应在遵循指标可度量基础上，兼顾指标的完整性和全面性，做到尽量降低量化过程中产生的误差，保证评价结果更准确、更可靠。

3.3.2　国家治理现代化测度与评价指标初选

党的十八大站在历史和全局的战略高度，对推进新时代"五位一体"

总体布局作了全面部署。从经济、政治、文化、社会、生态五个方面，制定了新时代统筹推进"五位一体"总体布局的战略目标。本研究在遵循差异化、独特性、可解释性和完整性原则基础上，借鉴有关学者在国家治理现代化评价方面的研究成果，基于要素分析构建了包含 5 个一级指标、12 类要素指标和 65 个二级指标的中国国家治理现代化测度与评价指标体系，具体如表 3 - 7 所示。

表 3 - 7　　　　　　国家治理现代化测度评价指标体系（初选）

目标层	一级指标	要素指标	二级指标
国家治理现代化	经济治理	发展速度	GDP 指数（上一年 = 100）
			财政税收收入
			居民消费价格指数
			固定资产投资（不含农户）增长率
		发展质量	外商投资企业数
			有电子商务交易活动的企业数比重
			企业电子商务销售额
			财政科学技术支出
			技术市场成交额
			R&D 人员全时当量
			规模以上工业企业有效发明专利数
	政治治理	依法治国	对警察的信任度
			公民实际享有政治权力的公平度
			司法与执法公平度
			打击犯罪，维护社会治安满意度
			廉洁奉公，惩治腐败满意度
			依法办事执法公平的满意度
		民主监督	政府信息公开透明度
			对党政领导干部的信任度
			党政干部选拔的公平度
			民众上访参与意愿
			民众参与选举意愿
		公共安全	财政公共安全支出
			突发环境事件次数

续表

目标层	一级指标	要素指标	二级指标
国家治理现代化	文化治理	教育发展	国家（地方）财政教育支出
			文盲率（人口抽样调查）
			每十万人口高等教育学校平均在校生数
			普通高中生师比（教师人数＝1）
		文化发展	财政文化体育与传媒支出
			艺术表演场馆观众人次
			博物馆参观人次
			人均拥有公共图书馆藏量
			每万人拥有公共图书馆建筑面积
	社会治理	社会保障	每万人拥有卫生技术人员数
			每万人医疗机构床位数
			财政医疗卫生支出
			居民最低生活保障人数
			居民养老保险覆盖率
			城乡居民社会养老保险实际领取待遇比率
			财政社会保障和就业支出
			农村供养五保人数
			社会组织单位数
		基础设施	移动电话普及率
			城市燃气普及率
			城市供水普及率
			农村有线广播电视用户数占家庭总户数的比重
			每万人拥有公共交通车辆
			每万人拥有公共厕所
		劳动就业	城镇登记失业率
			失业保险使用率
			城镇单位就业人员平均货币工资指数（上年＝100）
			全体居民人均可支配收入
			全体居民人均消费支出

续表

目标层	一级指标	要素指标	二级指标
国家治理现代化	生态治理	环境治理	化学需氧量排放量
			工业污染治理完成投资
			财政环境保护支出
			生活垃圾清运量
			生活垃圾无害化处理率
			道路清扫保洁面积
			城市污水日处理能力
		生态平衡	建成区绿化覆盖率
			人均公园绿地面积
			水土流失治理面积
			造林总面积
			国家级自然保护区面积

　　需要指出的是，因为中国国家治理涉及的范围比较广，影响因素众多，建立测度评价指标体系是一个比较复杂的系统性工作。尽管已有研究已经取得较丰富的成果，但由于不同学者在考虑国家治理问题视角上存有区别，使得所构建的评价指标体系也存在一定差异。本研究基于"国家治理现代化"的科学内涵，结合中国"五位一体"的战略发展目标构建国家治理现代化测度评价指标体系，既考虑中国式现代化的现实背景，又兼顾了国家治理的评价目标；所选取指标数据来自相关年份《中国统计年鉴》及《中国社会治理调查数据库（CSS）》，并且对部分年份缺失的数据采取平滑指数法补充完整，测评结果具有较高的可信度。

3.3.3　国家治理现代化测度与评价指标的约简

　　国家治理现代化评价指标体系是由不同维度指标构成的整体，各维度指标的选择既要存在差异性，又要共同反映国家治理现代化水平。在指标筛选过程中，要重点考虑指标间的关联性与指标分辨力两个方面的问题。

本研究首先利用灰色关联分析删除与阈值相比关联度小的指标，然后再使用变异系数对指标分辨力进行分析，最终构建国家治理现代化测度评价指标体系。

（1）灰色关联分析

① 确定母序列。设系统的行为序列为 $x_i(k)$，它表示第 i 个因素的第 k 个数值，比如选取 2012~2021 年的国家统计数据，那么 $x_1(1)$ 就表示第 1 个因素在 2012 年的取值，$x_1(2)$ 就是第 1 个因素在 2013 年的取值，以此类推。用 $x_0 = (x_0(1), x_0(2), \cdots, x_0(n))$ 表示母序列或参考序列，因为 GDP 是最普遍的经济指数，与国家治理现代化的各个方面都有一定关系，所以本研究选取 GDP 指数序列作为参考序列；用 $x_i = (x_i(1), x_i(2), \cdots, x_i(n))$ 表示子序列，也就是比较序列。

② 原始数据归一化处理。由于选取的评价指标是不同质的，有的数据很大有的数据很小，有的是数值有的是百分比，在进行指标筛选时，需要先对原始数据无量纲化，也就是归一化处理（normalization），目的是减少数据的绝对数值差异，并把关注重点放在变化趋势上。归一化处理有不同方法，基于国家治理现代化测度评价指标的数据特征，本章采取均值化方法对指标数据进行处理，得到处理后的数据为：

$$X_i(k)' = \frac{X_i(k)}{\mathrm{mean}(X_i)}$$

其中，$\mathrm{mean}(X_i) = (1/n) \sum_{k=1}^{n} X_i(k)$。

③ 计算灰色关联系数。灰色关联系数的计算公式为：

$$\zeta_i(k) = \frac{\min\limits_{i}\min\limits_{k} |X_0(k)' - X_i(k)'| + \rho \times \max\limits_{i}\max\limits_{k} |X_0(k)' - X_i(k)'|}{|X_0(k)' - X_i(k)'| + \rho \times \max\limits_{i}\max\limits_{k} |X_0(k)' - X_i(k)'|}$$

其中，$|X_i(k)' - X_0(k)'|$ 为比较序列与参考序列在 k 时期的绝对差，$\min\limits_{i}\min\limits_{k} |X_i(k)' - X_0(k)'|$ 为最小绝对差，$\max\limits_{i}\max\limits_{k} |X_i(k)' - X_0(k)'|$ 为最大绝对差。关联系数反映比较序列与参考序列之间的密切程度，其取值区间为 $[0,1]$；ρ 为分辨系数。

④ 计算关联系数均值，确定灰色关联度。关联系数趋势的一致并不具备普遍意义，在得到关联系数后，应该对每个因素在不同维度上的值求取均值。也就是说，灰色关联度就是各个时期关联系数的均值，计算公式如下：

$$r_{0i} = \frac{1}{n} \sum_{k=1}^{n} r_{0i}(k)$$

⑤ 初始评价指标相关性约简。利用公式计算各初始指标的灰色关联度，并按大小进行排序，然后计算各指标灰色关联度的平均值，选取平均值作为阈值，删除灰色关联度小于阈值的评价指标。本研究选取 2012 ~ 2021 年 65 个评价指标的统计数据，指标原始数据来自相关年份《中国统计年鉴》和《中国社会质量调查数据库（CSS）》，以 GDP 指数作为参考母序列，计算得到各评价指标的灰色关联度如表 3 - 8 所示。

表 3 - 8　　　　　　　　　　　评价指标灰色关联系数

评价项	关联度	排名	指标属性
GDP 指数	/	/	+
城镇单位就业人员平均货币工资指数（上年 = 100）	0.996	1	+
居民消费价格指数	0.996	2	+
城市供水普及率	0.991	3	+
城镇登记失业率	0.987	4	-
国家级自然保护区面积	0.987	5	+
农村有线广播电视用户数占家庭总户数的比重	0.986	6	+
建成区绿化覆盖率	0.984	7	+
每万人拥有公共厕所	0.982	8	+
对警察的信任度	0.975	9	+
文盲率（人口抽样调查）	0.972	10	-
城乡居民社会养老保险实际领取待遇比率	0.972	11	+
对党政领导干部的信任度	0.970	12	+
失业保险使用率	0.967	13	+
每万人拥有公共交通车辆	0.967	14	+
农村供养五保人数	0.964	15	-
普通高中生师比（教师人数 = 1）	0.963	16	-

续表

评价项	关联度	排名	指标属性
公民实际享有政治权力的公平度	0.956	17	+
人均公园绿地面积	0.952	18	+
居民养老保险覆盖率	0.952	19	+
生活垃圾无害化处理率	0.951	20	+
水土流失治理面积	0.950	21	+
城市燃气普及率	0.949	22	+
司法与执法公平度	0.946	23	+
打击犯罪，维护社会治安满意度	0.944	24	+
每十万人口高等教育学校平均在校生数	0.942	25	+
依法办事执法公平的满意度	0.937	26	+
R&D 人员全时当量	0.935	27	+
党政干部选拔的公平度	0.928	28	+
人均拥有公共图书馆藏量	0.926	29	+
政府信息公开透明度	0.926	30	+
廉洁奉公，惩治腐败满意度	0.926	31	+
居民最低生活保障人数	0.924	32	−
生活垃圾清运量	0.920	33	+
外商投资企业数	0.920	34	+
移动电话普及率	0.917	35	+
造林总面积	0.915	36	+
城市污水日处理能力	0.907	37	+
化学需氧量排放量	0.899	38	−
每万人拥有卫生技术人员数	0.895	39	+
每万人医疗机构床位数	0.894	40	+
每万人拥有公共图书馆建筑面积	0.880	41	+
财政税收收入	0.877	42	+
国家（地方）财政教育支出	0.877	43	+
艺术表演场馆观众人次	0.876	44	+
突发环境事件次数	0.873	45	−
工业污染治理完成投资	0.869	46	+

评价项	关联度	排名	指标属性
博物馆参观人次	0.867	47	+
道路清扫保洁面积	0.866	48	+
财政文化体育与传媒支出	0.854	49	+
社会组织单位数	0.854	50	+
全体居民人均消费支出	0.850	51	+
民众上访参与意愿	0.846	52	−
固定资产投资（不含农户）增长率	0.845	53	+
民众参与选举意愿	0.842	54	+
全体居民人均可支配收入	0.836	55	+
财政公共安全支出	0.828	56	−
财政科学技术支出	0.822	57	+
财政环境保护支出	0.789	58	+
财政社会保障和就业支出	0.773	59	+
财政医疗卫生支出	0.763	60	+
技术市场成交额	0.699	61	+
有电子商务交易活动的企业数比重	0.623	62	+
规模以上工业企业有效发明专利数	0.613	63	+
企业电子商务销售额	0.598	64	+

　　计算可得各评价指标灰色关联度的平均值为 0.87，考虑各维度指标的丰富性和均衡性以及后续进行二次指标筛选，将阈值范围放宽到 0.8。由表 3-8 可知，企业电子商务销售额（亿元）、规模以上工业企业有效发明专利数（件）、有电子商务交易活动的企业数比重（%）、技术市场成交额（亿元）、财政医疗卫生支出（亿元）、财政社会保障和就业支出（亿元）、财政环境保护支出（亿元）七项指标小于阈值，应予以删除。但是，考虑国家治理现代化的评价既要体现国家治理能力，又要体现现代化水平，信息技术的使用和科学技术的发展是评价现代化程度的重要方面，因此，可暂时保留规模以上工业企业有效发明专利数（件）、有电子商务交易活动的企业数比重（%）和技术市场成交额（亿元）三项指标。因此，采用灰色关联进行指标相关性分析后，评价指标体系中还剩余 61 个评价指标。

（2）变异系数分析

对利用灰色关联分析筛选出的 61 个评价指标，再利用变异系数法分析其分辨能力。

① 数据规范化处理。经过第一轮的灰色关联系数分析，在评价指标体系中依然存在正向指标和逆向指标，需要对原始数据进行规范化处理。设 y_{ij} 表示第 i 年的第 j 个评价指标的标准化数值，x_{ij} 表示第 i 年的第 j 个评价指标的原始观测值，其中 $1 \leqslant i \leqslant 10$。国家治理现代化正向指标的数据标准化计算公式为：

$$y_{ij} = \frac{x_{ij}}{\max\limits_{1 \leqslant i \leqslant 10}(x_{ij})}$$

国家治理现代化负向指标的数据标准化计算公式为：

$$y_{ij} = \frac{\min\limits_{1 \leqslant i \leqslant 10}(x_{ij})}{x_{ij}}$$

对灰色关联筛选后的国家治理现代化指标原始数据进行规范化处理，具体结果如表 3 - 9 所示。

表 3 - 9　　　　　　　原始数据标准化后的结果

序列	评价指标	2012 年	2013 年	2014 年	2015 年	2016 年
1	GDP 指数（上一年 = 100）	0.9981	0.9972	0.9935	0.9898	0.9880
2	财政税收收入（亿元）	0.5825	0.6399	0.6899	0.7232	0.7547
3	居民消费价格指数	0.9971	0.9971	0.9913	0.9854	0.9913
4	固定资产投资（不含农户）增长率（%）	1.0000	0.9389	0.7500	0.4778	0.3889
5	外商投资企业数（户）	0.6640	0.6721	0.6943	0.7251	0.7613
6	有电子商务交易活动的企业数比重（%）	0.2893	0.4643	0.6429	0.8571	0.9732
7	财政科学技术支出（亿元）	0.4605	0.5258	0.5496	0.6063	0.6788
8	技术市场成交额（亿元）	0.1726	0.2003	0.2300	0.2637	0.3059
9	R&D 人员全时当量	0.7440	0.7896	0.8113	0.8330	0.8460
10	规模以上工业企业有效发明专利数（件）	0.1638	0.1982	0.2653	0.3391	0.4550
11	对警察的信任度	1.0000	1.0000	0.9481	0.9481	0.8818
12	公民实际享有政治权力的公平度	1.0000	1.0000	0.9255	0.9255	0.7650
13	司法与执法公平度	1.0000	1.0000	0.9086	0.9086	0.7285
14	打击犯罪，维护社会治安满意度	0.8706	0.8706	0.7573	0.7573	0.6731

续表

序列	评价指标	2012 年	2013 年	2014 年	2015 年	2016 年
15	廉洁奉公，惩治腐败满意度	1.0000	1.0000	0.8324	0.8324	0.6786
16	依法办事执法公平的满意度	1.0000	1.0000	0.8567	0.8567	0.6985
17	政府信息公开透明度	1.0000	1.0000	0.8844	0.8844	0.6532
18	对党政领导干部的信任度	1.0000	1.0000	0.9263	0.9263	0.8378
19	党政干部选拔的公平度	1.0000	1.0000	0.7626	0.7626	0.6588
20	民众上访参与意愿	0.0094	0.0094	0.0095	0.0095	0.0345
21	民众参与选举意愿	1.0000	1.0000	0.7293	0.7293	0.3978
22	财政公共安全支出（亿元）	1.0000	0.9133	0.8510	0.7582	0.6446
23	突发环境事件次数（次）	0.3690	0.2809	0.4246	0.6061	0.6579
24	国家（地方）财政教育支出（亿元）	0.5669	0.5872	0.6150	0.7012	0.7492
25	文盲率（人口抽样调查）（%）	0.6463	0.6972	0.6517	0.5918	0.6072
26	每十万人口高等教育学校平均在校生数（人）	0.6894	0.7139	0.7346	0.7452	0.7470
27	普通高中生师比（教师人数 = 1）	0.8300	0.8589	0.8892	0.9165	0.9407
28	财政文化体育与传媒支出	0.5343	0.5993	0.6339	0.7247	0.7450
29	艺术表演场馆观众人次（千人次）	1.0000	0.4180	0.3679	0.5792	0.6925
30	博物馆参观人次（万人次）	0.5026	0.5683	0.6396	0.6960	0.7579
31	人均拥有公共图书馆藏量（册/人）	0.6517	0.6180	0.6517	0.6854	0.7303
32	每万人拥有公共图书馆建筑面积（平方米）	0.5735	0.6250	0.6618	0.6985	0.7574
33	每万人拥有卫生技术人员数（人）	0.6125	0.6625	0.7000	0.7250	0.7625
34	每万人医疗机构床位数（张）	0.6329	0.6792	0.7240	0.7628	0.8013
35	居民最低生活保障人数（万人）	0.5625	0.5653	0.5946	0.6378	0.6943
36	居民养老保险覆盖率（%）	0.7961	0.8232	0.8403	0.8521	0.8756
37	城乡居民社会养老保险实际领取待遇比率（%）	0.9091	0.9328	0.9386	0.9636	0.9869
38	农村供养五保人数（万人）	0.8015	0.8139	0.8265	0.8463	0.8801
39	社会组织单位数（个）	0.5536	0.6068	0.6720	0.7345	0.7788
40	移动电话普及率（部/百人）	0.7094	0.7767	0.8085	0.7953	0.8220
41	城市燃气普及率（%）	0.7922	0.8100	0.8230	0.8361	0.8539
42	城市供水普及率（%）	0.9779	0.9819	0.9819	0.9869	0.9899
43	农村有线广播电视用户数占家庭总户数的比重（%）	0.9015	0.8555	0.9587	0.9015	0.9096

续表

序列	评价指标	2012 年	2013 年	2014 年	2015 年	2016 年
44	每万人拥有公共交通车辆（标台）	0.8248	0.8676	0.8819	0.8310	0.9396
45	每万人拥有公共厕所（座）	0.8784	0.8602	0.8480	0.8359	0.8267
46	城镇登记失业率	0.8829	0.8938	0.8851	0.8938	0.9005
47	失业保险使用率（%）	0.8413	0.9290	0.8294	0.8476	0.8749
48	城镇单位就业人员平均货币工资指数（上年 = 100）	1.0000	0.9839	0.9786	0.9839	0.9732
49	全体居民人均可支配收入（元）	0.4700	0.5213	0.5741	0.6253	0.6781
50	全体居民人均消费支出（元）	1.0000	0.9118	0.8318	0.7672	0.7045
51	化学需氧量排放量（万吨）	0.2340	0.2411	0.2472	0.2551	0.8618
52	工业污染治理完成投资（万元）	0.5016	0.8517	1.0000	0.7755	0.8209
53	生活垃圾清运量（万吨）	0.6868	0.6932	0.7182	0.7697	0.8188
54	生活垃圾无害化处理率（%）	0.8488	0.8939	0.9189	0.9419	0.9670
55	道路清扫保洁面积（万平方米）	0.5545	0.6246	0.6537	0.7062	0.7686
56	城市污水日处理能力（万立方米）	0.6297	0.6738	0.6955	0.7388	0.7716
57	建成区绿化覆盖率（%）	0.9340	0.9363	0.9481	0.9458	0.9505
58	人均公园绿地面积（平方米/人）	0.8245	0.8500	0.8796	0.8978	0.9213
59	水土流失治理面积（千公顷）	0.7480	0.7147	0.7463	0.7728	0.8052
60	造林总面积（千公顷）	0.7283	0.7939	0.7223	1.0000	0.9375
61	国家级自然保护区面积（万公顷）	0.9547	0.9537	0.9788	0.9785	0.9581
序列	评价指标	2017 年	2018 年	2019 年	2020 年	2021 年
1	GDP 指数（上一年 = 100）	0.9889	0.9870	0.9806	0.9454	1.0000
2	财政税收收入（亿元）	0.8358	0.9054	0.9147	0.8933	1.0000
3	居民消费价格指数	0.9874	0.9922	1.0000	0.9961	0.9806
4	固定资产投资（不含农户）增长率（%）	0.3444	0.3278	0.2833	0.1500	0.2722
5	外商投资企业数（户）	0.8128	0.8941	0.9452	0.9576	1.0000
6	有电子商务交易活动的企业数比重（%）	0.8482	0.8929	0.9375	0.9911	1.0000
7	财政科学技术支出（亿元）	0.7515	0.8611	0.9794	0.9326	1.0000
8	技术市场成交额（亿元）	0.3600	0.4745	0.6006	0.7575	1.0000
9	R&D 人员全时当量	0.8807	0.8959	0.9219	0.9848	1.0000
10	规模以上工业企业有效发明专利数（件）	0.5520	0.6467	0.7199	0.8558	1.0000
11	对警察的信任度	0.8818	0.9625	0.9625	0.8213	0.8213

续表

序列	评价指标	2017 年	2018 年	2019 年	2020 年	2021 年
12	公民实际享有政治权力的公平度	0.7650	0.8940	0.8940	0.7622	0.7622
13	司法与执法公平度	0.7285	0.8683	0.8683	0.6962	0.6962
14	打击犯罪，维护社会治安满意度	0.6731	0.6311	0.6311	1.0000	1.0000
15	廉洁奉公，惩治腐败满意度	0.6786	0.6703	0.6703	0.7115	0.7115
16	依法办事执法公平的满意度	0.6985	0.6836	0.6836	0.8179	0.8179
17	政府信息公开透明度	0.6532	0.6747	0.6747	0.6774	0.6774
18	对党政领导干部的信任度	0.8378	0.9174	0.9174	0.8702	0.8702
19	党政干部选拔的公平度	0.6588	0.6350	0.6350	0.8694	0.8694
20	民众上访参与意愿	0.0345	0.2857	0.2857	1.0000	1.0000
21	民众参与选举意愿	0.3978	0.1768	0.1768	0.0497	0.0497
22	财政公共安全支出（亿元）	0.5707	0.5160	0.5116	0.5130	0.5160
23	突发环境事件次数（次）	0.6623	0.6993	0.7663	0.9615	1.0000
24	国家（地方）财政教育支出（亿元）	0.8048	0.8586	0.9287	0.9704	1.0000
25	文盲率（人口抽样调查）（%）	0.6611	0.6493	0.6988	0.7441	1.0000
26	每十万人口高等教育学校平均在校生数（人）	0.7606	0.7848	0.8435	0.9229	1.0000
27	普通高中生师比（教师人数 =1）	0.9589	0.9802	0.9885	0.9953	1.0000
28	财政文化体育与传媒支出	0.7989	0.8333	0.9625	1.0000	0.9387
29	艺术表演场馆观众人次（千人次）	0.7232	0.7575	0.6752	0.3260	0.6025
30	博物馆参观人次（万人次）	0.8659	0.9303	1.0000	0.4692	0.6670
31	人均拥有公共图书馆藏量（册/人）	0.7865	0.8315	0.8876	0.9438	1.0000
32	每万人拥有公共图书馆建筑面积（平方米）	0.8015	0.8382	0.8897	0.9265	1.0000
33	每万人拥有卫生技术人员数（人）	0.8125	0.8500	0.9125	0.9500	1.0000
34	每万人医疗机构床位数（张）	0.8542	0.8998	0.9404	0.9643	1.0000
35	居民最低生活保障人数（万人）	0.7938	0.9307	0.9759	0.9517	1.0000
36	居民养老保险覆盖率（%）	0.8979	0.9213	0.9422	0.9711	1.0000
37	城乡居民社会养老保险实际领取待遇比率（%）	1.0000	0.9971	0.9890	0.9734	0.9723
38	农村供养五保人数（万人）	0.9368	0.9611	0.9959	0.9798	1.0000
39	社会组织单位数（个）	0.8444	0.9063	0.9606	0.9915	1.0000
40	移动电话普及率（部/百人）	0.8768	0.9650	0.9835	0.9709	1.0000
41	城市燃气普及率（%）	0.9359	0.9406	0.9561	0.9964	1.0000

续表

序列	评价指标	2017 年	2018 年	2019 年	2020 年	2021 年
42	城市供水普及率（%）	0.9889	0.9899	0.9940	0.9960	1.0000
43	农村有线广播电视用户数占家庭总户数的比重（%）	0.9527	0.9679	0.9902	1.0000	0.9124
44	每万人拥有公共交通车辆（标台）	1.0000	0.8887	0.8914	0.8744	0.7637
45	每万人拥有公共厕所（座）	0.8419	0.8754	0.8906	0.9331	1.0000
46	城镇登记失业率	0.9282	0.9526	1.0000	0.8538	0.9141
47	失业保险使用率（%）	0.9506	0.9769	0.9073	0.8956	1.0000
48	城镇单位就业人员平均货币工资指数（上年＝100）	0.9830	0.9911	0.9812	0.9616	0.9803
49	全体居民人均可支配收入（元）	0.7394	0.8036	0.8749	0.9163	1.0000
50	全体居民人均消费支出（元）	0.6579	0.6072	0.5591	0.5683	0.5002
51	化学需氧量排放量（万吨）	0.9314	0.9708	1.0000	0.2211	0.2241
52	工业污染治理完成投资（万元）	0.6831	0.6227	0.6166	0.4553	0.3360
53	生活垃圾清运量（万吨）	0.8654	0.9169	0.9733	0.9454	1.0000
54	生活垃圾无害化处理率（%）	0.9780	0.9910	0.9930	0.9980	1.0000
55	道路清扫保洁面积（万平方米）	0.8142	0.8406	0.8916	0.9433	1.0000
56	城市污水日处理能力（万立方米）	0.7835	0.8344	0.8816	0.9383	1.0000
57	建成区绿化覆盖率（%）	0.9646	0.9693	0.9788	0.9929	1.0000
58	人均公园绿地面积（平方米/人）	0.9422	0.9489	0.9657	0.9939	1.0000
59	水土流失治理面积（千公顷）	0.8414	0.8795	0.9182	0.9570	1.0000
60	造林总面积（千公顷）	0.9996	0.9500	0.9618	0.9024	0.4886
61	国家级自然保护区面积（万公顷）	0.9627	1.0000	0.9950	0.9960	0.9960

② 计算变异系数。不同维度下的指标，评价准则不一样，变异系数的计算与比较应在同一准则层内。变异系数过小，分辨能力较弱，评价结果影响较小；变异系数过大可能存在数据异常。设：CV_j 为第 j 个国家治理现代化评价指标的变异系数，SD_j 为第 j 个国家治理现代化评价指标的标准差，$mean_j$ 为第 j 个国家治理现代化评价指标的均值。则第 j 个国家治理现代化评价指标的变异系数计算公式为：

$$CV_j = \frac{SD_j}{mean_j} \times 100\%$$

③ 指标筛选。变异系数的合理标准因研究目的的不同有所区别，本研究指标筛选有三个依据：一是原始数据均来源于相关年份的《中国统计年鉴》和《中国社会质量基础数据库（CSS）》，可以保证数据的可靠性；二是本章的研究目的是为后续比较各省份国家治理现代化水平提供指标依据，所选指标应尽可能体现各省份之间的发展差异；三是不同准则下的分辨能力不一样，变异系数大小的比较应在同一准则内。基于此，本研究剔除变异系数超过70%的异常值和每一准则层内相对较小的值，筛选后的国家现代化评价指标体系如表3-10所示。

表 3-10 变异系数法筛选分析结果

序列	指标层	平均值 ± 标准差	变异系数（CV）	筛选结果
1	GDP 指数（上一年 = 100）	0.987 ± 0.016	0.01592	删除
2	财政税收收入（亿元）	0.794 ± 0.136	0.17152	保留
3	居民消费价格指数	0.992 ± 0.006	0.00609	删除
4	固定资产投资（不含农户）增长率（%）	0.493 ± 0.297	0.60160	保留
5	外商投资企业数（户）	0.813 ± 0.128	0.15698	保留
6	有电子商务交易活动的企业数比重（%）	0.790 ± 0.244	0.30927	保留
7	财政科学技术支出（亿元）	0.735 ± 0.200	0.27166	保留
8	技术市场成交额（亿元）	0.437 ± 0.273	0.62496	保留
9	R&D 人员全时当量	0.871 ± 0.083	0.09477	保留
10	规模以上工业企业有效发明专利数（件）	0.520 ± 0.285	0.54906	保留
11	对警察的信任度	0.923 ± 0.067	0.07254	保留
12	公民实际享有政治权力的公平度	0.869 ± 0.098	0.11271	保留
13	司法与执法公平度	0.840 ± 0.119	0.14216	保留
14	打击犯罪，维护社会治安满意度	0.786 ± 0.142	0.18034	保留
15	廉洁奉公，惩治腐败满意度	0.779 ± 0.132	0.16926	保留
16	依法办事执法公平的满意度	0.811 ± 0.122	0.15011	保留
17	政府信息公开透明度	0.778 ± 0.147	0.18870	保留
18	对党政领导干部的信任度	0.910 ± 0.058	0.06388	保留
19	党政干部选拔的公平度	0.785 ± 0.143	0.18238	保留
20	民众上访参与意愿	0.268 ± 0.401	1.49805	删除
21	民众参与选举意愿	0.471 ± 0.370	0.78598	删除

续表

序列	指标层	平均值 ± 标准差	变异系数 （CV）	筛选 结果
22	财政公共安全支出（亿元）	0.679 ± 0.187	0.27553	保留
23	突发环境事件次数（次）	0.643 ± 0.236	0.36783	保留
24	国家（地方）财政教育支出（亿元）	0.778 ± 0.160	0.20564	保留
25	文盲率（人口抽样调查）（%）	0.695 ± 0.116	0.16710	保留
26	每十万人口高等教育学校平均在校生数（人）	0.794 ± 0.099	0.12463	保留
27	普通高中生师比（教师人数=1）	0.936 ± 0.060	0.06433	删除
28	财政文化体育与传媒支出	0.777 ± 0.159	0.20512	保留
29	艺术表演场馆观众人次（千人次）	0.614 ± 0.204	0.33220	保留
30	博物馆参观人次（万人次）	0.710 ± 0.179	0.25176	保留
31	人均拥有公共图书馆藏量（册/人）	0.779 ± 0.133	0.17127	保留
32	每万人拥有公共图书馆建筑面积（平方米）	0.777 ± 0.139	0.17862	保留
33	每万人拥有卫生技术人员数（人）	0.799 ± 0.129	0.16103	保留
34	每万人医疗机构床位数（张）	0.826 ± 0.126	0.15240	保留
35	居民最低生活保障人数（万人）	0.771 ± 0.181	0.23438	保留
36	居民养老保险覆盖率（%）	0.892 ± 0.066	0.07455	保留
37	城乡居民社会养老保险实际领取待遇比率（%）	0.966 ± 0.030	0.03139	删除
38	农村供养五保人数（万人）	0.904 ± 0.079	0.08745	保留
39	社会组织单位数（个）	0.805 ± 0.161	0.20063	保留
40	移动电话普及率（部/百人）	0.871 ± 0.103	0.11810	保留
41	城市燃气普及率（%）	0.894 ± 0.080	0.08892	保留
42	城市供水普及率（%）	0.989 ± 0.007	0.00694	删除
43	农村有线广播电视用户数占家庭总户数的比重（%）	0.935 ± 0.046	0.04908	删除
44	每万人拥有公共交通车辆（标台）	0.876 ± 0.064	0.07335	保留
45	每万人拥有公共厕所（座）	0.879 ± 0.053	0.05996	保留
46	城镇登记失业率	0.910 ± 0.041	0.04542	删除
47	失业保险使用率（%）	0.905 ± 0.059	0.06474	保留
48	城镇单位就业人员平均货币工资指数（上年=100）	0.982 ± 0.010	0.01031	删除
49	全体居民人均可支配收入（元）	0.720 ± 0.177	0.24587	保留
50	全体居民人均消费支出（元）	0.711 ± 0.164	0.23122	保留
51	化学需氧量排放量（万吨）	0.519 ± 0.365	0.70424	保留
52	工业污染治理完成投资（万元）	0.666 ± 0.202	0.30303	保留
53	生活垃圾清运量（万吨）	0.839 ± 0.118	0.14122	保留

续表

序列	指标层	平均值±标准差	变异系数（CV）	筛选结果
54	生活垃圾无害化处理率（%）	0.953±0.051	0.05388	保留
55	道路清扫保洁面积（万平方米）	0.780±0.145	0.18580	保留
56	城市污水日处理能力（万立方米）	0.795±0.119	0.14969	保留
57	建成区绿化覆盖率（%）	0.962±0.023	0.02394	删除
58	人均公园绿地面积（平方米/人）	0.922±0.059	0.06400	保留
59	水土流失治理面积（千公顷）	0.838±0.098	0.11634	保留
60	造林总面积（千公顷）	0.848±0.164	0.19352	保留
61	国家级自然保护区面积（万公顷）	0.977±0.019	0.01924	删除

3.3.4　国家治理现代化测度与评价指标体系的确定

（1）指标体系的确立

基于初始评价指标的相关性和分辨力约简，构建出包含 5 个一级指标、12 类要素指标以及 49 个二级指标的中国国家治理现代化评价指标体系，具体如表 3－11 所示。

表 3－11　　中国国家治理现代化测度与评价指标体系

一级	要素指标	二级指标	计算公式	单位	指标属性
经济治理	发展速度	财政税收收入	/	亿元	+
		固定资产投资（不含农户）增长率	（本期投资额－上期投资额）/上期投资额	%	+
	发展质量	外商投资企业数	/	户	+
		有电子商务交易活动的企业数比重	有电商活动企业数/总企业数	%	+
		财政科学技术支出	/	亿元	+
		技术市场成交额	/	亿元	+
		R&D 人员全时当量	（工作时间＋加班时间）/（工作日总时间－休息时间）	万人年	+
		规模以上工业企业有效发明专利数	/	件	+

一级指标	要素指标	二级指标	计算公式	单位	指标属性
政治治理	依法治国	对警察的信任度	x_i 与 q_i 的乘积之和与 q_i 之和的比值	q 表示选项人数；x 表示选项分值；i 表示选项	+
		公民实际享有政治权力的公平度			+
		司法与执法公平度			+
		打击犯罪，维护社会治安满意度			+
		廉洁奉公，惩治腐败满意度			+
		依法办事执法公平的满意度			+
	民主监督	政府信息公开透明度			+
		对党政领导干部的信任度			+
		党政干部选拔的公平度			+
	公共安全	财政公共安全支出	/	亿元	−
		突发环境事件次数	/	次	−
文化治理	教育发展	国家（地方）财政教育支出	/	亿元	+
		文盲率（人口抽样调查）	15 岁及以上文盲人口数/15 岁及以上人口数	%	−
		每十万人口高等教育学校平均在校生数	高校学生数（人）/地区总人数（十万）	人	+
	文化发展	财政文化体育与传媒支出	/	亿元	+
		艺术表演场馆观众人次	/	千人次	+
		博物馆参观人次	/	万人次	+
		人均拥有公共图书馆藏量	公共图书馆藏量/地区总人数	册/人	+
		每万人拥有公共图书馆建筑面积	（公共图书馆建筑总面积/地区总人数）×10000	平方米	+
社会治理	社会保障	每万人拥有卫生技术人员数	（卫生技术人员总数/地区总人数）×10000	人	+
		每万人医疗机构床位数	（医疗机构床位总数/地区总人数）×10000	张	+
		居民最低生活保障人数	农村居民低障人数＋城市居民低障人数	万人	−
		居民养老保险覆盖率	（城乡居民社会养老保险参保人数＋城镇职工参加养老保险人数）/年末总人口	%	+

续表

一级	要素指标	二级指标	计算公式	单位	指标属性
社会治理	社会保障	农村供养五保人数	/	万人	−
		社会组织单位数	/	个	+
	基础设施	移动电话普及率	移动电话机数/总人口数×100	部/百人	+
		城市燃气普及率	燃气用户数/常住人口数	%	+
		每万人拥有公共交通车辆	/	标台	+
		每万人拥有公共厕所	/	座	+
	劳动就业	失业保险使用率	年末领取失业保险金人数（万人）/参加失业保险人数（万人）	%	+
		全体居民人均可支配收入	/	元	+
		全体居民人均消费支出	/	元	+
生态治理	环境治理	化学需氧量排放量	工业废水中 COD 排放量与生活污水中 COD 排放量	万吨	−
		工业污染治理完成投资	/	万元	+
		生活垃圾清运量	/	万吨	+
		生活垃圾无害化处理率	生活垃圾无害化处理量/生活垃圾产生量	%	+
		道路清扫保洁面积	/	万平方米	+
		城市污水日处理能力	/	万立方米	+
	生态平衡	人均公园绿地面积	城市公共绿地面积/城市非农业人口数量	平方米/人	+
		水土流失治理面积	/	千公顷	+
		造林总面积	/	千公顷	+

（2）重要指标的解释

1）政治治理维度中调查指标的来源与评价。

政治治理维度中，依法治国和民主监督两类要素指标下的 10 个二级指标来自《中国社会状况综合调查（CSS）》。《中国社会状况综合调查（CSS）》是中国社会科学院社会学研究所于 2005 年发起的一项全国概率抽样入户调查，每两年一次，调查范围涉及劳动就业、家庭、社会生活、社会态度、政府评价等方面；调查对象覆盖全国 30 个省份（不包括新疆，以及港澳台地区）的入户调查，每年收集的合格调查问卷上万份，调查范围广泛，调查对象全面，调查结果具有可信度，调查结果广泛应用于中央各部委和国家机关、高校、科研院所等机构的科学研究工作。

2）有限定范围的统计指标。

① 地方财政税收收入。财政各项税收包括增值税、消费税、营业税、企业所得税、企业所得税退税、个人所得税、资源税、固定资产投资方向调节税、城市维护建设税、房产税、印花税、城镇土地使用税、土地增值税、车船税、耕地占用税、契税、烟叶税、其他税收收入。

② 固定资产投资增长率。固定资产投资是指城镇和农村各种登记注册类型的企业、事业、行政单位及城镇个体户进行的计划总投资 500 万元及以上的建设项目投资和房地产开发投资。固定资产投资增长率是本期固定资产投资额相较于上一年度的增长比率。

③ R&D 人员全时当量。R&D 人员全时当量指全时人员数加非全时人员按工作量折算为全时人员数的总和。例如，有两个全时人员和三个非全时人员（工作时间分别为 20%、30% 和 70%），则全时当量为 2 + 0.2 + 0.3 + 0.7 = 3.2（人/年），是国际上比较科技人力投入而制定的可比指标。

④ 规模以上工业企业有效发明专利数。有效发明专利数指调查单位作为专利权人在报告年度拥有的、经国内外知识产权行政部门授权且在有效期内的发明专利件数。

⑤ 突发环境事件次数。突发环境事件指突然发生，造成或可能造成重大人员伤亡、重大财产损失和对全国或者某一地区的经济社会稳定、政治安定构成重大威胁和损害，有重大社会影响的涉及公共安全的环境事件。

⑥ 国家（地方）财政教育支出。财政教育支出是指一般公共预算支出中教育支出的金额。一般公共预算支出包括一般公共服务、外交、国防、公共安全、教育、科学技术、文化体育与传媒、社会保障和就业、医疗卫生与计划生育、节能环保、城乡社区、住房保障等方面的支出，教育支出是其中一部分，本研究所涉及的各项支出均是一般公共预算支出中的一部分。

⑦ 文盲率（人口抽样调查）。文盲率指 15 岁及以上不识字人口占常住

人口比例。计算公式为：文盲率（人口抽样调查）＝15 岁及以上文盲人口数（人口抽样调查）/15 岁及以上人口数（人口抽样调查）。表中数据除 2015 年抽样比例为百分之一，其他各年抽样比例均为千分之一。统计数据中缺少 2020 年数据，已通过均值统计方式进行补全。

⑧ 每万人拥有卫生技术人员数。计算公式为：每万人口卫生技术人员＝卫生技术人员数/人口数 ×10000。卫生技术人员包括执业医师、执业助理医师、注册护士、药师（士）、检验技师（士）、影像技师、卫生监督员和见习医（药、护、技）师（士）等卫生专业人员。不包括从事管理工作的卫生技术人员（如院长、副院长、党委书记等）。

⑨ 每万人医疗机构床位数。卫生机构床位数是指年底固定实有床位（非编制床位），包括正规床、简易床、监护床、正在消毒和修理床位、因扩建或大修而停用的床位，不包括产科新生儿床、接产室待产床、库存床、观察床、临时加床和病人家属陪侍床。

⑩ 居民最低生活保障人数。计算公式为：居民最低生活保障人数＝农村居民最低生活保障人数＋城市居民最低生活保障人数。城市居民最低生活保障人数指在报告期末家庭平均收入在当地规定的最低生活保障线以下的城镇居民数，包括"三无"对象，失业人员和在职、下岗、退休人员等。农村居民最低生活保障人数指报告期末在建立农村最低生活保障制度的地区，得到当地政府或集体给予最低生活保障的农业人口家庭人数。

⑪ 居民养老保险覆盖率。城乡居民养老保险包含城镇居民养老保险（城居保）和新型农村养老保险（新农保），覆盖的是 16 岁以上（不含在校生）、不符合员工基本养老保险缴纳社保标准的城镇非从业居民和城乡居民。计算公式为：居民养老保险覆盖率＝城乡居民社会养老保险参保人数＋城镇职工参加养老保险人数/年末总人口。

⑫ 化学需氧量排放量。化学需氧量（COD）排放量指工业废水中 COD 排放量与生活污水中 COD 排放量之和。化学需氧量指用化学氧化剂氧化水中有机污染物时所需的氧量。一般利用化学氧化剂将废水中可氧化的物质（有机物、亚硝酸盐、亚铁盐、硫化物等）氧化分解，然后根据残留的氧化剂的量计算出氧的消耗量，来表示废水中有机物的含量，反映水体有机物污染程度。COD 值越高，表示水中有机污染物污染越重。

⑬生活垃圾无害化处理率。生活垃圾无害化处理率指报告期生活垃圾无害化处理量与生活垃圾产生量的比率。在统计上，由于生活垃圾产生量不易取得，可用清运量代替。计算公式为：生活垃圾无害化处理率 = 生活垃圾无害化处理量/生活垃圾产生量×100%。

 **本章小结**

国家治理现代化评价指标体系是测度与评价国家治理现代化水平的基础，本章在明确国家治理及治理现代化科学内涵的基础上，通过解析影响国家治理现代化水平的主要因素，初步确定国家治理现代化评价指标。在此基础上，进一步通过灰色关联度分析和变异系数分析，排除相关性较小和分辨能力较弱的指标，构建了包括 5 个一级指标、12 类要素指标和 49 个二级指标的国家治理现代化评价指标体系，为后续实证研究工作提供依据。

第 **4** 章

基于集结算子的中国国家
治理现代化测度方法研究

本章是在第 3 章的基础上，研究中国国家治理现代化的测度方法。首先，定义平均集结算子概念，讨论算术平均集结算子、几何平均集结算子、调和平均算子等平均集结算子的幂等性、齐次性、置换性及单调性；其次，定义复合平均集结算子，讨论算术平均复合集结算子、几何平均复合集结算子、幂平均复合集结算子具有的基本性质；最后，在此基础上提出基于混合平均复合算子的中国国家治理现代化测度方法。

 集结算子及其性质

4.1.1 平均集结算子的概念及其性质

（1）平均集结算子的概念

平均集结算子是最基本的信息集结算子，也是应用最为广泛的一类信息集结形式。目前，关于平均集结算子的定义尚有不同的形式，本研究将基于不等式视角予以讨论。

定义 4.1 （匡继昌，2010）设 $f = f(x_1, x_2, \cdots, x_n)$ 是一个定义在 n 维实

数空间 $\mathfrak{R}^n$ 的 n 元函数，如果对任意的 $x_1,x_2,\cdots,x_n \in R$，均有：

$$\min\{x_1,x_2,\cdots,x_n\} \leqslant f(x_1,x_2,\cdots,x_n) \leqslant \max\{x_1,x_2,\cdots,x_n\}$$

则称 n 元函数 $f(x_1,x_2,\cdots,x_n)$ 为实数 $x_1,x_2,\cdots,x_n$ 的平均集结算子。

常见的简单平均集结算子包括：

① 算术平均算子：设 $x_1,x_2,\cdots,x_n$ 为 n 个实数，则 $x_1,x_2,\cdots,x_n$ 的算术平均算子为：

$$A(x_1,x_2,\cdots,x_n) = \frac{1}{n}\sum_{i=1}^{n} x_i \tag{4.1}$$

② 几何平均算子：设 $x_1,x_2,\cdots,x_n$ 为 n 个实数，则 $x_1,x_2,\cdots,x_n$ 的几何平均算子为：

$$G(x_1,x_2,\cdots,x_n) = \left(\prod_{i=1}^{n} x_i\right)^{\frac{1}{n}} \tag{4.2}$$

③ 调和平均算子：设 $x_1,x_2,\cdots,x_n$ 为 n 个实数，则 $x_1,x_2,\cdots,x_n$ 的调和平均算子为：

$$H(x_1,x_2,\cdots,x_n) = \frac{n}{\displaystyle\sum_{i=1}^{n}(1/x_i)} \tag{4.3}$$

④ 幂平均算子：设 $x_1,x_2,\cdots,x_n$ 为 n 个实数，则 $x_1,x_2,\cdots,x_n$ 的幂平均算子为：

$$P^t(x_1,x_2,\cdots,x_n) = \left(\frac{1}{n}\sum_{i=1}^{n} x_i^t\right)^{\frac{1}{t}} \tag{4.4}$$

⑤ Bonferroni 平均算子：设 $x_1,x_2,\cdots,x_n$ 为 n 个实数，且 $x_1,x_2,\cdots,x_n \geqslant 0$，则 $x_1,x_2,\cdots,x_n$ 的 Bonferroni 平均算子为：

$$B(x_1,x_2,\cdots,x_n) = \left[\frac{1}{n(n-1)}\sum_{j=1,i\neq j}^{n} x_i x_j\right]^{\frac{1}{2}} \tag{4.5}$$

（2）平均集结算子的性质

定义 4.2 设 $f = f(x_1,x_2,\cdots,x_n)$ 是一个定义在 n 维实数空间 $\mathfrak{R}^n$ 的平均集结算子，如果对任意的 $x \in R$，均有：

$$f(x,x,\cdots,x) = x$$

则称平均集结算子 $f(x_1,x_2,\cdots,x_n)$ 为幂等的。

定义 4.3　设 $f = f(x_1, x_2, \cdots, x_n)$ 是一个定义在 n 维实数空间 $\mathfrak{R}^n$ 的平均集结算子，如果对任意的 $x_1, x_2, \cdots, x_n \in R$ 及 $\lambda > 0$，均有：

$$f(\lambda^k x_1, \lambda^k x_2, \cdots, \lambda^k x_n) = \lambda^k f(x_1, x_2, \cdots, x_n)$$

则称平均集结算子 $f(x_1, x_2, \cdots, x_n)$ 为 k 阶齐次的。

特别地，若 $f(\lambda x_1, \lambda x_2, \cdots, \lambda x_n) = \lambda f(x_1, x_2, \cdots, x_n)$，则称 $f(x_1, x_2, \cdots, x_n)$ 为一阶齐次的。

定义 4.4　设 $f = f(x_1, x_2, \cdots, x_n)$ 是一个定义在 n 维实数空间 $\mathfrak{R}^n$ 的平均集结算子，如果对任意的 $x_1, x_2, \cdots, x_n \in R, \{k_1, k_2, \cdots, k_n\}$ 是 $\{1, 2, \cdots, n\}$ 的任一排列，均满足：

$$f(x_{k_1}, x_{k_2}, \cdots, x_{k_n}) = f(x_1, x_2, \cdots, x_n)$$

则称平均集结算子 $f(x_1, x_2, \cdots, x_n)$ 具有置换不变性。

定义 4.5　设 $f = f(x_1, x_2, \cdots, x_n)$ 是一个定义在 n 维实数空间 $\mathfrak{R}^n$ 的平均集结算子，如果对任意的 $x_i, x_i' \in R (i = 1, 2, \cdots, n)$，当 $x_i \leqslant x_i'$ 时满足：

$$f(x_1, x_2, \cdots x_i, \cdots, x_n) \leqslant f(x_1, x_2, \cdots x_i', \cdots, x_n)$$

则称平均集结算子 $f(x_1, x_2, \cdots, x_n)$ 是单调递增的。

定理 4.1　设 $x_1, x_2, \cdots, x_n$ 为 n 个实数，如果 n 元函数 $f(x_1, x_2, \cdots, x_n)$：$\mathfrak{R}^n \rightarrow \mathfrak{R}$ 是幂等的，并且关于每个 $x_i (i = 1, 2, \cdots, n)$ 都是单调增加的，则函数 $f(x_1, x_2, \cdots, x_n)$ 为关于 $x_1, x_2, \cdots, x_n$ 的平均集结算子。

证明：为方便讨论，不妨假设 $\min\{x_1, x_2, \cdots, x_n\} = x_1$，$\max\{x_1, x_2, \cdots, x_n\} = x_n$，则对任意 $x_i, i = 1, 2, \cdots, n$，有 $x_1 \leqslant x_i \leqslant x_n$。

由于 $f(x_1, x_2, \cdots, x_n)$ 关于每个 $x_i (i = 1, 2, \cdots, n)$ 都是单调增加的，即：

$$f(x_1, x_1, \cdots, x_1) \leqslant f(x_1, x_2, \cdots, x_n) \leqslant f(x_n, x_n, \cdots, x_n)$$

结合平均集结算子的幂等性有：$f(x_1, x_1, \cdots, x_1) = x_1$，$f(x_n, x_n, \cdots, x_n) = x_n$，因此，$\min\{x_1, x_1, \cdots, x_1\} = x_1 \leqslant f(x_1, x_2, \cdots, x_n) \leqslant x_n = \max\{x_n, x_n, \cdots, x_n\}$。

根据平均集结算子的定义可知函数 $f(x_1, x_2, \cdots, x_n)$ 为关于 $x_1, x_2, \cdots, x_n$ 的平均集结算子。

例 4.1 设 $x_1, x_2, \cdots, x_n$ 为 n 个实数，则 n 元函数为：

$$P^3(x_1, x_2, \cdots, x_n) = \left(\frac{1}{n}\sum_{i=1}^{n} x_i^3\right)^{\frac{1}{3}}$$

为平均集结算子。

证明： 因为 $P^3(x, x, \cdots, x) = x$，所以函数 $P^3(x_1, x_2, \cdots, x_n)$ 是幂等的。又因为

$$\frac{\partial P^3}{\partial x_i} = \frac{\partial}{\partial x_i}\left[\left(\frac{x_1^3 + x_2^3 + \cdots + x_n^3}{n}\right)^{\frac{1}{3}}\right] = \frac{1}{3}\left(\frac{x_1^3 + x_2^3 + \cdots + x_n^3}{n}\right)^{-\frac{2}{3}} \times 3x_i^2$$

$$= \left(\frac{x_1^3 + x_2^3 + \cdots + x_n^3}{n}\right)^{-\frac{2}{3}} \times x_i^2 \geqslant 0$$

所以函数 $P^3(x_1, x_2, \cdots, x_n)$ 关于每个 $x_i(i = 1, 2, \cdots, n)$ 都是单调增加的，根据定理 4.1 可得：函数 $P^3(x_1, x_2, \cdots, x_n)$ 是 n 个实数 $x_1, x_2, \cdots, x_n$ 的平均集结算子。

定理 4.2 算术平均集结算子 $A(x_1, x_2, \cdots, x_n)$ 具有幂等性、齐次性、置换性及单调性。

① 幂等性：根据算术平均集结算子的公式：$A(x_1, x_2, \cdots, x_n) = \frac{1}{n}\sum_{i=1}^{n} x_i$，易得：

$$A(x, x, \cdots, x) = x$$

即算子 $A(x_1, x_2, \cdots, x_n)$ 具有幂等性。

② 齐次性：设 $\lambda > 0$，则有：

$$f(\lambda^k x_1, \lambda^k x_2, \cdots, \lambda^k x_n) = \frac{1}{n}\sum_{i=1}^{n} \lambda^k x_i = \lambda^k\left(\frac{1}{n}\sum_{i=1}^{n} x_i\right) = \lambda^k f(x_1, x_2, \cdots, x_n)$$

即算子 $A(x_1, x_2, \cdots, x_n)$ 具有 k 阶齐次性。

③ 置换性：设 $\{k_1, k_2, \cdots, k_n\}$ 是 $\{1, 2, \cdots, n\}$ 的任一排列，则：

$$\frac{1}{n}\sum_{i=1}^{n} x_{k_i} = \frac{1}{n}\sum_{i=1}^{n} x_i$$

由 $f(x_{k_1}, x_{k_2}, \cdots, x_{k_n}) = \frac{1}{n}\sum_{i=1}^{n} x_{k_i}, f(x_1, x_2, \cdots, x_n) = \frac{1}{n}\sum_{i=1}^{n} x_i$ 可得：$f(x_{k_1}, x_{k_2}, \cdots, x_{k_n}) = f(x_1, x_2, \cdots, x_n)$，即算子 $A(x_1, x_2, \cdots, x_n)$ 具有置换不变性。

④ 单调性：对任意的 $x_i, x_i' \in R (i = 1, 2, \cdots, n)$，当 $x_i \le x_i'$ 时满足：

$$f(x_1, x_2, \cdots x_i, \cdots, x_n) = \frac{1}{n}(x_1 + x_2 + \cdots + x_i + \cdots + x_n)$$

$$\le \frac{1}{n}(x_1 + x_2 + \cdots + x_i' + \cdots + x_n) = f(x_1, x_2, \cdots, x_i', \cdots, x_n)$$

即算子 $A(x_1, x_2, \cdots, x_n)$ 具有单调性。

定理 4.3 几何平均集结算子 $G(x_1, x_2, \cdots, x_n)$ 具有幂等性、齐次性、置换性及单调性。

类似定理 4.2 的证明过程，可以证明定理 4.3。

定理 4.4 调和平均算子 $H(x_1, x_2, \cdots, x_n)$ 具有幂等性、齐次性、置换性及单调性。

① 幂等性：根据调和平均集结算子的公式 $H(x_1, x_2, \cdots, x_n) = \dfrac{n}{\sum\limits_{i=1}^{n}(1/x_i)}$

易知：

$$H(x, x, \cdots, x) = \frac{n}{\sum\limits_{i=1}^{n}(1/x)} = x$$

即调和平均集结算子 $H(x_1, x_2, \cdots, x_n)$ 具有幂等性。

② 齐次性：设 $\lambda > 0$，则有：

$$f(\lambda^k x_1, \lambda^k x_2, \cdots, \lambda^k x_n) = n / \sum\limits_{i=1}^{n}(\lambda^k x_i)^{-1}$$

$$= \lambda^k \left[n / \sum\limits_{i=1}^{n}(1/x_i) \right] = \lambda^k f(x_1, x_2, \cdots, x_n)$$

即调和平均集结算子 $H(x_1, x_2, \cdots, x_n)$ 具有 k 阶齐次性。

③ 置换性：设 $\{k_1, k_2, \cdots, k_n\}$ 是 $\{1, 2, \cdots, n\}$ 的任一排列，则有：

$$n / \sum\limits_{i=1}^{n}(1/x_{k_i}) = n / \sum\limits_{i=1}^{n}(1/x_i)$$

由 $f(x_{k_1}, x_{k_2}, \cdots, x_{k_n}) = n / \sum\limits_{i=1}^{n}(1/x_{k_i})$，$f(x_1, x_2, \cdots, x_)= n / \sum\limits_{i=1}^{n}(1/x_i)$ 可得：
$f(x_{k_1}, x_{k_2}, \cdots, x_{k_n}) = f(x_1, x_2, \cdots, x_n)$，即调和平均集结算子 $H(x_1, x_2, \cdots, x_n)$ 具有置换不变性。

④ 单调性：对任意的 $x_i, x_i' \in R (i=1,2,\cdots,n)$，当 $x_i \leqslant x_i'$ 时满足：$1/x_i \geqslant 1/x_i'$，此时：

$$f(x_1,x_2,\cdots,x_i,\cdots,x_n) = n/(x_1^{-1}+x_2^{-1}+\cdots+x_i^{-1}+\cdots+x_n^{-1})$$

$$\leqslant n/(x_1^{-1}+x_2^{-1}+\cdots+x_i'^{-1}+\cdots+x_n^{-1}) = f(x_1,x_2,\cdots,x_i',\cdots,x_n)$$

即算子 $H(x_1,x_2,\cdots,x_n)$ 具有单调性。

定理 4.5　幂平均算子 $P'(x_1,x_2,\cdots,x_n)$ 具有幂等性、齐次性、置换性及单调性。

证明： 类似定理 4.4，可以证明定理 4.5。

定理 4.6　Bonferroni 平均算子 $B(x_1,x_2,\cdots,x_n)$ 具有幂等性、齐次性、置换性及单调性。

① 幂等性：根据调和平均集结算子的公式 $B(x_1,x_2,\cdots,x_n) = \left[\dfrac{1}{n(n-1)}\sum\limits_{j=1,i\neq j}^{n} x_i x_j\right]^{\frac{1}{2}}$ 易知：

$$B(x,x,\cdots,x) = \left[\frac{1}{n(n-1)}\sum\limits_{j=1,i\neq j}^{n} x\times x\right]^{\frac{1}{2}} = \left[\frac{1}{n(n-1)}\times n(n-1)x^2\right]^{\frac{1}{2}} = x$$

即 Bonferroni 平均集结算子 $B(x_1,x_2,\cdots,x_n)$ 具有幂等性。

② 齐次性：设 $\lambda > 0$，则有：

$$f(\lambda^k x_1, \lambda^k x_2, \cdots, \lambda^k x_n) = \left[\frac{1}{n(n-1)}\sum\limits_{n}(\lambda^k x_i)(\lambda^k x_j)\right]^{\frac{1}{2}}$$

$$= \lambda^k \left[\frac{1}{n(n-1)}\sum\limits_{n} x_i x_j\right]^{\frac{1}{2}} = \lambda^k f(x_1,x_2,\cdots,x_n)$$

即 Bonferroni 平均集结算子 $B(x_1,x_2,\cdots,x_n)$ 具有 k 阶齐次性。

③ 置换性：设 $\{k_1,k_2,\cdots,k_n\}$ 是 $\{1,2,\cdots,n\}$ 的任一排列，则有：

$$\sum\limits_{n}(x_{k_i} x_{k_j}) = \sum\limits_{n}(x_i x_j)$$

由于

$$f(x_{k_1},x_{k_2},\cdots,x_{k_n}) = \left[\frac{1}{n(n-1)}\sum\limits_{n}(x_{k_i} x_{k_j})\right]^{\frac{1}{2}}$$

$$f(x_1,x_2,\cdots,x_n) = \left[\frac{1}{n(n-1)}\sum\limits_{n}(x_i x_j)\right]^{\frac{1}{2}}$$

因此，$f(x_{k_1},x_{k_2},\cdots,x_{k_n}) = f(x_1,x_2,\cdots,x_n)$，即 Bonferroni 平均集结算子

$B(x_1, x_2, \cdots, x_n)$ 具有置换不变性。

④ 单调性：对任意的 $x_i, x_i' \in R(i=1,2,\cdots,n)$，当 $x_i \leqslant x_i'$ 时需满足：

$$f(x_1, x_2, \cdots, x_i, \cdots, x_n)$$

$$= \frac{1}{n(n-1)} \left(\sum_{j=2}^{n} x_1 x_j + \sum_{j=1, j\neq 2}^{n} x_2 x_j + \cdots + \sum_{j=1, j\neq i}^{n} x_i x_j + \cdots + \sum_{j=1}^{n-1} x_n x_j \right)$$

$$\leqslant \frac{1}{n(n-1)} \left(\sum_{j=2}^{n} x_1 x_j + \sum_{j=1, j\neq 2}^{n} x_2 x_j + \cdots + \sum_{j=1, j\neq i}^{n} x_i' x_j + \cdots + \sum_{j=1}^{n-1} x_n x_j \right)$$

$$= f(x_1, x_2, \cdots, x_i', \cdots, x_n)$$

即算子 $B(x_1, x_2, \cdots, x_n)$ 具有单调性。

4.1.2　加权平均集结算子

权重用以反映评价指标的重要程度，也即评价指标对评价结果的影响程度，在多属性决策中具有关键性作用。本小节将给出加权算术平均、加权几何平均、加权调和平均、加权幂平均、加权 Bonferroni 平均等几类加权平均集结算子。

① 加权算术平均集结算子：设 $x_1, x_2, \cdots, x_n$ 为 n 个实数，权重向量 $W=(w_1, w_2, \cdots, w_n)^T$，$w_i \geqslant 0(i=1,2,\cdots,n)$，且 $\sum_{i=1}^{n} w_i = 1$，则 $x_1, x_2, \cdots, x_n$ 的加权算术平均算子为：

$$\mathrm{WA}(x_1, x_2, \cdots, x_n) = \frac{1}{n} \sum_{i=1}^{n} w_i x_i \tag{4.6}$$

② 加权几何平均算子：设 $x_1, x_2, \cdots, x_n$ 为 n 个实数，权重向量 $W=(w_1, w_2, \cdots, w_n)^T$，$w_i \geqslant 0(i=1,2,\cdots,n)$，且 $\sum_{i=1}^{n} w_i = 1$，则 $x_1, x_2, \cdots, x_n$ 的加权几何平均算子为：

$$\mathrm{WG}(x_1, x_2, \cdots, x_n) = \prod_{i=1}^{n} x_i^{w_i} \tag{4.7}$$

③ 加权调和平均算子：设 $x_1, x_2, \cdots, x_n$ 为 n 个实数，且 $x_i \neq 0(i=1, 2,\cdots,n)$，权重向量 $W=(w_1, w_2, \cdots, w_n)^T$，$w_i \geqslant 0(i=1,2,\cdots,n)$，且 $\sum_{i=1}^{n} w_i =$

1，则 $x_1, x_2, \cdots, x_n$ 的加权调和平均算子为：

$$\mathrm{WH}(x_1, x_2, \cdots, x_n) = \frac{1}{\sum\limits_{i=1}^{n} w_i(1/x_i)} \tag{4.8}$$

④ 加权幂平均算子：设 $x_1, x_2, \cdots, x_n$ 为 n 个实数，权重向量 $W = (w_1, w_2, \cdots, w_n)^{\mathrm{T}}$，$w_i \geq 0(i=1,2,\cdots,n)$，且 $\sum\limits_{i=1}^{n} w_i = 1$，则 $x_1, x_2, \cdots, x_n$ 的加权幂平均算子为：

$$\mathrm{WP}^t(x_1, x_2, \cdots, x_n) = \left(\sum_{i=1}^{n} w_i x_i^t\right)^{\frac{1}{t}} \tag{4.9}$$

⑤ Bonferroni 平均算子：设 $x_1, x_2, \cdots, x_n$ 为 n 个实数，且 $x_1, x_2, \cdots, x_n \geq 0$，权重向量 $W = (w_1, w_2, \cdots, w_n)^{\mathrm{T}}$，$w_i \geq 0(i=1,2,\cdots,n)$，且 $\sum\limits_{i=1}^{n} w_i = 1$，则 $x_1, x_2, \cdots, x_n$ 的加权 Bonferroni 平均算子为：

$$\mathrm{WB}(x_1, x_2, \cdots, x_n) = \left[\frac{1}{n(n-1)}\sum_{i=1}^{n} w_i x_i \sum_{j=1, i \neq j}^{n} w_j x_j\right]^{\frac{1}{2}} \tag{4.10}$$

类似定理 4.2 至定理 4.6，可以证明加权平均集结算子具有以下性质：

定理 4.7 加权算术平均集结算子 $\mathrm{WA}(x_1, x_2, \cdots, x_n)$ 具有幂等性、齐次性、置换性及单调性。

定理 4.8 加权几何平均集结算子 $\mathrm{W}G(x_1, x_2, \cdots, x_n)$ 具有幂等性、齐次性、置换性及单调性。

定理 4.9 加权调和平均算子 $\mathrm{WH}(x_1, x_2, \cdots, x_n)$ 具有幂等性、齐次性、置换性及单调性。

定理 4.10 加权幂平均算子 $\mathrm{WP}^t(x_1, x_2, \cdots, x_n)$ 具有幂等性、齐次性、置换性及单调性。

定理 4.11 加权 Bonferroni 平均算子 $\mathrm{WB}(x_1, x_2, \cdots, x_n)$ 具有幂等性、齐次性、置换性及单调性。

4.1.3 基于位置信息的平均集结算子

定义 4.6 设 $x_1, x_2, \cdots, x_n$ 为 n 个实数，若 $\mathrm{OWA}(x_1, x_2, \cdots, x_n)$ 是定义

在 n 维实数空间 $\mathfrak{R}^n$ 的一个函数，满足：

$$OWA(x_1, x_2, \cdots, x_n) = \sum_{j=1}^{n} w_j x_{\sigma(j)} \quad (4.11)$$

其中，$W = (w_1, w_2, \cdots, w_n)^T$ 为与 OWA 算子相关联的权重向量，$w_j \geq 0 (j = 1, 2, \cdots, n)$，且 $\sum_{j=1}^{n} w_j = 1$，$\{\sigma(1), \sigma(2), \cdots, \sigma(n)\}$ 是数组 $\{1, 2, \cdots, n\}$ 的一个置换，其中 $x_{\sigma(k)}$ 是 $\{x_1, x_2, \cdots, x_n\}$ 中第 k 大的元素，则称函数 OWA 为有序加权平均算子。

特别地，当 $W = \left(\dfrac{1}{n}, \dfrac{1}{n}, \cdots, \dfrac{1}{n}\right)^T$ 时，OWA 算子退化为算术平均算子 A。

定理 4.12 有序加权算术平均集结算子 $OWA(x_1, x_2, \cdots, x_n)$ 具有幂等性、齐次性、置换性及单调性。

① 幂等性：由 $OWA(x_1, x_2, \cdots, x_n) = \sum_{j=1}^{n} w_j x_{\sigma(j)}$ 易知：

$$OWA(x, x, \cdots, x) = \sum_{j=1}^{n} w_j x = x \sum_{j=1}^{n} w_j = x$$

即有序加权算术平均集结算子 $OWA(x_1, x_2, \cdots, x_n)$ 具有幂等性。

② 齐次性：设 $\lambda > 0$，则有：

$$f(\lambda^k x_1, \lambda^k x_2, \cdots, \lambda^k x_n) = \sum_{j=1}^{n} w_j(\lambda^k x_j) = \lambda^k \sum_{j=1}^{n} w_j x_j = \lambda^k f(x_1, x_2, \cdots, x_n)$$

即有序加权算术平均集结算子 $OWA(x_1, x_2, \cdots, x_n)$ 具有 k 阶齐次性。

③ 置换性：设 $\{k_1, k_2, \cdots, k_n\}$ 是数组 $\{1, 2, \cdots, n\}$ 的一个排列，如果 $\{\sigma(1), \sigma(2), \cdots, \sigma(n)\}$ 是数组 $\{1, 2, \cdots, n\}$ 的一个置换，其中 $x_{\sigma(k)}$ 是 $\{x_1, x_2, \cdots, x_n\}$ 中第 k 大的元素，那么 $x_{\sigma(k)}$ 同样是数组 $\{x_{k_1}, x_{k_2}, \cdots, x_{k_n}\}$ 中第 k 大的元素。所以：

$$OWA(x_1, x_2, \cdots, x_n) = \sum_{j=1}^{n} w_j x_{\sigma(j)} = OWA(x_{k_1}, x_{k_2}, \cdots, x_{k_n})$$

即算子 $OWA(x_1, x_2, \cdots, x_n)$ 具有置换不变性。

④ 单调性：对任意的 $x_i, x_i' \in R (i = 1, 2, \cdots, n)$，且 $x_i \leq x_i'$，假设 $\{x_{\sigma(1)}, x_{\sigma(2)}, \cdots, x_{\sigma(n)}\}$ 是数组 $\{x_1, x_2, \cdots, x_i, \cdots, x_n\}$ 的一个置换，其中 $x_{\sigma(k)}$ 是

$\{x_1,x_2,\cdots,x_n\}$ 中第 k 大的元素;而 $\{x_{\sigma'(1)},x_{\sigma'(2)},\cdots,x_{\sigma'(n)}\}$ 是数组 $\{x_1,x_2,\cdots,x_i',\cdots,x_n\}$ 的一个置换,其中 $x_{\sigma'(k)}$ 是 $\{x_1,x_2,\cdots,x_i',\cdots,x_n\}$ 中第 k 大的元素。由于 $x_i \leqslant x_i'$,如果 x_i 是 $\{x_1,x_2,\cdots,x_i,\cdots,x_n\}$ 中第 s 大的元素 $x_{\sigma(s)}$,x_i' 是 $\{x_1,x_2,\cdots,x_i',\cdots,x_n\}$ 中第 r 大的元素 $x_{\sigma'(r)}$,则一定有 $r \leqslant s$。

如果 $r=s$,则 $x_{\sigma(r)} \leqslant x_{\sigma'(r)}$,而 $x_{\sigma(k)}=x_{\sigma'(k)}(k \neq r)$;否则,如果 $r<s$,则一定有以下关系成立:

当 $k \leqslant r$ 时 $x_{\sigma'(k)}=x_{\sigma(k)}$;$r \leqslant k \leqslant s$ 时 $x_{\sigma(k)}<x_{\sigma'(k)}$;当 $k>s$ 时 $x_{\sigma'(k)}=x_{\sigma(k)}$。

因此,$OWA(x_1,x_i,\cdots,x_n)=\sum_{j=1}^{n}w_j x_{\sigma(j)} \leqslant \sum_{j=1}^{n}w_j x_{\sigma'(j)}=OWA(x_1,\cdots,x_i',\cdots,x_n)$ 即算子 $OWA(x_1,x_2,\cdots,x_n)$ 具有单调性。

定义 4.7 设 $x_1,x_2,\cdots,x_n$ 为 n 个实数,若 $OWG(x_1,x_2,\cdots,x_n)$ 是定义在 n 为实数空间 $\mathfrak{R}^n$ 的一个函数,满足:

$$OWG(x_1,x_2,\cdots,x_n)=\prod_{j=1}^{n}x_{\sigma(j)}^{w_j} \tag{4.12}$$

其中,$W=(w_1,w_2,\cdots,w_n)^{\mathrm{T}}$ 为与 OWG 算子相关联的权重向量,$w_j \geqslant 0(j=1,2,\cdots,n)$,且 $\sum_{j=1}^{n}w_j=1$,$\{x_{\sigma(1)},x_{\sigma(2)},\cdots,x_{\sigma(n)}\}$ 是数组 $\{x_1,x_2,\cdots,x_n\}$ 的一个置换,其中 $x_{\sigma(k)}$ 是 $\{x_1,x_2,\cdots,x_n\}$ 中第 k 大的元素,则称函数 OWG 为有序加权几何平均算子。

特别地,当 $W=\left(\dfrac{1}{n},\dfrac{1}{n},\cdots,\dfrac{1}{n}\right)^{\mathrm{T}}$ 时,OWA 算子退化为几何平均算子 G。

定理 4.13 有序加权几何平均算子 $OWA(x_1,x_2,\cdots,x_n)$ 具有幂等性、齐次性、置换性及单调性。

证明: 类似定理 4.12,可以证明定理 4.13。

定义 4.8 设 $x_1,x_2,\cdots,x_n$ 为 n 个实数,若 $HA(x_1,x_2,\cdots,x_n)$ 是定义在 n 为实数空间 $\mathfrak{R}^n$ 的一个函数,满足:

$$HA(x_1,x_2,\cdots,x_n)=\sum_{j=1}^{n}w_j x_{\sigma(j)}' \tag{4.13}$$

其中,$W=(w_1,w_2,\cdots,w_n)^{\mathrm{T}}$ 为与 HA 算子相关联的权重向量,$w_j \geqslant 0(j=1,$

$2,\cdots,n$），且 $\sum_{j=1}^{n} w_j = 1$；$x'_j = n\omega_j x_j, j = 1,2,\cdots,n$，$\omega = (\omega_1,\omega_2,\cdots,\omega_n)^T$ 是数据 $\{x_1,x_2,\cdots,x_n\}$ 的权重向量，$\omega_j \geq 0 (j = 1,2,\cdots,n)$，$\sum_{j=1}^{n} \omega_j = 1$；$\{x'_{\sigma(1)}, x'_{\sigma(2)}, \cdots, x'_{\sigma(n)}\}$ 是数组 $\{x'_1,x'_2,\cdots,x'_n\}$ 的一个置换，其中 $x'_{\sigma(k)}$ 是 $\{x'_1,x'_2,\cdots,x'_n\}$ 中第 k 大的元素，则称函数 HA 为混合平均算子。

特别地，当 $W = \left(\dfrac{1}{n}, \dfrac{1}{n}, \cdots, \dfrac{1}{n}\right)^T$ 时，HA 算子退化为加权平均算子 WA；当 $\omega = \left(\dfrac{1}{n}, \dfrac{1}{n}, \cdots, \dfrac{1}{n}\right)^T$ 时，HA 算子退化为有序加权平均算子 OWA。

定理 4.14 混合平均算子 $HA(x_1,x_2,\cdots,x_n)$ 具有幂等性、齐次性、置换性及单调性。

① 幂等性：由 $HA(x_1,x_2,\cdots,x_n) = \sum_{j=1}^{n} w_j x'_{\sigma(j)}$ 易知：

$$HA(x,x,\cdots,x) = \sum_{j=1}^{n} w_j x = x \sum_{j=1}^{n} w_j = x$$

即混合平均算子 $HA(x_1,x_2,\cdots,x_n)$ 具有幂等性。

② 齐次性：设 $\lambda > 0$，则有：

$$\begin{aligned} HA(\lambda^k x_1, \lambda^k x_2, \cdots, \lambda^k x_n) &= \sum_{j=1}^{n} w_j(\lambda^k x'_{\sigma(j)}) = \lambda^k \sum_{j=1}^{n} w_j x'_{\sigma(j)} \\ &= \lambda^k f(x_1,x_2,\cdots,x_n) \end{aligned}$$

即混合平均算子 $HA(x_1,x_2,\cdots,x_n)$ 具有 k 阶齐次性。

③ 置换性：设 $\{k_1,k_2,\cdots,k_n\}$ 是数组 $\{1,2,\cdots,n\}$ 的一个排列，如果 $\{x'_{\sigma(1)},x'_{\sigma(2)},\cdots,x'_{\sigma(n)}\}$ 是数组 $\{x'_1,x'_2,\cdots,x'_n\}$ 的一个置换，其中 $x'_{\sigma(k)}$ 是 $\{x'_1,x'_2,\cdots,x'_n\}$ 中第 k 大的元素，那么 $x_{\sigma(k)}$ 同样是数组 $\{x'_{k_1},x'_{k_2},\cdots,x'_{k_n}\}$ 中第 k 大的元素。所以：

$$HA(x_1,x_2,\cdots,x_n) = \sum_{j=1}^{n} w_j x'_{\sigma(j)} = HA(x_{k_1},x_{k_2},\cdots,x_{k_n})$$

即算子 $HA(x_1,x_2,\cdots,x_n)$ 具有置换不变性。

④ 单调性：对任意的 $x_i, x_i^* \in R(i = 1,2,\cdots,n)$，且 $x_i \leq x_i^*$，假设 $\{x'_{\sigma(1)},x'_{\sigma(2)},\cdots,x'_{\sigma(n)}\}$ 是数组 $\{x'_1,x'_2,\cdots x'_i,\cdots,x'_n\}$ 的一个置换，其中 $x'_{\sigma(k)}$ 是

$\{x_1', x_2', \cdots x_i', \cdots, x_n'\}$ 中第 k 大的元素，而 $\{x_{\sigma'(1)}', x_{\sigma'(2)}', \cdots, x_{\sigma'(n)}'\}$ 是数组 $\{x_1', x_2', \cdots, x_i'^*, \cdots, x_n'\}$ 的一个置换，其中 $x_{\sigma'(k)}$ 是 $\{x_1', x_2', \cdots, x_i'^*, \cdots, x_n'\}$ 中第 k 大的元素。由于 $x_i \leqslant x_i^*$，则 $x_i' = n\omega_i x_i \leqslant n\omega_i x_i^* = x_i'^*$。如果 x_i' 是 $\{x_1', x_2', \cdots, x_i', \cdots, x_n'\}$ 中第 s 大的元素 $x_{\sigma(s)}'$，$x_i'^*$ 是 $\{x_1', x_2', \cdots, x_i'^*, \cdots, x_n'\}$ 中第 r 大的元素 $x_{\sigma'(r)}'$，则一定有 $r \leqslant s$。

如果 $r = s$，则 $x_{\sigma(r)}' \leqslant x_{\sigma'(r)}'$ 而 $x_{\sigma(k)}' = x_{\sigma'(k)}'(k \neq r)$；否则，如果 $r < s$，则一定有以下关系成立：

当 $k \leqslant r$ 时 $x_{\sigma'(k)}' = x_{\sigma(k)}'$；$r \leqslant k \leqslant s$ 时 $x_{\sigma(k)}' < x_{\sigma'(k)}'$；当 $k > s$ 时 $x_{\sigma'(k)}' = x_{\sigma(k)}'$。

因此，$\mathrm{HA}(x_1, x_i, \cdots, x_n) = \sum\limits_{j=1}^{n} w_j x_{\sigma'(j)}' \leqslant \sum\limits_{j=1}^{n} w_j x_{\sigma'(j)}' = HA(x_1, \cdots, x_i^*, \cdots, x_n)$。即算子 $\mathrm{HA}(x_1, x_2, \cdots, x_n)$ 具有单调性。

定义 4.9　设 $x_1, x_2, \cdots, x_n$ 为 n 个实数，若 $\mathrm{HG}(x_1, x_2, \cdots, x_n)$ 是定义在 n 为实数空间 $\mathfrak{R}^n$ 的一个函数，满足：

$$\mathrm{HG}(x_1, x_2, \cdots, x_n) = \sum_{j=1}^{n} \left[x_{\sigma(j)}' \right]^{w_j} \tag{4.14}$$

其中，$W = (w_1, w_2, \cdots, w_n)^{\mathrm{T}}$ 为与 HG 算子相关联的权重向量，$w_j \geqslant 0 (j = 1, 2, \cdots, n)$，且 $\sum\limits_{j=1}^{n} w_j = 1$；$x_j' = n\omega_j x_j, j = 1, 2, \cdots, n$，$\omega = (\omega_1, \omega_2, \cdots, \omega_n)^{\mathrm{T}}$ 是数据 $\{x_1, x_2, \cdots, x_n\}$ 的权重向量，$\omega_j \geqslant 0 (j = 1, 2, \cdots, n)$，$\sum\limits_{j=1}^{n} \omega_j = 1$；$\{x_{\sigma(1)}', x_{\sigma(2)}', \cdots, x_{\sigma(n)}'\}$ 是数组 $\{x_1', x_2', \cdots, x_n'\}$ 的一个置换，其中 $x_{\sigma(k)}'$ 是 $\{x_1', x_2', \cdots, x_n'\}$ 中第 k 大的元素，则称函数 HG 为混合几何算子。

特别地，当 $W = \left(\dfrac{1}{n}, \dfrac{1}{n}, \cdots, \dfrac{1}{n}\right)^{\mathrm{T}}$ 时，HG 算子退化为加权几何算子 WG；当 $\omega = \left(\dfrac{1}{n}, \dfrac{1}{n}, \cdots, \dfrac{1}{n}\right)^{\mathrm{T}}$ 时，HG 算子退化为有序加权几何算子 OWG。

类似定理 4.12，可以证明混合几何算子具有以下性质：

定理 4.15　混合几何算子 $\mathrm{HG}(x_1, x_2, \cdots, x_n)$ 具有幂等性、齐次性、置换性及单调性。

复合平均集结算子

4.2.1　复合平均集结算子的概念

定义 4.10　设 $f(y_1,y_2,\cdots,y_m)$ 为实数 $y_1,y_2,\cdots,y_m$ 的平均集结算子，$g_k(x_1,x_2,\cdots,x_n)(k=1,2,\cdots,m)$ 为实数 $x_1,x_2,\cdots,x_n$ 的 m 个平均集结算子，则称 $H(x_1,x_2,\cdots,x_n)=f[g_1(x_1,x_2,\cdots,x_n),g_2(x_1,x_2,\cdots,x_n),\cdots,g_m(x_1,x_2,\cdots,x_n)]$ 为实数 $x_1,x_2,\cdots,x_n$ 的复合平均集结算子。

定理 4.16　如果 $f(y_1,y_2,\cdots,y_m)$ 为实数 $y_1,y_2,\cdots,y_m$ 的平均集结算子，$g_k(x_1,x_2,\cdots,x_n)(k=1,2,\cdots,m)$ 为实数 $x_1,x_2,\cdots,x_n$ 的 m 个平均集结算子，则复合集结算子 $H(x_1,x_2,\cdots,x_n)=f(g_1,g_2,\cdots,g_m)$ 仍为平均集结算子。

证明： 为讨论方便，不妨假设 $\min\{x_1,x_2,\cdots,x_n\}=x_1$，$\max\{x_1,x_2,\cdots,x_n\}=x_n$。由于 $f(y_1,y_2,\cdots,y_m)$ 为实数 $y_1,y_2,\cdots,y_m$ 的平均集结算子，所以：

$$\min\{g_1,g_2,\cdots,g_m\}\leqslant f(g_1,g_2,\cdots,g_m)\leqslant\max\{g_1,g_2,\cdots,g_m\}$$

同样，$g_k(x_1,x_2,\cdots,x_n)(k=1,2,\cdots,m)$ 为实数 $x_1,x_2,\cdots,x_n$ 的 m 个平均集结算子，满足：$\min\{x_1,x_2,\cdots,x_n\}\leqslant g_k(x_1,x_2,\cdots,x_n)\leqslant\max\{x_1,x_2,\cdots,x_n\}$，即：

$$x_1\leqslant g_k(x_1,x_2,\cdots,x_n)\leqslant x_n$$

于是有 $\min\{x_1,x_2,\cdots,x_n\}=x_1\leqslant f(g_1,g_2,\cdots,g_m)\leqslant x_n=\max\{x_1,x_2,\cdots,x_n\}$，因此复合集结算子 $H(x_1,x_2,\cdots,x_n)=f(g_1,g_2,\cdots,g_m)$ 仍为平均集结算子。

定理 4.17　如果平均集结算子 $f(y_1,y_2,\cdots,y_m)$、$g_k(x_1,x_2,\cdots,x_n)(k=1,2,\cdots,m)$ 关于每个自变量均是单调增加的，则复合平均集结算子 $H(x_1,x_2,\cdots,x_n)$ 关于每个自变量 $x_i(i=1,2,\cdots,n)$ 也是单调增加的。

证明： 由于 $f(y_1,y_2,\cdots,y_m)$、$g_k(x_1,x_2,\cdots,x_n)(k=1,2,\cdots,m)$ 关于每个自变量均是单调增加的，所以：

$$\frac{\partial f}{\partial y_i}\geqslant 0(i=1,2,\cdots,m),\frac{\partial g_k}{\partial x_j}\geqslant 0(j=1,2,\cdots,n;k=1,2,\cdots,m)$$

根据多元函数偏导数运算法则，有：

$$\frac{\partial f}{\partial x_j} = \sum_{i=1}^{m} \frac{\partial f}{\partial g_i}\frac{\partial g_i}{\partial x_j} \geqslant 0 (j = 1,2,\cdots,n)$$

即复合平均集结算子 $H(x_1,x_2,\cdots,x_n)$ 关于每个自变量 $x_j(j=1,2,\cdots,n)$ 也是单调增加的。

例4.2　设 $y_1,y_2,\cdots,y_n;x_1,x_2,\cdots,x_n$ 为两组正实数，$f(y_1,y_2,\cdots,y_n) = \frac{1}{n}\sum_{j=1}^{n}y_j$，$g_1(x_1,x_2,\cdots,x_n) = x_1,g_2(x_1,x_2,\cdots,x_n) = (x_1x_2)^{1/2},\cdots,g_n(x_1,x_2,\cdots,x_n) = (\prod_{j=1}^{n}x_j)^{1/n}$ 为 n+1 个平均集结算子，则：

$$H(x_1,x_2,\cdots,x_n) = \frac{1}{n}\left[x_1 + (x_1x_2)^{1/2} + \cdots + (\prod_{j=1}^{n}x_j)^{1/n}\right]$$

为平均集结算子，而且关于自变量 $x_i(i=1,2,\cdots,n)$ 也是单调增加的。

证明： 令 $\min\{y_1,y_2,\cdots,y_n\} = y_1$，$\max\{y_1,y_2,\cdots,y_n\} = y_n$；$\min\{x_1,x_2,\cdots,x_n\} = x_1$，$\max\{x_1,x_2,\cdots,x_n\} = x_n$，则易知：

$$y_1 \leqslant f(y_1,y_2,\cdots,y_n) \leqslant y_n$$
$$x_1 \leqslant g_k(x_1,x_2,\cdots,x_n) \leqslant x_n$$

即 $f(y_1,y_2,\cdots,y_n)$、$g_k(x_1,x_2,\cdots,x_n)(k=1,2,\cdots,n)$ 均为平均集结算子，因此复合集结算子 $H(x_1,x_2,\cdots,x_n)$ 仍为平均集结算子。

因为
$$\frac{\partial f}{\partial y_i} = \frac{\partial}{\partial y_i}\left(\frac{1}{n}\sum_{i=1}^{m}y_i\right) = \frac{1}{n}$$

$$\frac{\partial g_1}{\partial x_j} = \begin{cases} 1, & x_j = x_1 \\ 0, & x_j \neq x_1 \end{cases}$$

$$\frac{\partial g_2}{\partial x_j} = \begin{cases} x_2, & x_j = x_1 \\ x_1, & x_j = x_2 \\ 0 & x_j \neq x_1,x_2 \end{cases}$$

$$\frac{\partial g_n}{\partial x_j} = \frac{1}{n}(x_1,x_2,\cdots,x_n)^{\frac{1}{n}-1}(x_1,x_2,\cdots,x_{n-1}) = \frac{1}{nx_n}(x_1,x_2,\cdots,x_n)^{\frac{1}{n}}$$

显然，$\frac{\partial f}{\partial y_i} > 0(i=1,2,\cdots,n)$，$\frac{\partial g_k}{\partial x_j} \geqslant 0(j=1,2,\cdots,n;k=1,2,\cdots,n)$，即

$f(y_1,y_2,\cdots,y_n)$、$g_k(x_1,x_2,\cdots,x_n)(k=1,2,\cdots,n)$ 都是关于自变量的单调增加函数，因此 $H(x_1,x_2,\cdots,x_n)$ 也是关于自变量 $x_i(i=1,2,\cdots,n)$ 单调增加的。

4.2.2　算术平均复合集结算子

定义 4.11　设 $g_k(x_1,x_2,\cdots,x_n)(k=1,2,\cdots,m)$ 为实数 $x_1,x_2,\cdots,x_n$ 的 m 个平均集结算子，$\lambda_k \geq 0(k=1,2,\cdots,m)$，且 $\sum\limits_{k=1}^{m}\lambda_k=1$，则称复合集结算子

$$H(x_1,x_2,\cdots,x_n) = \sum_{k=1}^{m}\lambda_k g_k(x_1,x_2,\cdots,x_n) \qquad (4.15)$$

为 $g_k(x_1,x_2,\cdots,x_n)(k=1,2,\cdots,m)$ 的算术平均复合集结算子。

定理 4.18　设 $g_k(x_1,x_2,\cdots,x_n)(k=1,2,\cdots,m)$ 为实数 $x_1,x_2,\cdots,x_n$ 的 m 个平均集结算子，则算术平均复合集结算子 $H(x_1,x_2,\cdots,x_n) = \sum\limits_{k=1}^{m}\lambda_k g_k(x_1,x_2,\cdots,x_n)$ 仍为平均集结算子。

证明：令 $f(y_1,y_2,\cdots,y_m) = \sum\limits_{k=1}^{n}\lambda_k y_k$，$f(y_1,y_2,\cdots,y_m)$ 为加权平均算子。此时算术平均复合集结算子 $H(x_1,x_2,\cdots,x_n)$ 可看作是 $f(y_1,y_2,\cdots,y_m)$、$g_k(x_1,x_2,\cdots,x_n)(k=1,2,\cdots,m)$ 的复合集结算子，根据定理 4.14 可知算术平均复合集结算子 $H(x_1,x_2,\cdots,x_n)$ 仍为平均集结算子。

定理 4.19　设 $g_k(x_1,x_2,\cdots,x_n)(k=1,2,\cdots,m)$ 为实数 $x_1,x_2,\cdots,x_n$ 的 m 个平均集结算子，并且关于自变量 $x_j(j=1,2,\cdots,n)$ 都是单调增加的，则算术平均复合集结算子 $H(x_1,x_2,\cdots,x_n) = \sum\limits_{k=1}^{m}\lambda_k g_k(x_1,x_2,\cdots,x_n)$ 也是关于自变量 $x_j(j=1,2,\cdots,n)$ 单调增加的。

证明：若 $g_k(x_1,x_2,\cdots,x_n)$ 关于 $x_j(j=1,2,\cdots,n)$ 单调增加，则：

$$\frac{\partial g_k}{\partial x_j} \geq 0 (j=1,2,\cdots,n;k=1,2,\cdots,m)$$

所以 $\dfrac{\partial H}{\partial x_i} = \dfrac{\partial}{\partial x_j}\Big[\sum\limits_{k=1}^{m}\lambda_k g_k(x_1,x_2,\cdots,x_n)\Big] = \sum\limits_{k=1}^{m}\lambda_k \dfrac{\partial g_k}{\partial x_j} \geq 0\ (j=1,\ 2,\ \cdots,\ n)$，

也即算术平均复合集结算子 $H(x_1,x_2,\cdots,x_n)$ 关于 $x_j(j=1,2,\cdots,n)$ 单调增加。

例4.3 设 $g_1(x_1,x_2,\cdots,x_n) = \dfrac{1}{n}\sum\limits_{i=1}^{n} x_i$, $g_2(x_1,x_2,\cdots,x_n) = \left(\prod\limits_{i=1}^{n} x_i\right)^{1/n}$，其中 $x_j \geqslant 0(j=1,2,\cdots,n)$，则 $H(x_1,x_2,\cdots,x_n) = \lambda g_1(x_1,x_2,\cdots,x_n) + (1-\lambda)g_2(x_1,x_2,\cdots,x_n)$ 也是平均集结算子，而且关于 $x_j(j=1,2,\cdots,n)$ 单调增加。

证明： 为讨论方便，令 $\min\{x_1,x_2,\cdots,x_n\} = x_1$，$\max\{x_1,x_2,\cdots,x_n\} = x_n$，则：

$$x_1 \leqslant g_k(x_1,x_2,\cdots,x_n) \leqslant x_n, k=1,2$$

于是

$$x_1 = \lambda x_1 + (1-\lambda)x_1 \leqslant H(x_1,x_2,\cdots,x_n) \leqslant \lambda x_n + (1-\lambda)x_n = x_n$$

即 $H(x_1,x_2,\cdots,x_n)$ 为平均集结算子。

又因为

$$\frac{\partial H}{\partial x_j} = \frac{\partial}{\partial x_j}\left[\lambda\left(\frac{1}{n}\sum_{j=1}^{n} x_j\right) + (1-\lambda)\left(\prod_{j=1}^{n} x_j\right)^{1/n}\right] = \frac{\lambda}{n} + \frac{1-\lambda}{nx_j}\left(\prod_{j=1}^{n} x_j\right)^{1/n} > 0,$$

所以 $H(x_1,x_2,\cdots,x_n)$ 关于 $x_j(j=1,2,\cdots,n)$ 单调增加。

4.2.3　几何平均复合集结算子

定义4.12 设 $g_k(x_1,x_2,\cdots,x_n)(k=1,2,\cdots,m)$ 为实数 $x_1,x_2,\cdots,x_n$ 的 m 个平均集结算子，$\lambda_k \geqslant 0(k=1,2,\cdots,m)$，且 $\sum\limits_{k=1}^{m}\lambda_k = 1$；则称复合集结算子

$$H(x_1,x_2,\cdots,x_n) = \prod_{k=1}^{m}\left[g_k(x_1,x_2,\cdots,x_n)\right]^{\lambda_k} \tag{4.16}$$

为 $g_k(x_1,x_2,\cdots,x_n)(k=1,2,\cdots,m)$ 的几何平均复合集结算子。

定理4.20 设 $g_k(x_1,x_2,\cdots,x_n)(k=1,2,\cdots,m)$ 为实数 $x_1,x_2,\cdots,x_n$ 的 m 个平均集结算子，则几何平均复合集结算子

$$H(x_1,x_2,\cdots,x_n) = \prod_{k=1}^{m}\left[g_k(x_1,x_2,\cdots,x_n)\right]^{\lambda_k}$$

仍为平均集结算子。

证明： 令 $f(y_1, y_2, \cdots, y_m) = \prod_{k=1}^{m} [y_k (x_1, x_2, \cdots, x_n)^{\lambda_k}]$，$f(y_1, y_2, \cdots, y_m)$ 为加权几何算子。此时几何平均复合集结算子 $H(x_1, x_2, \cdots, x_n)$ 也可看作是 $f(y_1, y_2, \cdots, y_n)$、$g_k(x_1, x_2, \cdots, x_n)(k=1, 2, \cdots, m)$ 的复合集结算子，根据定理 4.14 可知几何平均复合集结算子 $H(x_1, x_2, \cdots, x_n)$ 仍为平均集结算子。

定理 4.21 设 $g_k(x_1, x_2, \cdots, x_n)(k=1, 2, \cdots, m)$ 为实数 $x_1, x_2, \cdots, x_n$ 的 m 个平均集结算子，并且关于自变量 $x_j(j=1, 2, \cdots, n)$ 都是单调增加的，则几何平均复合集结算子 $H(x_1, x_2, \cdots, x_n) = \prod_{k=1}^{m} [g_k(x_1, x_2, \cdots, x_n)]^{\lambda_k}$ 也是关于自变量 $x_j(j=1, 2, \cdots, n)$ 单调增加的。

证明： 若 $g_k(x_1, x_2, \cdots, x_n)$ 关于 $x_j(j=1, 2, \cdots, n)$ 单调增加，则：

$$\frac{\partial g_k}{\partial x_j} \geqslant 0 (j=1, 2, \cdots, n; k=1, 2, \cdots, m)$$

所以

$$\frac{\partial H}{\partial x_j} = \frac{\partial}{\partial x_j} \left\{ \prod_{k=1}^{m} [\lambda_k g_k(x_1, x_2, \cdots, x_n)]^{\lambda_k} \right\}$$

$$= \sum_{k=1}^{m} \lambda_k g_k^{\lambda_k - 1} \frac{\partial g_k}{\partial x_j} \geqslant 0 (j=1, 2, \cdots, n)$$

也即几何平均复合集结算子 $H(x_1, x_2, \cdots, x_n)$ 关于 $x_j(j=1, 2, \cdots, n)$ 单调增加。

例 4.4 设 $g_1(x_1, x_2, \cdots, x_n) = \left(\prod_{j=1}^{n} x_j \right)^{1/n}$，$g_2(x_1, x_2, \cdots, x_n) = \left(\frac{1}{n} \sum_{j=1}^{n} x_j^2 \right)^{1/2}$，其中 $x_j > 0 (j=1, 2, \cdots, n)$，则：

$$H(x_1, x_2, \cdots, x_n) = [g_1(x_1, x_2, \cdots, x_n)]^{\lambda} \times [g_2(x_1, x_2, \cdots, x_n)]^{1-\lambda}$$

也是平均集结算子，而且关于 $x_j(j=1, 2, \cdots, n)$ 单调增加。

证明： 为讨论方便，令 $\min\{x_1, x_2, \cdots, x_n\} = x_1$，$\max\{x_1, x_2, \cdots, x_n\} = x_n$，则：

$$x_1 \leqslant g_k(x_1, x_2, \cdots, x_n) \leqslant x_n, k=1, 2$$

于是

$$x_1 = x_1^{\lambda} \times x_1^{1-\lambda} \leqslant H(x_1, x_2, \cdots, x_n) \leqslant x_n^{\lambda} \times x_n^{1-\lambda} = x_n$$

即 $H(x_1, x_2, \cdots, x_n)$ 为平均集结算子。

又因为

$$\frac{\partial g_1}{\partial x_j} = \frac{1}{n} \left(\prod_{j=1}^{n} x_j \right)^{\frac{1}{n}-1} (x_1, \cdots, x_{j-1}, x_{j+1}, \cdots, x_n)$$

$$= \frac{1}{n x_j} \left(\prod_{j=1}^{n} x_j \right)^{\frac{1}{n}} \geqslant 0 (j = 1, 2, \cdots, n)$$

$$\frac{\partial g_2}{\partial x_j} = \frac{x_j}{\sqrt{n}} \left(\sum_{j=1}^{n} x_j^2 \right)^{-\frac{1}{2}} \geqslant 0 (j = 1, 2, \cdots, n)$$

因此 $g_1(x_1, x_2, \cdots, x_n)$、$g_2(x_1, x_2, \cdots, x_n)$ 关于 $x_j(j = 1, 2, \cdots, n)$ 单调增加，由定理 4.19 可知：$H(x_1, x_2, \cdots, x_n)$ 关于 $x_j(j = 1, 2, \cdots, n)$ 也单调增加。事实上，此时

$$\frac{\partial H}{\partial x_j} = \frac{\partial}{\partial x_j} \left\{ \left[\left(\prod_{j=1}^{n} x_j \right)^{1/n} \right]^{\lambda} \left[\left(\frac{1}{n} \sum_{j=1}^{n} x_j^2 \right)^{1/2} \right]^{1-\lambda} \right\}$$

$$= \lambda g_1 g_2^{1-\lambda} \frac{\partial g_1}{\partial x_j} + (1 - \lambda) g_1^{\lambda} g_2^{-\lambda} \frac{\partial g_2}{\partial x_j} > 0$$

4.2.4 有序算术平均复合集结算子

定义 4.13 设 $g_k(x_1, x_2, \cdots, x_n)(k = 1, 2, \cdots, m)$ 为实数 $x_1, x_2, \cdots, x_n$ 的 m 个平均集结算子，$\lambda_k \geqslant 0 (k = 1, 2, \cdots, m)$，且 $\sum_{k=1}^{m} \lambda_k = 1$，则称复合集结算子

$$H(x_1, x_2, \cdots, x_n) = \sum_{k=1}^{m} \lambda_k g_{\sigma(k)}(x_1, x_2, \cdots, x_n) \tag{4.17}$$

为 $g_k(x_1, x_2, \cdots, x_n)(k = 1, 2, \cdots, m)$ 的有序算术平均复合集结算子。其中 $g_{\sigma(k)}(x_1, x_2, \cdots, x_n)$ 是 $g_1(x_1, x_2, \cdots, x_n), g_2(x_1, x_2, \cdots, x_n), \cdots, g_m(x_1, x_2, \cdots, x_n)$ 中第 k 大的元素。

定理 4.22 设 $g_k(x_1, x_2, \cdots, x_n)(k = 1, 2, \cdots, m)$ 为实数 $x_1, x_2, \cdots, x_n$ 的 m 个平均集结算子，$\lambda_k \geqslant 0 (k = 1, 2, \cdots, m)$，且 $\sum_{k=1}^{m} \lambda_k = 1$，则有序算术平均复合集结算子 $H(x_1, x_2, \cdots, x_n) = \sum_{k=1}^{m} \lambda_k g_{\sigma(k)}(x_1, x_2, \cdots, x_n)$ 仍为平均集结算子。

证明： 令 $f(y_1, y_2, \cdots, y_m) = \sum\limits_{k=1}^{m} \lambda_k y_{\sigma(k)}$，$y_{\sigma(k)}$ 是 $y_1, y_2, \cdots, y_m$ 中第 k 大的元素，即 $f(y_1, y_2, \cdots, y_m)$ 为有序加权平均算子。此时有序算术平均复合集结算子 $H(x_1, x_2, \cdots, x_n)$ 可看作 $f(y_1, y_2, \cdots, y_m)$、$g_k(x_1, x_2, \cdots, x_n)$（$k=1$, $2, \cdots, m$）的复合集结算子，根据定理 4.14 可知有序算术平均复合集结算子 $H(x_1, x_2, \cdots, x_n)$ 仍为平均集结算子。

定理 4.23 设 $g_k(x_1, x_2, \cdots, x_n)$（$k=1, 2, \cdots, m$）为实数 $x_1, x_2, \cdots, x_n$ 的 m 个平均集结算子，并且关于自变量 x_j（$j=1, 2, \cdots, n$）都是单调增加的，则有序算术平均复合集结算子 $H(x_1, x_2, \cdots, x_n) = \sum\limits_{k=1}^{m} \lambda_k g_{\sigma(k)}(x_1, x_2, \cdots, x_n)$ 也是关于自变量 x_j（$j=1, 2, \cdots, n$）单调增加的。

证明： 若 $g_k(x_1, x_2, \cdots, x_n)$ 关于 x_j（$j=1, 2, \cdots, n$）单调增加，则：

$$\frac{\partial g_{\sigma(k)}}{\partial x_j} \geqslant 0 \, (j=1, 2, \cdots, n; k=1, 2, \cdots, m)$$

所以 $\dfrac{\partial H}{\partial x_i} = \dfrac{\partial}{\partial x_j} \Big[\sum\limits_{k=1}^{m} \lambda_k g_{\sigma(k)}(x_1, x_2, \cdots, x_n) \Big] = \sum\limits_{k=1}^{m} \lambda_k \dfrac{\partial g_{\sigma(k)}}{\partial x_j} \geqslant 0 \, (j=1, 2, \cdots, n)$，即有序算术平均复合集结算子 $H(x_1, x_2, \cdots, x_n)$ 关于 x_j（$j=1, 2, \cdots, n$）单调增加。

4.2.5　有序几何平均复合集结算子

定义 4.14 设 $g_k(x_1, x_2, \cdots, x_n)$（$k=1, 2, \cdots, m$）为实数 $x_1, x_2, \cdots, x_n$ 的 m 个平均集结算子，$\lambda_k \geqslant 0$（$k=1, 2, \cdots, m$），且 $\sum\limits_{k=1}^{m} \lambda_k = 1$，则称复合集结算子

$$H(x_1, x_2, \cdots, x_n) = \prod_{k=1}^{m} [g_{\sigma(k)}(x_1, x_2, \cdots, x_n)]^{\lambda_k} \qquad (4.18)$$

为 $g_k(x_1, x_2, \cdots, x_n)$（$k=1, 2, \cdots, m$）的有序几何平均复合集结算子。其中 $g_{\sigma(k)}(x_1, x_2, \cdots, x_n)$ 是 $g_1(x_1, x_2, \cdots, x_n)$，$g_2(x_1, x_2, \cdots, x_n)$，$\cdots$，$g_m(x_1, x_2, \cdots, x_n)$ 中第 k 大的元素。

类似定理 4.20 和定理 4.21，可以证明定理 4.24、定理 4.25：

定理 4.24 设 $g_k(x_1,x_2,\cdots,x_n)(k=1,2,\cdots,m)$ 为实数 $x_1,x_2,\cdots,x_n$ 的 m 个平均集结算子，则有序几何平均复合集结算子

$$H(x_1,x_2,\cdots,x_n) = \prod_{k=1}^{m}\left[g_{\sigma(k)}(x_1,x_2,\cdots,x_n)\right]^{\lambda_k} \tag{4.19}$$

仍为平均集结算子。

定理 4.25 设 $g_k(x_1,x_2,\cdots,x_n)(k=1,2,\cdots,m)$ 为实数 $x_1,x_2,\cdots,x_n$ 的 m 个平均集结算子，并且关于自变量 $x_j(j=1,2,\cdots,n)$ 都是单调增加的，则有序几何平均复合集结算子 $H(x_1,x_2,\cdots,x_n) = \prod_{k=1}^{m}\left[g_{\sigma(k)}(x_1,x_2,\cdots,x_n)\right]^{\lambda_k}$ 也是关于自变量 $x_j(j=1,2,\cdots,n)$ 单调增加的。

4.2.6 幂平均复合集结算子

定义 4.15 设 $g_k(x_1,x_2,\cdots,x_n)(k=1,2,\cdots,m)$ 为实数 $x_1,x_2,\cdots,x_n$ 的 m 个平均集结算子，$\lambda_k \geqslant 0(k=1,2,\cdots,m)$，且 $\sum_{k=1}^{m}\lambda_k = 1$，则称复合集结算子

$$H(x_1,x_2,\cdots,x_n) = \left[\sum_{k=1}^{m}\lambda_k g_k^t(x_1,x_2,\cdots,x_n)\right]^{\frac{1}{t}} \tag{4.20}$$

为 $g_k(x_1,x_2,\cdots,x_n)(k=1,2,\cdots,m)$ 的幂平均复合集结算子。

类似定理 4.18 和定理 4.19，可以证明定理 4.26、定理 4.27：

定理 4.26 设 $g_k(x_1,x_2,\cdots,x_n)(k=1,2,\cdots,m)$ 为实数 $x_1,x_2,\cdots,x_n$ 的 m 个平均集结算子，则幂平均复合集结算子

$$H(x_1,x_2,\cdots,x_n) = \left[\sum_{k=1}^{m}\lambda_k g_k^t(x_1,x_2,\cdots,x_n)\right]^{\frac{1}{t}} \tag{4.21}$$

仍为平均集结算子。

定理 4.27 设 $g_k(x_1,x_2,\cdots,x_n)(k=1,2,\cdots,m)$ 为实数 $x_1,x_2,\cdots,x_n$ 的 m 个平均集结算子，并且关于自变量 $x_j(j=1,2,\cdots,n)$ 都是单调增加的，则幂平均复合集结算子 $H(x_1,x_2,\cdots,x_n) = \left[\sum_{k=1}^{m}\lambda_k g_k^t(x_1,x_2,\cdots,x_n)\right]^{\frac{1}{t}}$ 也是关于自变量 $x_j(j=1,2,\cdots,n)$ 单调增加的。

基于平均算子的中国国家治理现代化测度方法

4.3.1 问题的提出

统计测度问题是统计学的根本问题。随着科技的进步和生产力水平的提高，统计测度的对象与内容不断扩大，目前已经渗透到经济、社会、科技和环境等领域（李金昌，2019）。理论上，已有文献涉及的统计测度方法包括数据包络分析法（DEA）（Charnes，Cooper and Rhodes，1978）、随机前沿分析（SFA）（Aigner，Lovell and Schmidt，1977）、冰山成本模型（桂琦寒，2006）、综合评价法（Yeo，2011）、Canberra 指数法（Subramanian S，2012）、多元回归模型（Mothilal，2012）、Alkire-Foster 模型（陈辉，2016）、DEA-Malmquist 指数法（李金华，2017）、三阶段 DEA 模型法（范建平、肖慧和樊晓宏，2017）、DEA-DEMATEL 定权测度方法（张和平，2017）、熵权 – TOPSIS 法（魏敏和李书昊，2018）、灰色关联分析（李潘和彭会萍，2018）等。应用上，测度对象涉及经济、社会、科技等诸多领域，实证分析的内容包括基于因子分析法（蔡宏宇，2015）、地理加权回归模型（韩君，2019）、综合评价法（马茹，2019）、熵值法（徐辉，2020）、DEA-DEMATEL 定权测度法（李旭辉，2021）、熵权 – TOPSIS 法（蔡伟，2021）的经济发展水平测度；运用 Alkire-Foster 模型（刘守威，2020）与综合评价法（周迪，2019）的扶贫成效测度；利用威廉逊系数—综合评价法（邹克，2020）、Canberra 指数（郝淑玲，2021）、空间面板计量模型（陈晋玲，2019）的教育发展水平测度；基于 DEA-Malmquist 指数（吴滨，2021）、综合评价法（柳剑平，2016）和 DEA（王冬冬，2015）的技术效率测度，运用主成分分析法（李星，2019）的生态创新能力测度；基于随机前沿分析（SFA）（陆小莉，2021）产业结构优化效果的统计测度以及基于 TOPSIS 法（张芳，2021）的生态文明建设协调发展统计测度等。由于统计测度面对的问题不同，各种测度方法的适用性受到极大限制，方法间也缺乏可比性。

本质上说，国家治理现代化统计测度问题属于多属性决策的研究范畴，目前国内外有关国家治理现代化统计测度问题的研究才刚刚起步。唐天伟、曹清华和郑争文（2014）建立了包括行政体制、行政人员素质、经济治理、政治治理、社会治理、文化治理和生态文明治理7个二级指标的地方政府治理现代化测度指标体系；张成承（2022）基于"五位一体"社会总体布局角度，从政治治理能力、经济治理能力、社会治理能力、文化治理能力、生态治理能力五个维度构建了西部地区政府治理能力测度指标，利用协调发展度模型对我国西部地区政府治理能力体系协调发展性测度进行了研究；徐越倩和李拓（2020）以我国31个省份为研究对象，运用因子分析、聚类分析等方法对2018年各省份政府治理水平进行了测度，研究发现各省政府治理现代化进程具有较为明显的地域性特征，大多省份在政府治理各领域发展不均衡，个别省份在政府治理现代化中形成了独特优势。由于国家治理现代化涉及经济、政治、文化、社会、生态的协同共进问题，测度国家治理现代化需要从整体上回应经济、政治、文化、社会、生态对国家治理现代化的"系统效应"，本研究将运用集结算子探讨中国国家治理现代化测度问题。

4.3.2 基于几何平均算子的一级指标现代化水平测度模型

（1）问题描述

本小节将中国国家治理现代化水平测度作为研究对象，具体对各维度现代化发展水平进行统计测度。依照第3章所构建的中国国家治理现代化水平测度评价指标体系，确定目标层的因素论域为 $B = \{B_1, B_2, B_3, B_4, B_5\}$，表示各一级指标的集合，其中 B_1 表示经济治理现代化维度，B_2 表示政治治理现代化维度，B_3 表示文化治理现代化维度，B_4 表示社会治理现代化维度，B_5 表示生态治理现代化维度。一级指标层的因素论域由不同的要素组成，$B_1 = \{B_{11}, B_{12}\}$，其中 B_{11} 表示经济发展维度，B_{12} 表示经济质量维度；$B_2 = \{B_{21}, B_{22}, B_{23}\}$，其中 B_{21} 表示依法治国维度，B_{22} 表示民主监督维度，B_{23} 表示公共安全维度；$B_3 = \{B_{31}, B_{32}\}$，其中 B_{31} 表示教育发展维度，B_{32} 表示文化发展维度；$B_4 = \{B_{41}, B_{42}, B_{43}\}$，其中 B_{41} 表示社会保障维度，

B_{42}表示基础设施维度，B_{43}表示劳动就业维度；$B_5 = \{B_{51}, B_{52}\}$，其中B_{51}表示环境治理维度，B_{52}表示生态平衡维度。要素层的论域由二级指标组成，具体内容详见表3－11。

（2）集结算子的选择

常见的平均集结算子各有特点，可以从不同角度反映决策者对指标测度的要求。算术平均算子是一种折中型平均，反映决策者通过取长补短的方式追求整体上的均衡；几何平均算子属于一种惩罚型平均，体现决策者通过惩罚落后的方式鼓励均衡发展的评价思路；调和平均在出发点上与几何平均相同，但是一种比几何平均算子惩罚力度更强的测度模式；平方平均算子则是一种激励型平均，表示决策者通过抓大放小的方式鼓励突出重点的评价原则。加权平均算子则是为了更好地体现决策者、决策指标（或者决策数据）、地区差异等对集结结果的相对贡献程度，如加权算术平均算子、加权几何平均算子等通过对不同指标赋权反映不同指标的贡献程度。根据当前我国国家治理发展阶段、特征及不同地区现代化水平的空间差异，本研究选择平方平均算子对国家治理现代化一级指标进行测度。

定理4.28　不失一般性，设B_j表示国家治理现代化测度评价一级指标$(j = 1, 2, \cdots, r)$，它的二级指标论域为$B_j = \{C_{j1}, C_{j2}, \cdots, C_{jk_j}\}(j = 1, 2, \cdots, r)$，其中$C_{jk_j}$为第$j$个一级指标下的国家治理现代化评价二级指标。如果$\{x_{j1}, x_{j2}, \cdots, x_{jk_j}\}$表示$\{C_{j1}, C_{j2}, \cdots, C_{jk_j}\}$的取值向量，则一级指标$B_j$的加权平方平均算子：

$$WP_j = \left[\sum_{s=1}^{k_j} w_s x_{js}^2 \right]^{\frac{1}{2}} \tag{4.22}$$

仍是平均集结算子。其中，$w_s \geqslant 0 (j = 1, 2, \cdots, k_j)$，且$\sum_{s=1}^{k_j} w_s = 1$。

证明：不失一般性，不妨假设$\min\{x_{j1}, x_{j2}, \cdots, x_{jk_j}\} = x_{j1}$，$\max\{x_{j1}, x_{j2}, \cdots, x_{jk_j}\} = x_{jk_j}$，则对任意$x_{js}, s = 1, 2, \cdots, k_j$，有$x_{j1} \leqslant x_{js} \leqslant x_{jk_j}$，所以：

$$x_{j1} = \left[\sum_{s=1}^{k_j} w_s x_{j1}^2 \right]^{\frac{1}{2}} \leqslant \left[\sum_{s=1}^{k_j} w_s x_{js}^2 \right]^{\frac{1}{2}} \leqslant \left[\sum_{s=1}^{k_j} w_s x_{jk_j}^2 \right]^{\frac{1}{2}} = x_{jk_j}$$

即　$\min\{x_{j1}, x_{j2}, \cdots, x_{jk_j}\} \leqslant WP_j = \left[\sum_{s=1}^{k_j} w_s x_{js}^2 \right]^{\frac{1}{2}} \leqslant \max\{x_{j1}, x_{j2}, \cdots, x_{jk_j}\}$

根据平均集结算子定义，可知加权平方平均算子 WP_j 仍是平均集结算子。

定理 4.29 设 B_j 表示国家治理现代化测度评价一级指标 $(j=1,2,\cdots,r)$，它的二级指标论域为 $B_j = \{C_{j1}, C_{j2}, \cdots, C_{jk_j}\}(j=1,2,\cdots,r)$，其中 C_{jk_j} 为第 j 个一级指标下的国家治理现代化评价二级指标。如果 $\{x_{j1}, x_{j2}, \cdots, x_{jk_j}\}$ 表示 $\{C_{j1}, C_{j2}, \cdots, C_{jk_j}\}$ 的取值向量，则一级指标 B_j 的加权平方平均算子

$$WP_j = \Big[\sum_{s=1}^{k_j} w_s x_{js}^2 \Big]^{\frac{1}{2}} \tag{4.23}$$

关于自变量 $x_{js}(s=1,2,\cdots,k_j)$ 仍是单调增加的。

证明： 由于

$$\frac{\partial}{\partial x_{js}}(WP_j) = \frac{1}{2}\Big[\sum_{s=1}^{k_j} w_s x_{js}^2 \Big]^{-\frac{1}{2}} \times \big[2w_s x_{js} \big] = w_s x_{js}\Big[\sum_{s=1}^{k_j} w_s x_{js}^2 \Big]^{-\frac{1}{2}} \geqslant 0$$

易知 WP_j 关于每个自变量 $x_{js}(s=1,2,\cdots,k_j)$ 都是单调增加的。

4.3.3 基于复合集结算子的国家治理现代化水平测度模型

（1）集结算子的选择

从经济、政治、环境、社会等多维度测度我国国家治理现代化水平，是一个复杂的系统性工程。在对国家治理现代化水平测度过程中，既要考虑测度指标体系的科学性、测度指标的重要性，还应考虑当前我国国家治理现代化进程的现实性、阶段性以及地区之间的差异性。考虑到几何加权算子具有能够体现出惩罚落后并鼓励均衡发展的特征，而有序加权几何平均算子通过设置"位置"权重可以突出研究对象（客体）的"特色优势"，本研究选择混合几何算子测度我国国家治理现代化进程，其中，利用与"混合几何算子 HG"相关联的权重向量反映不同地区的特色与优势，运用指标（或数据）权重表示地区之间的差异性。

（2）基于混合几何平均复合算子的国家治理现代化水平测度模型

定义 4.16 设 $g_k(x_1, x_2, \cdots, x_n)(k=1,2,\cdots,m)$ 为实数 $x_1, x_2, \cdots, x_n$ 的 m 个平均集结算子，则称复合集结算子

$$H(x_1, x_2, \cdots, x_n) = \prod_{k=1}^{m} \big[g'_{\sigma(k)}(x_1, x_2, \cdots, x_n) \big]^{\lambda_k} \tag{4.24}$$

为 $g_k(x_1,x_2,\cdots,x_n)(k=1,2,\cdots,m)$ 的混合平均复合集结算子。其中 $\lambda_k \geqslant 0$ $(k=1,2,\cdots,m)$ 为与混合几何算子 HG 相关联的权重向量，满足 $\sum_{k=1}^{m}\lambda_k = 1$；$g'_k(x_1,x_2,\cdots,x_n) = [g_k(x_1,x_2,\cdots,x_n)]^{m\omega_k}$，$k=1,2,\cdots,m$，$\omega = (\omega_1,\omega_2,\cdots,\omega_m)^{\mathrm{T}}$ 是数据 $\{g_1,g_2,\cdots,g_m\}$ 的权重向量，$\omega_i \geqslant 0$ $(i=1,2,\cdots,m)$，$\sum_{i=1}^{m}\omega_i = 1$；$g'_{\sigma(k)}(x_1,x_2,\cdots,x_n)$ 是 $g'_1(x_1,x_2,\cdots,x_n),g'_2(x_1,x_2,\cdots,x_n),\cdots,g'_m(x_1,x_2,\cdots,x_n)$ 中第 k 大的元素；m 为平衡系数。

定理 4.30　设 B_j 表示国家治理现代化测度评价一级指标 $(j=1,2,\cdots,r)$，它的二级指标论域为 $B_j = \{C_{j1},C_{j2},\cdots,C_{jk_j}\}(j=1,2,\cdots,r)$，其中 C_{jk_j} 为第 j 个一级指标下的国家治理现代化评价二级指标。如果 $\{x_{j1},x_{j2},\cdots,x_{jk_j}\}$ 表示 $\{C_{j1},C_{j2},\cdots,C_{jk_j}\}$ 的取值向量，WP_j 为一级指标 B_j 关于 $\{x_{j1},x_{j2},\cdots,x_{jk_j}\}$ 的加权平方平均算子，则混合平均复合集结算子

$$H = H(x_{j1},x_{j2},\cdots,x_{jk_j}) = \prod_{k=1}^{r}[WP'_{\sigma(k)}(x_{j1},x_{j2},\cdots,x_{jk_j})]^{\lambda_k} \quad (4.25)$$

表示国家治理现代化水平测度，仍是平均集结算子，而且是关于自变量 $\{x_{j1},x_{j2},\cdots,x_{jk_j}\}(j=1,2,\cdots,r)$ 是单调增加的。其中 $\lambda_k \geqslant 0$ $(k=1,2,\cdots,r)$ 为与混合集结算子 HG 相关联的权重向量，满足 $\sum_{k=1}^{r}\lambda_k = 1$；$PW'_j(x_{j1},x_{j2},\cdots,x_{jk_j}) = [PW_j(x_{j1},x_{j2},\cdots,x_{jk_j})]^{r\omega_j}$，$j=1,2,\cdots,r$，$\omega = (\omega_1,\omega_2,\cdots,\omega_r)^{\mathrm{T}}$ 是数据 $\{PW_1,PW_2,\cdots,PW_r\}$ 的权重向量，$\omega_j \geqslant 0$ $(j=1,2,\cdots,r)$，$\sum_{j=1}^{r}\omega_j = 1$；$PW'_{\sigma(k)}(x_{j1},x_{j2},\cdots,x_{jk_j})$ 是 $PW'_1(x_{j1},x_{j2},\cdots,x_{jk_j})$，$PW'_2(x_{j1},x_{j2},\cdots,x_{jk_j})$，$\cdots$，$PW'_r(x_{j1},x_{j2},\cdots,x_{jk_j})$ 中第 k 大的元素；$r=5$ 为平衡系数。

证明：记 $\{x_{j1},x_{j2},\cdots,x_{jk_j}|j=1,2,\cdots,r\} = \{x_{11},\cdots,x_{1k_1};x_{21},\cdots,x_{2k_2};\cdots;x_{r1},\cdots,x_{rk_r}\}$，则可将加权平方平均算子 WP_j 看作关于自变量 $\{x_{j1},x_{j2},\cdots,x_{jk_j}|j=1,2,\cdots,r\}$ 的加权平方平均算子（部分权重系数为 0 的特殊情况）。为方便计，不妨假设：

$$\min\{x_{j1},x_{j2},\cdots,x_{jk_j}|j=1,2,\cdots,r\} = x_{11}$$
$$\max\{x_{j1},x_{j2},\cdots,x_{jk_j}|j=1,2,\cdots,r\} = x_{rk_r}$$

则由加权平方平均算子的单调性可知：

$$x_{11} \leqslant \min\{x_{j1},x_{j2},\cdots,x_{jk_j}\} \leqslant WP_j = \Big[\sum_{s=1}^{k_i} w_s x_{js}^2\Big]^{\frac{1}{2}} \leqslant \max\{x_{j1},x_{j2},\cdots,x_{jk_j}\} \leqslant x_{rk_r}$$

于是

$$\prod_{k=1}^{r}\big[WP'_{\sigma(r)}(x_{j1},\cdots,x_{jk_j})\big]^{\lambda_k} \leqslant \prod_{k=1}^{r}\big[WP'_{\sigma(k)}(x_{j1},\cdots,x_{jk_j})\big]^{\lambda_k}$$
$$\leqslant \prod_{k=1}^{r}\big[WP'_{\sigma(1)}(x_{j1},\cdots,x_{jk_j})\big]^{\lambda_k}$$

或

$$WP'_{\sigma(r)}(x_{j1},\cdots,x_{jk_j}) \leqslant \prod_{k=1}^{r}\big[WP'_{\sigma(k)}(x_{j1},\cdots,x_{jk_j})\big]^{\lambda_k}$$
$$\leqslant WP'_{\sigma(1)}(x_{j1},\cdots x_{jk_j})$$

由于 $x_{11} \leqslant WP'_{\sigma(k)}(x_{j1},\cdots,x_{jk_j}) \leqslant x_{rk_r}$，因此有：

$$\min\{x_{j1},\cdots,x_{jk_j}\} = x_{11} \leqslant \prod_{k=1}^{r}\big[WP'_{\sigma(k)}(x_{j1},\cdots,x_{jk_j})\big]^{\lambda_k} \leqslant x_{rk_r}$$
$$= \max\{x_{j1},\cdots,x_{jk_j}\}$$

即混合平均复合集结算子 H 仍是平均集结算子，由平均集结算子的性质可知混合平均复合集结算子 H 关于自变量单调增加。

4.3.4　基于平均算子的我国国家治理现代化测度步骤

假设对 m 个研究对象 $Y_1,Y_2,\cdots,Y_m$ 的国家治理现代化水平进行测度，$B=\{B_1,B_2,\cdots,B_r\}$ 为一级指标集，$B_j=\{C_{j1},C_{j2},\cdots,C_{jk_j}\}(j=1,2,\cdots,r)$ 为二级指标集，则测度国家治理现代化水平的一般步骤如下。

（1）构造一级指标决策矩阵

设 m 个研究对象 $Y_1,Y_2,\cdots,Y_m$ 在指标二级指标 B_{jk_j} 的取值为 f_{ijk_j}，得到一级指标 B_j 下各二级指标的决策矩阵 F_j 如表 4-1 所示。

表 4-1　　　　一级指标 B_j 下的决策矩阵 F_j

研究对象	C_{j1}	C_{j2}	$\cdots$	C_{jk_j}
Y_1	f_{1j1}	f_{1j2}	$\cdots$	f_{1jk_j}
Y_2	f_{2j1}	f_{2j2}	$\cdots$	f_{2jk_j}
$\vdots$	$\vdots$	$\vdots$	$\vdots$	$\vdots$
Y_m	f_{mj1}	f_{mj2}	$\cdots$	f_{mjk_j}

（2）规范化决策矩阵

在对国家治理现代化进行测度过程中，指标值的量纲及其导向往往是不一样的，必须对各种数据进行预处理，也就是说要对各一级指标下的决策矩阵进行规范化处理。本研究采用线性变换法分别对决策矩阵 F_j 中的效益型和成本型指标进行规范化。

设决策矩阵 $F_j = (f_{ijs})_{m \times k_j}$ 中，若 j 为效益型属性，$f_j^{\max}$ 是决策矩阵第 s 列中的最大值。则令

$$x_{ijs} = \frac{f_{ijs}}{f_{is}^{\max}} \tag{4.26}$$

若 j 为成本型属性，$b_j^{\min}$ 是决策矩阵第 s 列中的最小值，则令

$$x_{ijs} = \frac{f_{is}^{\min}}{f_{ijs}} \tag{4.27}$$

采用式（4-26）、式（4-27）进行数据处理后，最佳的属性值为1，但最差的属性值不一定为0。此时，指标的取值导向均为越大越好。

（3）确定指标的权重

测度不同研究对象的国家治理现代化水平，具有客观性与内部性。本研究采用熵值法对各级指标进行赋权，其计算步骤如下。

① 对经过规范化处理的决策矩阵 $X_j = (x_{ijs})_{m \times k_j}$，进行归一化处理，得到：

$$p_{ijs} = \frac{x_{ijs}}{\sum_{i=1}^{m} x_{ijs}}, (j = 1, 2, \cdots, r; s = 1, 2, \cdots, k_j) \tag{4.28}$$

② 计算指标 C_{js} 的熵值为：

$$e_{js} = -k \sum_{i=1}^{m} p_{ijs} \ln p_{ijs}, (j = 1, 2, \cdots, r; s = 1, 2, \cdots, k_j) \tag{4.29}$$

其中，$k > 0$，$e_{js} \geq 0$。

③ 计算指标 C_{js} 的差异系数。定义差异系数为：

$$g_{js} = 1 - e_{js}, (s = 1, 2, \cdots, k_j) \tag{4.30}$$

④ 确定二级指标权重。一级指标 B_j 下的指标 C_{js} 的权重为：

$$w_{js} = \frac{g_{js}}{\sum_{j=1}^{r} \sum_{s=1}^{k_i} g_{js}}, (s = 1, 2, \cdots, k_i) \tag{4.31}$$

熵值法的最大特点是根据原始数据所带来的信息确定指标权重，在一定程度上避免了主观随意性。

⑤ 确定一级指标权重。一级指标 B_j 的权重为：

$$w_j = \sum_{s=1}^{k_i} w_{js}(j = 1,2,\cdots,r) \qquad (4.32)$$

（4）测度国家治理现代化一级指标 B_j 的发展水平

利用加权平方平均算子

$$WP_j = \Big[\sum_{s=1}^{k_i} w_s x_{js}^2 \Big]^{\frac{1}{2}} \qquad (4.33)$$

测度国家治理现代化一级指标 B_j 的发展水平。

（5）测度国家治理现代化发展水平

利用混合平均复合集结算子

$$H = H(x_{j1},x_{j2},\cdots,x_{jk_j}) = \prod_{k=1}^{r} \big[WP'_{\sigma(k)}(x_{j1},x_{j2},\cdots,x_{jk_j}) \big]^{\lambda_k} \qquad (4.34)$$

测度国家治理现代化发展水平。

 **4.4 本章小结**

本章研究了我国国家治理现代化水平的统计测度问题。基于不等式视角定义了平均集结算子概念，讨论了加权平均集结算子、基于位置信息的平均集结算子、复合平均集结算子的概念及其性质，在此基础上构建了基于加权平方平均算子的一级指标现代化水平测度模型、基于混合平均复合集结算子的国家治理现代化水平测度模型等。本章内容可以为第 5 章、第 8 章的实证研究提供方法基础。

第 **5** 章

基于集结算子方法的国家
治理现代化水平测度与分析

本章利用第 4 章提出的测度方法分析我国国家治理现代化水平测度指数及其分布。依据第 3 章构建的国家治理现代化评价指标体系，测度经济治理、政治治理、文化治理、社会治理和生态治理 5 个一级指标的现代化发展指数；然后结合一级指标的权重计算确定中国省域治理现代化水平测度指数，并分析其发展优势、劣势及分布特征，为第 8 章的国家治理现代化水平综合评价提供比较依据。

 数据来源与研究方法

5.1.1　数据来源

本章使用的原始数据有两个来源：一是统计数据，均来自 2012 ~ 2021 年的《中国统计年鉴》，其中 "有电子商务交易活动的企业数比重" 2012 年数据缺失，已采用平滑指数法补全；指标体系中的经济维度、文化维度、社会维度、生态文明维度及政治维度中的 "财政公共安全支出" 和 "突发环境事件" 指标均来源于统计数据。二是调查数据，指标体系中的政治维度数据（财政公共安全支出和突发环境事件除外）均来自中国社会科学院社会学研究所发起的中国社会状况综合调查（CSS），对调查结果进行统计分析，计算加权平均数，作为原始数据，计算公式如下：

$$AV_k = \sum_{i=1}^{5} x_{ki} \times \frac{q_{ki}}{\sum\limits_{i=1}^{5} q_{ki}}$$

其中，q_{ki} 表示第 k 个问题中选择 i 项答案的人数，x_{ki} 表示第 k 个问题中选项 i 对应的分值，AV_i 表示第 k 个问题对应的指标均值。CSS 社会调查每两年一次，默认相邻两年的指标均值相等。

5.1.2 研究方法

为避免量化指标赋权中主观因素的干扰，确保指标赋权的合理性以及指标赋权的精确性，本章采用熵值法对量化指标进行赋权。但由于指标性质和度量单位不统一，采用熵值法对量化指标赋权之前，需要先对原始数据进行规范化和归一化处理。然后结合指标权重，利用加权平方平均算子测度一级指标现代化指数；利用混合平均复合集结算子测度省域治理现代化指数，并通过权重分析和指数分析发现各省的发展优势和劣势，为提高各省市的现代化发展水平提供借鉴依据，具体研究方法已在第 4 章定理4.26 和定理 4.28 给出证明，详细研究步骤见第 4 章 4.3.4。

基于全国数据的国家治理现代化水平测度指数分析

5.2.1 全国数据规范化处理

为方便分析省域治理现代化水平，选取基于全国原始数据测度的国家治理现代化指数为基准值，根据 2012～2021 年的指标原始数据（见附表），利用线性变换法对其进行规范化处理，得到评价指标的规范化数据如表 5-1 所示。

表 5 – 1 　　　　　　　　2012～2021 年全国评价指标的规范化数据

指标	2012 年	2013 年	2014 年	2015 年	2016 年	2017 年	2018 年	2019 年	2020 年	2021 年
C_{111}	0.58248	0.63988	0.68993	0.72320	0.75468	0.83578	0.90545	0.91470	0.89334	1.00000
C_{112}	1.00000	0.93889	0.75000	0.47778	0.38889	0.34444	0.32778	0.28333	0.15000	0.27222
C_{121}	0.66401	0.67207	0.69428	0.72515	0.76127	0.81280	0.89408	0.94524	0.95756	1.00000
C_{122}	0.28929	0.46429	0.64286	0.85714	0.97321	0.84821	0.89286	0.93750	0.99107	1.00000
C_{123}	0.46047	0.52579	0.54960	0.60628	0.67882	0.75152	0.86110	0.97942	0.93263	1.00000
C_{124}	0.17260	0.20028	0.22999	0.26373	0.30586	0.35995	0.47453	0.60058	0.75753	1.00000
C_{125}	0.58698	0.65173	0.69031	0.68945	0.70623	0.71505	0.77907	0.82365	0.90429	1.00000
C_{126}	0.16384	0.19824	0.26531	0.33912	0.45502	0.55203	0.64673	0.71994	0.85581	1.00000
C_{211}	1.00000	1.00000	0.94813	0.94813	0.88184	0.88184	0.96254	0.96254	0.82133	0.82133
C_{212}	1.00000	1.00000	0.92550	0.92550	0.76504	0.76504	0.89398	0.89398	0.76218	0.76218
C_{213}	1.00000	1.00000	0.90860	0.90860	0.72849	0.72849	0.86828	0.86828	0.69624	0.69624
C_{214}	0.87055	0.87055	0.75728	0.75728	0.67314	0.67314	0.63107	0.63107	1.00000	1.00000
C_{215}	1.00000	1.00000	0.83242	0.83242	0.67857	0.67857	0.67033	0.67033	0.71154	0.71154
C_{216}	1.00000	1.00000	0.85672	0.85672	0.69851	0.69851	0.68358	0.68358	0.81791	0.81791
C_{221}	1.00000	1.00000	0.88441	0.88441	0.65323	0.65323	0.67473	0.67473	0.67742	0.67742
C_{222}	1.00000	1.00000	0.92625	0.92625	0.83776	0.83776	0.91740	0.91740	0.87021	0.87021
C_{223}	1.00000	1.00000	0.76261	0.76261	0.65875	0.65875	0.63501	0.63501	0.86944	0.86944
C_{231}	1.00000	0.91329	0.85095	0.75817	0.64463	0.57070	0.51603	0.51155	0.51300	0.51604
C_{232}	0.36900	0.28090	0.42463	0.60606	0.65789	0.66225	0.69930	0.76628	0.96154	1.00000
C_{311}	0.56693	0.58720	0.61496	0.70117	0.74923	0.80475	0.85857	0.92869	0.97040	1.00000
C_{312}	0.64630	0.69724	0.65165	0.59180	0.60724	0.66114	0.64926	0.69883	0.74407	1.00000
C_{313}	0.68940	0.71391	0.73457	0.74520	0.74697	0.76056	0.78477	0.84352	0.92294	1.00000
C_{321}	0.53429	0.59930	0.63395	0.72467	0.74503	0.79893	0.83330	0.96249	1.00000	0.93868
C_{322}	1.00000	0.41798	0.36789	0.57919	0.69250	0.72315	0.75751	0.67516	0.32598	0.60250
C_{323}	0.50257	0.56829	0.63955	0.69603	0.75795	0.86587	0.93030	1.00000	0.46917	0.66697
C_{324}	0.65169	0.61798	0.65169	0.68539	0.73034	0.78652	0.83146	0.88764	0.94382	1.00000
C_{325}	0.57353	0.62500	0.66176	0.69853	0.75735	0.80147	0.83824	0.88971	0.92647	1.00000
C_{411}	0.61250	0.66250	0.70000	0.72500	0.76250	0.81250	0.85000	0.91250	0.95000	1.00000
C_{412}	0.63293	0.67921	0.72399	0.76280	0.80131	0.85416	0.89984	0.94044	0.96432	1.00000
C_{413}	0.56254	0.56526	0.59462	0.63778	0.69433	0.79384	0.93067	0.97591	0.95174	1.00000
C_{414}	0.79605	0.82323	0.84031	0.85207	0.87556	0.89787	0.92130	0.94221	0.97110	1.00000
C_{415}	0.80150	0.81388	0.82650	0.84633	0.88006	0.93680	0.96110	0.99590	0.97983	1.00000
C_{416}	0.55359	0.60679	0.67199	0.73450	0.77883	0.84440	0.90629	0.96060	0.99145	1.00000
C_{421}	0.70937	0.77670	0.80851	0.79527	0.82201	0.87678	0.96500	0.98349	0.97085	1.00000

续表

指标	2012 年	2013 年	2014 年	2015 年	2016 年	2017 年	2018 年	2019 年	2020 年	2021 年
C_{422}	0.79216	0.80998	0.82304	0.83610	0.85392	0.93587	0.94062	0.95606	0.99644	1.00000
C_{423}	0.82485	0.86762	0.88187	0.83096	0.93958	1.00000	0.88866	0.89138	0.87441	0.76375
C_{424}	0.87842	0.86018	0.84802	0.83587	0.82675	0.84195	0.87538	0.89058	0.93313	1.00000
C_{431}	0.84130	0.92904	0.82941	0.84762	0.87487	0.95059	0.97693	0.90735	0.89556	1.00000
C_{432}	0.47000	0.52127	0.57410	0.62531	0.67812	0.73941	0.80358	0.87489	0.91633	1.00000
C_{433}	0.50017	0.54855	0.60129	0.65195	0.71000	0.76025	0.82378	0.89456	0.88008	1.00000
C_{511}	0.23397	0.24106	0.24716	0.25507	0.86178	0.93145	0.97076	1.00000	0.22113	0.22408
C_{512}	0.50164	0.85167	1.00000	0.77550	0.82093	0.68314	0.62274	0.61660	0.45533	0.33603
C_{513}	0.68683	0.69317	0.71817	0.76970	0.81876	0.86536	0.91687	0.97334	0.94541	1.00000
C_{514}	0.84885	0.89389	0.91892	0.94194	0.96697	0.97798	0.99099	0.99299	0.99800	1.00000
C_{515}	0.55454	0.62464	0.65373	0.70617	0.76863	0.81419	0.84057	0.89162	0.94332	1.00000
C_{516}	0.62968	0.67383	0.69548	0.73876	0.77159	0.78345	0.83441	0.88159	0.93833	1.00000
C_{521}	0.82448	0.85003	0.87962	0.89778	0.92132	0.94217	0.94889	0.96570	0.99395	1.00000
C_{522}	0.74799	0.71475	0.74629	0.77283	0.80515	0.84144	0.87951	0.91824	0.95700	1.00000
C_{523}	0.72827	0.79390	0.72226	1.00000	0.93751	0.99961	0.94999	0.96181	0.90239	0.48861

5.2.2　全国数据归一化处理

根据表 5-1 中的数据，采取求和归一法进行数据归一化处理，处理后的数据如表 5-2 所示。

表 5-2　　　　　2012~2021 年全国评价指标的归一化数据

指标	2012 年	2013 年	2014 年	2015 年	2016 年	2017 年	2018 年	2019 年	2020 年	2021 年
C_{111}	0.07336	0.08060	0.08690	0.09109	0.09505	0.10527	0.11404	0.11521	0.11252	0.12595
C_{112}	0.20270	0.19032	0.15203	0.09685	0.07883	0.06982	0.06644	0.05743	0.03041	0.05518
C_{121}	0.08171	0.08270	0.08543	0.08923	0.09368	0.10002	0.11002	0.11632	0.11783	0.12305
C_{122}	0.03664	0.05880	0.08141	0.10855	0.12325	0.10742	0.11307	0.11872	0.12551	0.12664
C_{123}	0.06269	0.07158	0.07482	0.08254	0.09241	0.10231	0.11723	0.13333	0.12696	0.13614
C_{124}	0.03954	0.04588	0.05269	0.06042	0.07007	0.08246	0.10871	0.13759	0.17354	0.22909
C_{125}	0.07778	0.08636	0.09147	0.09136	0.09358	0.09475	0.10323	0.10914	0.11982	0.13251
C_{126}	0.03153	0.03815	0.05106	0.06527	0.08757	0.10624	0.12447	0.13856	0.16470	0.19245
C_{211}	0.10837	0.10837	0.10275	0.10275	0.09557	0.09557	0.10431	0.10431	0.08901	0.08901

续表

指标	2012 年	2013 年	2014 年	2015 年	2016 年	2017 年	2018 年	2019 年	2020 年	2021 年
C_{212}	0.11503	0.11503	0.10646	0.10646	0.08800	0.08800	0.10283	0.10283	0.08767	0.08767
C_{213}	0.11900	0.11900	0.10813	0.10813	0.08669	0.08669	0.10333	0.10333	0.08285	0.08285
C_{214}	0.11070	0.11070	0.09630	0.09630	0.08560	0.08560	0.08025	0.08025	0.12716	0.12716
C_{215}	0.12844	0.12844	0.10692	0.10692	0.08716	0.08716	0.08610	0.08610	0.09139	0.09139
C_{216}	0.12325	0.12325	0.10559	0.10559	0.08609	0.08609	0.08425	0.08425	0.10081	0.10081
C_{221}	0.12854	0.12854	0.11368	0.11368	0.08397	0.08397	0.08673	0.08673	0.08708	0.08708
C_{222}	0.10985	0.10985	0.10175	0.10175	0.09203	0.09203	0.10078	0.10078	0.09559	0.09559
C_{223}	0.12736	0.12736	0.09713	0.09713	0.08390	0.08390	0.08088	0.08088	0.11073	0.11073
C_{231}	0.14718	0.13442	0.12524	0.11159	0.09488	0.08400	0.07595	0.07529	0.07550	0.07595
C_{232}	0.05741	0.04370	0.06606	0.09429	0.10235	0.10303	0.10879	0.11921	0.14959	0.15557
C_{311}	0.07285	0.07546	0.07902	0.09010	0.09628	0.10341	0.11033	0.11934	0.12470	0.12850
C_{312}	0.09303	0.10036	0.09380	0.08518	0.08740	0.09516	0.09345	0.10059	0.10710	0.14394
C_{313}	0.08681	0.08989	0.09249	0.09383	0.09406	0.09577	0.09881	0.10621	0.11621	0.12592
C_{321}	0.06876	0.07712	0.08158	0.09326	0.09588	0.10281	0.10724	0.12386	0.12869	0.12080
C_{322}	0.16282	0.06805	0.05990	0.09430	0.11275	0.11774	0.12334	0.10993	0.05308	0.09810
C_{323}	0.07082	0.08008	0.09012	0.09808	0.10680	0.12201	0.13109	0.14091	0.06611	0.09398
C_{324}	0.08369	0.07937	0.08369	0.08802	0.09380	0.10101	0.10678	0.11400	0.12121	0.12843
C_{325}	0.07379	0.08042	0.08515	0.08988	0.09745	0.10312	0.10785	0.11447	0.11921	0.12867
C_{411}	0.07668	0.08294	0.08764	0.09077	0.09546	0.10172	0.10642	0.11424	0.11894	0.12520
C_{412}	0.07664	0.08224	0.08766	0.09236	0.09702	0.10342	0.10895	0.11387	0.11676	0.12108
C_{413}	0.07299	0.07335	0.07716	0.08276	0.09009	0.10301	0.12076	0.12663	0.12350	0.12976
C_{414}	0.08925	0.09229	0.09421	0.09553	0.09816	0.10066	0.10329	0.10563	0.10887	0.11211
C_{415}	0.08864	0.09001	0.09141	0.09360	0.09733	0.10361	0.10629	0.11014	0.10837	0.11060
C_{416}	0.06878	0.07539	0.08349	0.09126	0.09677	0.10491	0.11260	0.11935	0.12319	0.12425
C_{421}	0.08146	0.08919	0.09285	0.09133	0.09440	0.10069	0.11082	0.11294	0.11149	0.11484
C_{422}	0.08857	0.09056	0.09202	0.09348	0.09547	0.10463	0.10517	0.10689	0.11141	0.11180
C_{423}	0.09413	0.09901	0.10064	0.09482	0.10722	0.11412	0.10141	0.10172	0.09978	0.08716
C_{424}	0.09993	0.09786	0.09647	0.09509	0.09405	0.09578	0.09959	0.10131	0.10615	0.11376
C_{431}	0.09293	0.10263	0.09162	0.09363	0.09664	0.10501	0.10792	0.10023	0.09893	0.11046
C_{432}	0.06525	0.07237	0.07970	0.08681	0.09414	0.10265	0.11156	0.12146	0.12722	0.13883
C_{433}	0.06786	0.07442	0.08158	0.08845	0.09633	0.10315	0.11176	0.12137	0.11940	0.13567
C_{511}	0.04511	0.04648	0.04766	0.04918	0.16616	0.17959	0.18717	0.19281	0.04264	0.04320

续表

指标	2012 年	2013 年	2014 年	2015 年	2016 年	2017 年	2018 年	2019 年	2020 年	2021 年
C_{512}	0.07528	0.12781	0.15007	0.11638	0.12320	0.10252	0.09345	0.09253	0.06833	0.05043
C_{513}	0.08189	0.08264	0.08562	0.09177	0.09762	0.10317	0.10931	0.11604	0.11272	0.11922
C_{514}	0.08907	0.09379	0.09642	0.09883	0.10146	0.10262	0.10398	0.10419	0.10472	0.10493
C_{515}	0.07112	0.08011	0.08384	0.09057	0.09857	0.10442	0.10780	0.11435	0.12098	0.12825
C_{516}	0.07923	0.08479	0.08751	0.09296	0.09709	0.09858	0.10499	0.11093	0.11807	0.12583
C_{521}	0.08938	0.09216	0.09536	0.09733	0.09988	0.10214	0.10287	0.10470	0.10776	0.10841
C_{522}	0.08922	0.08526	0.08902	0.09219	0.09604	0.10037	0.10491	0.10953	0.11416	0.11929
C_{523}	0.08584	0.09357	0.08513	0.11786	0.11050	0.11782	0.11197	0.11336	0.10636	0.05759

5.2.3 计算国家治理现代化评价指标权重

根据熵值法和表 5 - 2 中的归一化数据，利用式（4.29）、式（4.30）、式（4.31）、式（4.32）计算得到全国评价指标的权重如表 5 - 3 所示。

表 5 - 3　　　　　　　　国家治理现代化评价指标权重

目标层	一级指标 （权重）	要素指标 （权重）	二级指标	权重
国家治理现代化水平 A	经济治理 B_1 （0.4165）	经济发展速度 C_{11} （0.1214）	财政税收收入 C_{111}	0.0097
			固定资产投资（不含农户）增长率 C_{112}	0.1117
		经济发展质量 C_{12} （0.2951）	外商投资企业数 C_{121}	0.0080
			有电子商务交易活动的企业数比重 C_{122}	0.0364
			财政科学技术支出 C_{123}	0.0243
			技术市场成交额 C_{124}	0.1165
			规模以上企业 R&D 人员全时当量 C_{125}	0.0086
			规模以上工业企业有效发明专利数 C_{126}	0.1013
	政治治理 B_2 （0.132）	依法治国能力 C_{21} （0.0389）	对警察的信任度 C_{211}	0.0017
			公民实际享有政治权力的公平度 C_{212}	0.0041
			司法与执法公平度 C_{213}	0.0066
			打击犯罪，维护社会治安满意度 C_{214}	0.0104
			廉洁奉公，惩治腐败满意度 C_{215}	0.0089
			依法办事执法公平的满意度 C_{216}	0.0072

目标层	一级指标（权重）	要素指标（权重）	二级指标	权重
国家治理现代化水平 A	政治治理 B_2（0.132）	民主监督水平 C_{22}（0.0232）	政府信息公开透明度 C_{221}	0.0112
			对党政领导干部的信任度 C_{222}	0.0013
			党政干部选拔的公平度 C_{223}	0.0107
		公共安全管理 C_{23}（0.0699）	财政公共安全支出 C_{231}	0.0239
			突发环境事件次数 C_{232}	0.0460
	文化治理 B_3（0.1179）	教育发展水平 C_{31}（0.0271）	国家（地方）财政教育支出 C_{311}	0.0139
			文盲率（人口抽样调查）C_{312}	0.0083
			每十万人高等教育学校平均在校生数 C_{313}	0.0049
		文化发展水平 C_{32}（0.0908）	财政文化体育与传媒支出 C_{321}	0.0139
			艺术表演场馆观众人次 C_{322}	0.0365
			博物馆参观人次 C_{323}	0.0206
			人均拥有公共图书馆藏量 C_{324}	0.0094
			每万人拥有公共图书馆建筑面积 C_{325}	0.0104
	社会治理 B_4（0.0991）	社会保障水平 C_{41}（0.0517）	每万人拥有卫生技术人员数 C_{411}	0.0084
			每万人医疗机构床位数 C_{412}	0.0077
			居民最低生活保障人数 C_{413}	0.0179
			居民养老保险覆盖率 C_{414}	0.0018
			农村供养五保人数 C_{415}	0.0025
			社会组织单位数 C_{416}	0.0134
		基础设施建设 C_{42}（0.01）	移动电话普及率 C_{421}	0.0046
			城市燃气普及率 C_{422}	0.0026
			每万人拥有公共交通车辆 C_{423}	0.0017
			每万人拥有公共厕所 C_{424}	0.0011
		就业收入水平 C_{43}（0.0374）	失业保险使用率 C_{431}	0.0014
			全体居民人均可支配收入 C_{432}	0.0198
			全体居民人均消费支出 C_{433}	0.0162
	生态治理 B_5（0.2346）	环境治理能力 C_{51}（0.2156）	化学需氧量排放量 C_{511}	0.1585
			工业污染治理完成投资 C_{512}	0.0310
			生活垃圾清运量 C_{513}	0.0065
			生活垃圾无害化处理率 C_{514}	0.0010
			道路清扫保洁面积 C_{515}	0.0114
			城市污水日处理能力 C_{516}	0.0072

续表

目标层	一级指标（权重）	要素指标（权重）	二级指标	权重
国家治理现代化水平 A	生态治理 B_5（0.2346）	生态平衡 C_{52}（0.019）	人均公园绿地面积 C_{521}	0.0013
			水土流失治理面积 C_{522}	0.0044
			造林总面积 C_{523}	0.0133

5.2.4 计算国家治理现代化测度指数

根据表 5 - 1 中全国 2021 年的规范化数据和表 5 - 3 的权重数据，运用加权平方平均算子和混合平均复合集结算子分别计算国家治理现代化一级指标测度指数和综合测度指数，确定的国家治理现代化指数如表 5 - 4 所示。

表 5 - 4　　　　　　　　国家治理现代化测度指数

一级指标	经济治理	政治治理	文化治理	社会治理	生态治理
指数	0.5595	0.3050	0.2856	0.3137	0.2155
排名	1	3	4	2	5
综合指数	0.3920				

5.3　基于省份数据的省域治理现代化水平测度指数分析

根据《中国统计年鉴》和 CSS 调查数据构建全国 31 个省份（不包含香港、澳门和台湾地区）从 2012～2021 年的面板数据，数据统计结果显示新疆地区缺少 CSS 调查数据，西藏地区在突发事件、公共安全、科学技术等方面指标数据不全，同时考虑到新疆和西藏地区的地理位置偏僻、经济发展缓慢及政策倾斜等问题，本研究未将新疆和西藏地区纳入研究范围。

5.3.1 数据规范化处理

为了更好地反映省域治理现代化水平，本节利用各省、自治区、直辖市 2021 年的指标数据，对省域治理现代化发展水平进行评价。根据 2021年 29 个省、自治区、直辖市的指标原始数据（见附录），利用线性变换法对其进行规范化处理，得到评价指标的规范化数据如表 5 - 5 所示。

表 5 - 5 全国 29 个省份 2021 年评价指标规范化数据

省份	C_{111}	C_{112}	C_{121}	C_{122}	C_{123}	C_{124}	C_{125}
北京	1.00000	0.40496	1.00000	1.00000	1.00000	1.00000	0.71500
天津	0.99238	0.36641	0.98241	0.80220	0.83056	1.00000	0.58611
河北	1.00000	0.20408	1.00000	0.89286	1.00000	1.00000	0.96599
山西	1.00000	0.56129	1.00000	0.81481	1.00000	0.89195	0.99142
内蒙古	1.00000	0.88288	0.91142	0.98684	0.98768	0.38784	0.51228
辽宁	0.78159	0.19697	0.91108	1.00000	0.65930	1.00000	0.99656
吉林	0.90766	0.85271	0.95785	1.00000	0.82045	0.22810	0.66096
黑龙江	0.88721	0.55172	0.93788	1.00000	0.92773	1.00000	0.41174
上海	1.00000	0.76923	1.00000	0.86260	0.99139	1.00000	0.95232
江苏	1.00000	0.29293	1.00000	0.94545	1.00000	1.00000	1.00000
浙江	1.00000	0.59669	1.00000	0.79866	1.00000	1.00000	1.00000
安徽	1.00000	0.45854	1.00000	0.86806	1.00000	1.00000	1.00000
福建	1.00000	0.28846	1.00000	0.96721	1.00000	1.00000	1.00000
江西	1.00000	0.47368	0.95896	1.00000	1.00000	1.00000	0.97038
山东	1.00000	0.33149	1.00000	1.00000	1.00000	1.00000	1.00000
河南	1.00000	0.24194	1.00000	0.94667	1.00000	1.00000	1.00000
湖北	1.00000	0.77273	1.00000	0.95575	0.98525	1.00000	1.00000
湖南	1.00000	0.34043	1.00000	1.00000	0.98477	1.00000	1.00000
广东	1.00000	0.39623	1.00000	0.97414	0.98477	1.00000	1.00000
广西	1.00000	0.53147	1.00000	0.89091	0.98341	1.00000	1.00000
海南	1.00000	0.35052	1.00000	0.75000	1.00000	1.00000	0.83553
重庆	0.96280	0.38608	1.00000	0.99270	1.00000	0.97967	1.00000
四川	1.00000	0.30412	1.00000	0.90647	1.00000	1.00000	1.00000
贵州	0.92980	- 0.10265	1.00000	0.86290	0.77403	1.00000	1.00000
云南	1.00000	0.14981	1.00000	0.87121	0.95242	1.00000	0.95904
陕西	1.00000	- 0.10563	1.00000	0.97541	1.00000	1.00000	1.00000
甘肃	1.00000	0.44758	0.93814	0.88571	1.00000	1.00000	0.87253
青海	1.00000	- 0.13182	1.00000	1.00000	0.95234	0.17767	0.68348
宁夏	1.00000	0.08907	1.00000	0.83036	0.85244	1.00000	1.00000

续表

省份	C_{126}	C_{211}	C_{212}	C_{213}	C_{214}	C_{215}	C_{216}
北京	1.00000	0.75000	0.91694	0.77019	1.00000	0.69301	0.87375
天津	1.00000	0.80912	0.62500	0.58726	1.00000	0.71038	0.73854
河北	1.00000	0.72032	0.70509	0.58161	1.00000	0.70137	0.78223
山西	1.00000	0.75140	0.81388	0.64011	1.00000	0.73887	0.81132
内蒙古	1.00000	0.95062	0.82405	0.83036	1.00000	0.72953	0.75648
辽宁	1.00000	0.82779	0.81711	0.76716	1.00000	0.76133	0.83386
吉林	1.00000	0.73389	0.68871	0.61224	1.00000	0.74561	0.88040
黑龙江	1.00000	0.82558	0.80441	0.67532	1.00000	0.71788	0.81902
上海	1.00000	0.87234	0.90132	0.80645	1.00000	0.71883	0.83333
江苏	1.00000	0.76246	0.68805	0.63852	1.00000	0.64305	0.74432
浙江	1.00000	0.83976	0.83172	0.70330	1.00000	0.73789	0.82985
安徽	1.00000	0.83143	0.83692	0.78571	1.00000	0.87580	0.97297
福建	1.00000	0.94172	0.83191	0.86486	1.00000	0.86286	0.96215
江西	1.00000	0.68451	0.51961	0.47897	0.92203	0.46714	0.58122
山东	1.00000	0.73153	0.68408	0.60175	1.00000	0.71320	0.76166
河南	1.00000	0.83186	0.81447	0.71591	1.00000	0.75000	0.86624
湖北	1.00000	0.84776	0.79580	0.73563	1.00000	0.77616	0.86667
湖南	1.00000	0.73451	0.76508	0.65964	1.00000	0.71875	0.82474
广东	1.00000	0.82073	0.61928	0.54945	0.91265	0.56164	0.63391
广西	1.00000	0.86402	0.76203	0.74074	1.00000	0.75493	0.88450
海南	1.00000	0.81039	0.87761	0.82873	1.00000	0.93355	1.00000
重庆	1.00000	0.75787	0.63696	0.59100	1.00000	0.59911	0.73196
四川	1.00000	0.81039	0.82670	0.76984	1.00000	0.76280	0.89458
贵州	1.00000	0.87921	0.71223	0.76142	1.00000	0.72139	0.87395
云南	1.00000	0.90173	0.70496	0.77005	1.00000	0.75410	0.92652
陕西	1.00000	0.80000	0.73510	0.65465	1.00000	0.59420	0.76873
甘肃	1.00000	0.82436	0.78248	0.76765	1.00000	0.82935	0.93950
青海	1.00000	0.87366	0.78426	0.85013	1.00000	0.89506	1.00000
宁夏	1.00000	0.72340	0.69059	0.58864	1.00000	0.64356	0.69059

续表

省份	C_{221}	C_{222}	C_{223}	C_{231}	C_{232}	C_{311}	C_{312}
北京	0.67127	0.90654	0.91961	0.47646	1.00000	1.00000	1.00000
天津	0.61153	0.77989	0.70277	0.51889	0.00000	0.92696	0.83572
河北	0.60284	0.82275	0.78515	0.53453	0.00000	1.00000	1.00000
山西	0.65254	0.84524	0.95470	0.57475	0.12500	1.00000	1.00000
内蒙古	0.66588	0.96951	0.90991	0.69402	0.16667	0.99863	1.00000
辽宁	0.64829	0.89362	1.00000	0.59398	1.00000	0.94939	1.00000
吉林	0.54167	0.91850	0.92523	0.68763	0.50000	0.92457	1.00000
黑龙江	0.67680	0.84637	0.84022	0.63856	0.33333	0.99623	1.00000
上海	0.79511	0.90093	0.94516	0.48725	1.00000	1.00000	1.00000
江苏	0.58312	0.80588	0.85455	0.44895	0.41667	1.00000	1.00000
浙江	0.71510	0.87500	0.95114	0.43732	1.00000	1.00000	1.00000
安徽	0.73842	0.91159	1.00000	0.48278	1.00000	1.00000	1.00000
福建	0.79515	0.96942	1.00000	0.48221	1.00000	1.00000	1.00000
江西	0.48184	0.67568	0.67939	0.48459	0.33333	1.00000	1.00000
山东	0.64403	0.79353	0.74408	0.49965	0.33333	1.00000	1.00000
河南	0.75150	0.93968	0.98993	0.54006	0.30769	0.94893	1.00000
湖北	0.67935	0.89538	0.94040	0.47205	0.19048	1.00000	1.00000
湖南	0.68285	0.86957	0.99275	0.49183	0.66667	1.00000	1.00000
广东	0.55329	0.72051	0.68873	0.44154	0.20833	1.00000	1.00000
广西	0.67013	0.88529	0.78667	0.52843	0.37500	1.00000	0.96825
海南	0.98653	0.79167	0.99007	0.55761	0.50000	0.99750	0.91788
重庆	0.56587	0.77941	0.78005	0.49059	0.60000	1.00000	1.00000
四川	0.74074	0.81471	0.89676	0.51257	0.87500	1.00000	1.00000
贵州	0.68571	0.93175	0.91228	0.53309	0.75000	1.00000	1.00000
云南	0.68421	0.91124	0.99668	0.49489	0.20000	0.98389	1.00000
陕西	0.58671	0.91525	0.85256	0.51443	1.00000	1.00000	1.00000
甘肃	0.76923	0.92547	1.00000	0.49197	0.80000	0.99839	0.81134
青海	0.84241	0.99425	1.00000	0.42929	0.20000	0.99928	1.00000
宁夏	0.59170	0.64000	0.81572	0.64066	0.22222	0.95965	1.00000

续表

省份	C_{313}	C_{321}	C_{322}	C_{323}	C_{324}	C_{325}	C_{411}
北京	0.96007	0.78784	0.27297	0.44444	1.00000	1.00000	0.85161
天津	1.00000	0.63807	0.67377	0.76016	1.00000	1.00000	1.00000
河北	1.00000	0.77616	0.40156	0.50708	1.00000	1.00000	1.00000
山西	1.00000	0.86404	0.58884	0.60979	1.00000	1.00000	1.00000
内蒙古	1.00000	0.86808	0.38926	0.64878	1.00000	1.00000	1.00000
辽宁	1.00000	0.88483	0.27297	0.54008	1.00000	1.00000	1.00000
吉林	1.00000	0.83660	0.28632	0.51442	1.00000	1.00000	1.00000
黑龙江	1.00000	0.94946	0.31672	0.40658	1.00000	1.00000	1.00000
上海	0.99167	0.81758	0.74038	0.72394	0.99398	0.97134	0.83636
江苏	0.96660	0.86951	0.46058	0.63083	1.00000	0.97733	1.00000
浙江	0.97337	1.00000	0.64812	0.50690	1.00000	1.00000	1.00000
安徽	1.00000	0.88708	0.03945	0.61637	1.00000	1.00000	1.00000
福建	1.00000	0.92860	0.80434	0.42692	1.00000	1.00000	1.00000
江西	1.00000	0.97482	0.52470	1.00000	1.00000	1.00000	1.00000
山东	1.00000	0.95177	0.92581	0.64712	1.00000	1.00000	1.00000
河南	1.00000	0.86575	0.64702	0.79043	1.00000	1.00000	1.00000
湖北	1.00000	0.88447	0.74426	0.74256	1.00000	1.00000	1.00000
湖南	1.00000	0.90694	1.00000	0.90089	1.00000	1.00000	1.00000
广东	0.92031	0.94816	0.38492	0.56099	1.00000	1.00000	1.00000
广西	1.00000	0.80838	1.00000	1.00000	1.00000	1.00000	1.00000
海南	1.00000	0.66986	0.53409	0.74817	0.67327	1.00000	1.00000
重庆	1.00000	0.98983	1.00000	0.66119	1.00000	1.00000	1.00000
四川	1.00000	0.91800	0.35058	0.84059	1.00000	1.00000	1.00000
贵州	0.97702	1.00000	1.00000	1.00000	1.00000	1.00000	1.00000
云南	1.00000	0.83337	0.91508	0.48842	1.00000	1.00000	1.00000
陕西	1.00000	1.00000	0.33641	0.40953	1.00000	1.00000	1.00000
甘肃	1.00000	0.93532	0.51597	0.78173	1.00000	1.00000	1.00000
青海	1.00000	0.80536	0.93113	0.39829	1.00000	1.00000	1.00000
宁夏	1.00000	0.82875	0.08302	0.57957	1.00000	1.00000	1.00000

续表

省份	C_{412}	C_{413}	C_{414}	C_{415}	C_{416}	C_{421}	C_{422}
北京	1.00000	0.93636	1.00000	0.66667	0.99047	0.95793	1.00000
天津	1.00000	1.00000	1.00000	0.90909	1.00000	1.00000	1.00000
河北	1.00000	0.86949	1.00000	0.90119	1.00000	1.00000	1.00000
山西	1.00000	1.00000	1.00000	1.00000	1.00000	1.00000	0.99189
内蒙古	1.00000	1.00000	1.00000	0.96471	1.00000	1.00000	1.00000
辽宁	1.00000	1.00000	1.00000	0.99213	1.00000	1.00000	0.99099
吉林	1.00000	1.00000	1.00000	1.00000	1.00000	1.00000	1.00000
黑龙江	0.99200	1.00000	1.00000	1.00000	1.00000	0.99669	1.00000
上海	1.00000	1.00000	1.00000	1.00000	1.00000	1.00000	1.00000
江苏	1.00000	1.00000	0.99781	1.00000	0.91133	0.95007	1.00000
浙江	1.00000	0.96459	1.00000	0.78788	1.00000	0.90712	1.00000
安徽	1.00000	0.97507	1.00000	1.00000	1.00000	1.00000	1.00000
福建	1.00000	0.79964	1.00000	1.00000	1.00000	0.96978	1.00000
江西	1.00000	1.00000	1.00000	1.00000	1.00000	1.00000	1.00000
山东	1.00000	0.89918	1.00000	0.63830	1.00000	1.00000	0.99749
河南	1.00000	0.94768	1.00000	0.98347	1.00000	1.00000	1.00000
湖北	1.00000	1.00000	1.00000	1.00000	0.99389	1.00000	1.00000
湖南	1.00000	1.00000	1.00000	1.00000	1.00000	1.00000	1.00000
广东	1.00000	0.98665	0.91815	1.00000	0.99985	1.00000	0.99263
广西	1.00000	0.70007	1.00000	1.00000	1.00000	1.00000	1.00000
海南	1.00000	1.00000	1.00000	0.95652	1.00000	0.94468	1.00000
重庆	1.00000	1.00000	1.00000	1.00000	1.00000	0.99168	1.00000
四川	1.00000	1.00000	1.00000	1.00000	0.99733	0.98927	1.00000
贵州	1.00000	1.00000	1.00000	0.93103	1.00000	0.99168	0.95389
云南	1.00000	1.00000	1.00000	0.98276	0.96999	1.00000	0.99683
陕西	1.00000	0.79777	1.00000	0.95200	1.00000	0.99588	1.00000
甘肃	1.00000	1.00000	1.00000	0.98913	0.79597	1.00000	1.00000
青海	1.00000	1.00000	1.00000	1.00000	0.97149	1.00000	0.99778
宁夏	0.99758	1.00000	1.00000	1.00000	0.77428	0.93299	1.00000

续表

省份	C_{423}	C_{424}	C_{431}	C_{432}	C_{433}	C_{511}	C_{512}
北京	0.61959	1.00000	0.84619	1.00000	1.00000	0.81930	0.04053
天津	0.63697	1.00000	0.77014	1.00000	1.00000	0.24356	0.04197
河北	0.73924	0.88756	0.59980	1.00000	1.00000	0.14577	0.09675
山西	0.91327	1.00000	0.75044	1.00000	1.00000	0.17724	0.13691
内蒙古	0.85603	0.93006	0.79863	1.00000	1.00000	0.07678	0.42667
辽宁	0.90325	0.97561	1.00000	1.00000	1.00000	0.10938	0.31597
吉林	0.85830	1.00000	0.40754	1.00000	1.00000	0.10024	0.24081
黑龙江	0.88521	0.83852	0.70286	1.00000	1.00000	0.18241	0.63315
上海	0.64419	0.95113	0.50930	1.00000	1.00000	0.74035	0.21356
江苏	0.84214	0.99527	0.60438	1.00000	1.00000	0.39677	0.12101
浙江	0.78086	0.71292	1.00000	1.00000	1.00000	0.41348	0.25969
安徽	0.82513	1.00000	0.61499	1.00000	1.00000	0.26983	0.39780
福建	0.72808	1.00000	0.82959	1.00000	1.00000	0.45179	0.26941
江西	0.66056	1.00000	0.63672	1.00000	1.00000	0.28913	0.42527
山东	0.88081	1.00000	0.79576	1.00000	1.00000	0.17641	0.26610
河南	0.76807	1.00000	0.59076	1.00000	1.00000	0.16589	0.11513
湖北	0.77194	0.93885	0.80270	1.00000	1.00000	0.17072	0.37526
湖南	0.66722	1.00000	0.67869	1.00000	1.00000	0.20221	0.40392
广东	0.71111	1.00000	0.94427	1.00000	1.00000	0.40157	0.90562
广西	0.78015	0.63519	0.61074	1.00000	1.00000	0.31883	0.48391
海南	0.96972	0.77446	0.89423	1.00000	1.00000	0.26150	0.19752
重庆	0.81072	0.99666	1.00000	1.00000	1.00000	0.15228	0.26188
四川	0.61892	1.00000	0.22290	1.00000	1.00000	0.23973	0.33144
贵州	0.74208	1.00000	0.82150	1.00000	1.00000	0.10215	0.50010
云南	0.75588	0.89375	0.78992	1.00000	1.00000	0.15512	0.29297
陕西	0.69760	0.87879	0.78678	1.00000	1.00000	0.19393	0.15426
甘肃	0.79745	1.00000	0.54050	1.00000	1.00000	0.08997	0.25493
青海	0.76988	0.81944	0.43303	1.00000	1.00000	0.24811	0.12287
宁夏	0.70446	1.00000	0.85889	1.00000	1.00000	0.35469	0.23944

续表

省份	C_{513}	C_{514}	C_{515}	C_{516}	C_{521}	C_{522}	C_{523}
北京	0.77556	1.00000	1.00000	1.00000	1.00000	1.00000	0.54093
天津	1.00000	1.00000	1.00000	1.00000	0.68834	1.00000	0.32648
河北	0.98241	1.00000	0.93137	1.00000	0.98954	0.95875	0.30183
山西	0.97666	1.00000	1.00000	1.00000	1.00000	1.00000	0.97544
内蒙古	0.92596	1.00000	0.96812	0.99798	1.00000	1.00000	0.33900
辽宁	1.00000	1.00000	0.96633	1.00000	1.00000	0.88889	0.22929
吉林	0.87827	1.00000	0.99555	1.00000	1.00000	0.81383	0.52990
黑龙江	0.73513	1.00000	0.99674	0.61883	1.00000	1.00000	0.58959
上海	1.00000	1.00000	0.91916	1.00000	0.99669	0.00000	1.00000
江苏	1.00000	1.00000	1.00000	0.93492	1.00000	0.80534	0.04919
浙江	1.00000	1.00000	1.00000	1.00000	0.91732	0.99503	0.19995
安徽	1.00000	1.00000	1.00000	1.00000	0.97379	0.98841	0.22259
福建	0.93610	1.00000	1.00000	1.00000	0.99867	1.00000	0.38192
江西	1.00000	1.00000	1.00000	1.00000	1.00000	1.00000	0.83345
山东	0.99003	1.00000	0.96744	1.00000	1.00000	0.95856	0.05254
河南	0.97642	1.00000	1.00000	1.00000	1.00000	0.91819	0.56735
湖北	1.00000	1.00000	1.00000	1.00000	1.00000	1.00000	0.29272
湖南	1.00000	1.00000	1.00000	1.00000	1.00000	1.00000	0.26224
广东	0.98245	1.00000	1.00000	1.00000	0.96728	1.00000	0.14509
广西	1.00000	1.00000	1.00000	1.00000	1.00000	1.00000	0.78600
海南	1.00000	1.00000	0.84899	1.00000	0.99616	1.00000	0.38221
重庆	1.00000	0.96600	1.00000	1.00000	0.91947	1.00000	0.38812
四川	1.00000	1.00000	1.00000	1.00000	0.95347	1.00000	0.28311
贵州	1.00000	1.00000	1.00000	1.00000	0.93955	1.00000	0.05223
云南	1.00000	1.00000	1.00000	1.00000	1.00000	1.00000	0.25600
陕西	1.00000	1.00000	1.00000	1.00000	1.00000	0.87786	0.85555
甘肃	1.00000	1.00000	1.00000	1.00000	0.98218	1.00000	0.45365
青海	1.00000	1.00000	1.00000	1.00000	1.00000	1.00000	0.56362
宁夏	0.95969	1.00000	0.96534	1.00000	0.97292	1.00000	0.99268

5.3.2 计算省域治理现代化二级指标权重

对 2012～2021 年全国 29 个省份的原始数据进行规范化和归一化处理，依据 29 个省份 2012～2021 年的归一化数据，利用熵值法计算各省份二级评价指标权重，省域治理现代化二级指标权重如表 5-6 所示。

表 5-6　　　　　　　　省域治理现代化二级指标权重

省份	C_{111}	C_{112}	C_{121}	C_{122}	C_{123}	C_{124}	C_{125}
北京	0.0046	0.0697	0.0014	0.0437	0.0142	0.0231	0.0024
天津	0.0029	0.0749	0.0032	0.0041	0.0039	0.0568	0.0110
河北	0.0062	0.0698	0.0047	0.0371	0.0191	0.2077	0.0028
山西	0.0180	0.1003	0.0002	0.0902	0.0220	0.0783	0.0025
内蒙古	0.0030	0.0353	0.0010	0.0620	0.0022	0.1180	0.0150
辽宁	0.0053	0.0414	0.0003	0.0489	0.0159	0.0602	0.0028
吉林	0.0006	0.0297	0.0003	0.0381	0.0039	0.1673	0.0165
黑龙江	0.0007	0.0480	0.0029	0.0412	0.0008	0.0333	0.0279
上海	0.0090	0.0219	0.0046	0.0281	0.0092	0.0603	0.0007
江苏	0.0057	0.1319	0.0021	0.0264	0.0229	0.1054	0.0063
浙江	0.0161	0.0475	0.0064	0.0015	0.0442	0.2748	0.0154
安徽	0.0058	0.0309	0.0112	0.0438	0.0430	0.1718	0.0110
福建	0.0056	0.1106	0.0040	0.0261	0.0377	0.0958	0.0132
江西	0.0064	0.0188	0.0006	0.0234	0.0622	0.1154	0.0533
山东	0.0055	0.0577	0.0036	0.0467	0.0288	0.1718	0.0054
河南	0.0095	0.0481	0.0027	0.0256	0.0665	0.2224	0.0029
湖北	0.0100	0.0509	0.0107	0.0604	0.0633	0.0867	0.0105
湖南	0.0092	0.0338	0.0197	0.0339	0.0635	0.2056	0.0106
广东	0.0128	0.0185	0.0143	0.0049	0.0718	0.1517	0.0122
广西	0.0028	0.0222	0.0092	0.0307	0.0054	0.4669	0.0044
海南	0.0075	0.0442	0.0154	0.0433	0.0465	0.2235	0.0059
重庆	0.0049	0.0388	0.0040	0.0469	0.0286	0.0553	0.0187
四川	0.0066	0.0522	0.0056	0.0503	0.0496	0.1405	0.0093
贵州	0.0046	0.0522	0.0205	0.0373	0.0298	0.1585	0.0103
云南	0.0029	0.0562	0.0075	0.0545	0.0085	0.0248	0.0266
陕西	0.0128	0.0915	0.0012	0.0702	0.0258	0.0786	0.0026
甘肃	0.0077	0.0620	0.0014	0.0504	0.0123	0.0364	0.0094
青海	0.0032	0.0618	0.0137	0.0554	0.0054	0.0962	0.0091
宁夏	0.0018	0.0574	0.0099	0.0377	0.0305	0.1139	0.0136

续表

省份	C_{126}	C_{211}	C_{212}	C_{213}	C_{214}	C_{215}	C_{216}
北京	0.0531	0.0022	0.0007	0.0022	0.0045	0.0043	0.0025
天津	0.0286	0.0013	0.0071	0.0082	0.0063	0.0077	0.0068
河北	0.0856	0.0025	0.0048	0.0074	0.0050	0.0053	0.0053
山西	0.0685	0.0025	0.0019	0.0064	0.0059	0.0060	0.0048
内蒙古	0.0722	0.0011	0.0029	0.0031	0.0096	0.0153	0.0143
辽宁	0.0798	0.0013	0.0026	0.0036	0.0063	0.0031	0.0026
吉林	0.0307	0.0024	0.0030	0.0054	0.0106	0.0059	0.0039
黑龙江	0.0398	0.0009	0.0020	0.0043	0.0056	0.0050	0.0035
上海	0.0345	0.0005	0.0015	0.0034	0.0063	0.0092	0.0078
江苏	0.0684	0.0025	0.0062	0.0101	0.0109	0.0143	0.0122
浙江	0.0852	0.0013	0.0012	0.0053	0.0076	0.0047	0.0035
安徽	0.0594	0.0009	0.0008	0.0020	0.0042	0.0009	0.0010
福建	0.1122	0.0001	0.0021	0.0027	0.0090	0.0041	0.0041
江西	0.0990	0.0033	0.0086	0.0110	0.0043	0.0139	0.0096
山东	0.0643	0.0029	0.0051	0.0089	0.0133	0.0102	0.0119
河南	0.0899	0.0010	0.0015	0.0030	0.0063	0.0043	0.0034
湖北	0.1069	0.0009	0.0023	0.0034	0.0050	0.0048	0.0041
湖南	0.0519	0.0022	0.0016	0.0044	0.0028	0.0031	0.0012
广东	0.0681	0.0012	0.0082	0.0123	0.0094	0.0151	0.0128
广西	0.0714	0.0007	0.0033	0.0035	0.0062	0.0047	0.0049
海南	0.0352	0.0016	0.0009	0.0024	0.0057	0.0014	0.0010
重庆	0.0792	0.0038	0.0138	0.0126	0.0092	0.0179	0.0132
四川	0.0654	0.0016	0.0018	0.0032	0.0060	0.0053	0.0044
贵州	0.0426	0.0004	0.0038	0.0027	0.0083	0.0085	0.0081
云南	0.0685	0.0004	0.0064	0.0041	0.0095	0.0067	0.0042
陕西	0.0727	0.0016	0.0032	0.0053	0.0040	0.0075	0.0024
甘肃	0.0677	0.0012	0.0030	0.0025	0.0061	0.0012	0.0020
青海	0.0898	0.0014	0.0031	0.0021	0.0133	0.0038	0.0061
宁夏	0.0817	0.0019	0.0032	0.0068	0.0067	0.0066	0.0057

续表

省份	C_{221}	C_{222}	C_{223}	C_{231}	C_{232}	C_{311}	C_{312}
北京	0.0065	0.0003	0.0056	0.0202	0.1750	0.0088	0.0134
天津	0.0111	0.0029	0.0131	0.0145	0.2126	0.0016	0.0060
河北	0.0116	0.0019	0.0085	0.0118	0.0920	0.0112	0.0094
山西	0.0092	0.0011	0.0031	0.0135	0.1659	0.0049	0.0095
内蒙古	0.0162	0.0025	0.0087	0.0060	0.1558	0.0037	0.0025
辽宁	0.0072	0.0011	0.0032	0.0117	0.0771	0.0013	0.0108
吉林	0.0115	0.0005	0.0066	0.0066	0.1819	0.0012	0.0143
黑龙江	0.0061	0.0010	0.0071	0.0058	0.3770	0.0003	0.0035
上海	0.0087	0.0007	0.0055	0.0150	0.3667	0.0055	0.0075
江苏	0.0190	0.0040	0.0098	0.0225	0.1618	0.0111	0.0122
浙江	0.0049	0.0012	0.0038	0.0223	0.0618	0.0193	0.0066
安徽	0.0036	0.0007	0.0025	0.0134	0.0681	0.0093	0.0022
福建	0.0066	0.0003	0.0072	0.0226	0.0915	0.0134	0.0301
江西	0.0126	0.0031	0.0101	0.0162	0.1116	0.0113	0.0090
山东	0.0137	0.0033	0.0211	0.0164	0.1292	0.0085	0.0070
河南	0.0039	0.0004	0.0045	0.0161	0.0533	0.0082	0.0098
湖北	0.0085	0.0009	0.0041	0.0240	0.1160	0.0102	0.0269
湖南	0.0041	0.0006	0.0010	0.0159	0.1212	0.0079	0.0048
广东	0.0159	0.0039	0.0129	0.0263	0.1340	0.0206	0.0050
广西	0.0082	0.0011	0.0079	0.0127	0.0532	0.0081	0.0038
海南	0.0008	0.0024	0.0034	0.0071	0.0419	0.0086	0.001
重庆	0.0215	0.004	0.0121	0.0176	0.0800	0.0097	0.0448
四川	0.0058	0.0016	0.0070	0.0137	0.0381	0.0082	0.0065
贵州	0.0088	0.0005	0.0063	0.0097	0.0421	0.0111	0.0044
云南	0.0075	0.0008	0.0060	0.0183	0.1506	0.0106	0.0086
陕西	0.0087	0.0005	0.0041	0.0178	0.1539	0.0054	0.0064
甘肃	0.0025	0.0014	0.0036	0.0216	0.0526	0.0118	0.0036
青海	0.0059	0.0008	0.0080	0.0200	0.0866	0.0065	0.0065
宁夏	0.0140	0.0054	0.0065	0.0061	0.0947	0.0084	0.0050

续表

省份	C_{313}	C_{321}	C_{322}	C_{323}	C_{324}	C_{325}	C_{411}
北京	0.0001	0.0085	0.0703	0.0864	0.0047	0.0029	0.0044
天津	0.0010	0.0073	0.0399	0.0297	0.0070	0.0157	0.0060
河北	0.0026	0.0182	0.0333	0.0199	0.0100	0.0075	0.0063
山西	0.0019	0.0144	0.0188	0.0296	0.0091	0.0111	0.0047
内蒙古	0.0007	0.0039	0.0380	0.0071	0.0083	0.0077	0.0045
辽宁	0.0027	0.0016	0.1284	0.0251	0.0041	0.0038	0.0034
吉林	0.0035	0.0031	0.0321	0.0168	0.0065	0.0085	0.0073
黑龙江	0.0022	0.0011	0.0442	0.0100	0.0063	0.0052	0.0035
上海	0.0003	0.0221	0.0506	0.0094	0.0003	0.0003	0.0054
江苏	0.0023	0.0126	0.0429	0.0122	0.0104	0.0124	0.0061
浙江	0.0007	0.0233	0.0317	0.0275	0.0102	0.0098	0.0037
安徽	0.0025	0.0011	0.2703	0.0093	0.0131	0.0103	0.0083
福建	0.0021	0.0180	0.0125	0.0321	0.0125	0.0129	0.0037
江西	0.0055	0.0179	0.1014	0.0093	0.0051	0.0076	0.0061
山东	0.0039	0.0055	0.0114	0.0137	0.0075	0.0109	0.0037
河南	0.0071	0.0091	0.0385	0.0100	0.0097	0.0068	0.0074
湖北	0.0022	0.0227	0.0176	0.0219	0.0115	0.0072	0.0056
湖南	0.0066	0.0192	0.0289	0.0141	0.0121	0.0103	0.0070
广东	0.0036	0.0339	0.0899	0.0172	0.0088	0.0030	0.0026
广西	0.0075	0.0109	0.0151	0.0101	0.0018	0.0057	0.0055
海南	0.0016	0.0184	0.1189	0.0186	0.0147	0.0002	0.0037
重庆	0.0014	0.0117	0.0678	0.0186	0.0088	0.0048	0.0087
四川	0.0026	0.0100	0.1357	0.0092	0.0032	0.0064	0.0065
贵州	0.0071	0.0114	0.1712	0.0081	0.0021	0.0063	0.0109
云南	0.0093	0.0052	0.1076	0.0243	0.0023	0.0017	0.0158
陕西	0.0012	0.0084	0.0235	0.0397	0.0069	0.0112	0.0072
甘肃	0.0031	0.0101	0.0494	0.0200	0.0080	0.0183	0.0116
青海	0.0027	0.0104	0.0197	0.0387	0.0049	0.0243	0.0063
宁夏	0.0014	0.0081	0.2135	0.0944	0.0016	0.0015	0.0043

续表

省份	C_{412}	C_{413}	C_{414}	C_{415}	C_{416}	C_{421}	C_{422}
北京	0.0016	0.0060	0.0025	0.0054	0.0064	0.0008	0.0000
天津	0.0015	0.0177	0.0062	0.0012	0.0032	0.0036	0.0000
河北	0.0046	0.0107	0.0005	0.0005	0.0158	0.0039	0.0000
山西	0.0034	0.0173	0.0015	0.0024	0.0085	0.0050	0.0000
内蒙古	0.0039	0.0020	0.0023	0.0002	0.0083	0.0020	0.0004
辽宁	0.0037	0.0165	0.0012	0.0006	0.0034	0.0011	0.0000
吉林	0.0022	0.0111	0.0053	0.0077	0.0045	0.0033	0.0000
黑龙江	0.0030	0.0141	0.0041	0.0057	0.0067	0.0048	0.0002
上海	0.0031	0.0033	0.0003	0.0077	0.0053	0.0031	0.0000
江苏	0.0064	0.0263	0.0010	0.0001	0.0133	0.0024	0.0000
浙江	0.0087	0.0036	0.0003	0.0055	0.0195	0.0010	0.0000
安徽	0.0082	0.0040	0.0005	0.0020	0.0079	0.0059	0.0000
福建	0.0054	0.0217	0.0011	0.0058	0.0132	0.0003	0.0000
江西	0.0082	0.0064	0.0018	0.0147	0.0184	0.0067	0.0000
山东	0.0032	0.0264	0.0003	0.0048	0.0061	0.0025	0.0000
河南	0.0081	0.0102	0.0011	0.0000	0.0179	0.0053	0.0014
湖北	0.0068	0.0230	0.0020	0.0007	0.0019	0.0031	0.0001
湖南	0.0081	0.0324	0.0011	0.0047	0.0102	0.0023	0.0001
广东	0.0062	0.0052	0.0006	0.0011	0.0117	0.0071	0.0000
广西	0.0069	0.0083	0.0046	0.0017	0.0075	0.0076	0.0001
海南	0.0111	0.0134	0.0009	0.0035	0.0142	0.0011	0.0001
重庆	0.0089	0.0030	0.0012	0.0139	0.0042	0.0066	0.0001
四川	0.0067	0.0051	0.0024	0.0012	0.0026	0.0062	0.0002
贵州	0.0082	0.0129	0.0032	0.0048	0.0077	0.0046	0.0013
云南	0.0073	0.0225	0.0017	0.0177	0.0046	0.0063	0.0006
陕西	0.0071	0.0308	0.0014	0.0003	0.0160	0.0038	0.0001
甘肃	0.0084	0.0419	0.0026	0.0041	0.0216	0.0064	0.0012
青海	0.0046	0.0144	0.0030	0.0075	0.0185	0.0021	0.0004
宁夏	0.0031	0.0015	0.0025	0.0072	0.0050	0.0020	0.0006

续表

省份	C_{423}	C_{424}	C_{431}	C_{432}	C_{433}	C_{511}	C_{512}
北京	0.0065	0.0008	0.0349	0.0107	0.0050	0.0650	0.1752
天津	0.0102	0.0429	0.0392	0.0102	0.0072	0.1184	0.0756
河北	0.0019	0.0027	0.0051	0.0108	0.0090	0.1146	0.0793
山西	0.0027	0.0084	0.0031	0.0131	0.0106	0.1374	0.0455
内蒙古	0.0043	0.0131	0.0024	0.0112	0.0050	0.2446	0.0478
辽宁	0.0008	0.0033	0.0283	0.0103	0.0084	0.2477	0.0718
吉林	0.0003	0.0014	0.0277	0.0076	0.0061	0.1722	0.0690
黑龙江	0.0009	0.0013	0.0043	0.0067	0.0066	0.1495	0.0621
上海	0.0051	0.0002	0.0256	0.0104	0.0060	0.0562	0.1025
江苏	0.0013	0.0009	0.0057	0.0144	0.0094	0.0431	0.0411
浙江	0.0015	0.0040	0.0097	0.0146	0.0102	0.0724	0.0342
安徽	0.0015	0.0039	0.0035	0.0125	0.0121	0.0536	0.0271
福建	0.0028	0.0176	0.0013	0.0153	0.0109	0.0500	0.0633
江西	0.0027	0.0176	0.0163	0.0125	0.0119	0.0412	0.0313
山东	0.0015	0.0005	0.0034	0.0116	0.0119	0.1427	0.0290
河南	0.0041	0.0048	0.0108	0.0123	0.0107	0.1305	0.0656
湖北	0.0013	0.0007	0.0019	0.0145	0.0172	0.1254	0.0341
湖南	0.0064	0.0009	0.0032	0.0130	0.0115	0.0961	0.0648
广东	0.0020	0.0003	0.0124	0.0129	0.0106	0.0512	0.0072
广西	0.0010	0.0091	0.0057	0.0098	0.0098	0.0410	0.0581
海南	0.0008	0.0127	0.0010	0.0111	0.0109	0.0723	0.0944
重庆	0.0017	0.0071	0.0100	0.0154	0.0128	0.1726	0.0256
四川	0.0033	0.0036	0.0370	0.0148	0.0132	0.0942	0.0262
贵州	0.0017	0.0102	0.0090	0.0128	0.0117	0.0743	0.0307
云南	0.0021	0.0218	0.0030	0.0158	0.0165	0.1364	0.0452
陕西	0.0026	0.0037	0.0024	0.0165	0.0104	0.1457	0.0463
甘肃	0.0049	0.0107	0.0102	0.0170	0.0164	0.1925	0.1017
青海	0.0010	0.0009	0.0222	0.0139	0.0076	0.1092	0.1236
宁夏	0.0014	0.0013	0.0017	0.0099	0.0074	0.0350	0.0604

续表

省份	C_{513}	C_{514}	C_{515}	C_{516}	C_{521}	C_{522}	C_{523}
北京	0.0043	0.0009	0.0009	0.0116	0.0025	0.0053	0.0179
天津	0.0080	0.0002	0.0045	0.0024	0.0034	0.0057	0.0476
河北	0.0027	0.0011	0.0067	0.0021	0.0002	0.0018	0.0186
山西	0.0017	0.0012	0.0120	0.0136	0.0016	0.0045	0.0022
内蒙古	0.0010	0.0002	0.0086	0.0048	0.0012	0.0025	0.0135
辽宁	0.0008	0.0007	0.0042	0.0050	0.0014	0.0036	0.0315
吉林	0.0003	0.0095	0.0029	0.0090	0.0009	0.0135	0.0269
黑龙江	0.0018	0.0099	0.0028	0.0143	0.0003	0.0059	0.0059
上海	0.0042	0.0007	0.0011	0.0006	0.0017	0.0000	0.0684
江苏	0.0068	0.0001	0.0048	0.0012	0.0004	0.0029	0.0540
浙江	0.0038	0.0000	0.0092	0.0099	0.0004	0.0028	0.0472
安徽	0.0052	0.0001	0.0109	0.0046	0.0010	0.0019	0.0322
福建	0.0137	0.0000	0.0086	0.0039	0.0017	0.0143	0.0563
江西	0.0094	0.0003	0.0175	0.0092	0.0004	0.0013	0.0157
山东	0.0105	0.0000	0.0024	0.0060	0.0002	0.0021	0.0430
河南	0.0040	0.0005	0.0136	0.0104	0.0069	0.0020	0.0081
湖北	0.0048	0.0026	0.0150	0.0101	0.0034	0.0025	0.0293
湖南	0.0041	0.0001	0.0131	0.0044	0.0028	0.0033	0.0202
广东	0.0073	0.0015	0.0077	0.0074	0.0007	0.0048	0.0514
广西	0.0097	0.0000	0.0161	0.0015	0.0010	0.0071	0.0055
海南	0.0152	0.0000	0.0101	0.0048	0.0003	0.0300	0.0163
重庆	0.0119	0.0003	0.0175	0.0113	0.0002	0.0056	0.0118
四川	0.0085	0.0003	0.0199	0.0149	0.0020	0.0054	0.0760
贵州	0.0045	0.0001	0.0357	0.0210	0.0049	0.0062	0.0468
云南	0.0072	0.0009	0.0041	0.0062	0.0011	0.0066	0.0230
陕西	0.0083	0.0003	0.0100	0.0163	0.0004	0.0023	0.0010
甘肃	0.0005	0.0254	0.0194	0.0017	0.0045	0.0043	0.0236
青海	0.0096	0.0011	0.0091	0.0123	0.0017	0.0154	0.0164
宁夏	0.0008	0.0016	0.0048	0.0058	0.0014	0.0027	0.0013

5.3.3　省域治理现代化一级指标权重的计算与分布特征分析

根据权重计算的可叠加原则，依据表5-6，计算省域治理现代化一级指标权重，计算结果如表5-7所示。

表5-7　　　　　　　　省域治理现代化一级指标权重

省份	经济治理	政治治理	文化治理	社会治理	生态治理
北京	0.2122	0.2240	0.1951	0.0850	0.2836
天津	0.1854	0.2916	0.1082	0.1491	0.2658
河北	0.4330	0.1561	0.1121	0.0718	0.2271
山西	0.3800	0.2203	0.0993	0.0807	0.2197
内蒙古	0.3087	0.2355	0.0719	0.0596	0.3242
辽宁	0.2546	0.1198	0.1778	0.0810	0.3667
吉林	0.2871	0.2383	0.0860	0.0845	0.3042
黑龙江	0.1946	0.4183	0.0728	0.0619	0.2525
上海	0.1683	0.4253	0.0960	0.0755	0.2354
江苏	0.3691	0.2733	0.1161	0.0873	0.1544
浙江	0.4911	0.1176	0.1291	0.0823	0.1799
安徽	0.3769	0.0981	0.3181	0.0703	0.1366
福建	0.4052	0.1503	0.1336	0.0991	0.2118
江西	0.3791	0.2043	0.1671	0.1233	0.1263
山东	0.3838	0.2360	0.0684	0.0759	0.2359
河南	0.4676	0.0977	0.0992	0.0941	0.2416
湖北	0.3994	0.1740	0.1202	0.0788	0.2272
湖南	0.4282	0.1581	0.1039	0.1009	0.2089
广东	0.3543	0.2520	0.1820	0.0727	0.1392
广西	0.6130	0.1064	0.0630	0.0776	0.1400
海南	0.4215	0.0686	0.1820	0.0845	0.2434
重庆	0.2764	0.2057	0.1676	0.0936	0.2568
四川	0.3795	0.0885	0.1818	0.1028	0.2474
贵州	0.3558	0.0992	0.2217	0.0990	0.2242
云南	0.2495	0.2145	0.1696	0.1357	0.2307

续表

省份	经济治理	政治治理	文化治理	社会治理	生态治理
陕西	0.3554	0.2090	0.1027	0.1023	0.2306
甘肃	0.2473	0.0977	0.1243	0.1570	0.3736
青海	0.3346	0.1511	0.1137	0.1024	0.2984
宁夏	0.3465	0.1576	0.3339	0.0479	0.1138

5.3.4 计算省域治理现代化一级指标测度指数并分析其分布特征

依据表5-5和表5-6中的数据，采用加权平方平均算子方法计算省域治理现代化一级指标测度指数如表5-8所示。

表5-8 **2021年省域治理现代化一级指标测度指数**

省份	经济治理	政治治理	文化治理	社会治理	生态治理
北京	0.3908	0.4462	0.2397	0.2568	0.2701
天津	0.3324	0.1914	0.2598	0.3562	0.1861
河北	0.5987	0.1765	0.2493	0.2538	0.1354
山西	0.5147	0.1795	0.2545	0.2809	0.2044
内蒙古	0.4333	0.2345	0.1859	0.2362	0.1712
辽宁	0.4513	0.3209	0.2018	0.2840	0.1626
吉林	0.3312	0.2823	0.2075	0.2476	0.2115
黑龙江	0.3707	0.2592	0.1568	0.2430	0.2393
上海	0.3898	0.6337	0.2476	0.2278	0.3347
江苏	0.4957	0.2845	0.2668	0.2843	0.1502
浙江	0.6782	0.2998	0.3004	0.2779	0.2063
安徽	0.5846	0.2907	0.2055	0.2597	0.1827
福建	0.5497	0.3575	0.3170	0.2992	0.2520
江西	0.6011	0.2038	0.3045	0.3348	0.2411
山东	0.5766	0.2654	0.2414	0.2577	0.1652
河南	0.6478	0.1766	0.2645	0.2904	0.2097
湖北	0.6098	0.1809	0.3124	0.2784	0.2222

续表

省份	经济治理	政治治理	文化治理	社会治理	生态治理
湖南	0.6296	0.2652	0.3128	0.3092	0.2090
广东	0.5799	0.2222	0.2994	0.2648	0.2106
广西	0.7685	0.1937	0.2429	0.2529	0.2378
海南	0.6017	0.1721	0.2654	0.2806	0.2619
重庆	0.4900	0.2908	0.3961	0.3047	0.2330
四川	0.5685	0.2438	0.2419	0.2558	0.2553
贵州	0.5311	0.2428	0.4705	0.3074	0.2836
云南	0.4225	0.2086	0.3629	0.3583	0.1865
陕西	0.5114	0.4220	0.2209	0.2966	0.2107
甘肃	0.4295	0.2408	0.2788	0.3742	0.2620
青海	0.4188	0.2169	0.2736	0.2874	0.2510
宁夏	0.5191	0.1888	0.2366	0.2109	0.1606

从表5-8中测度指数来看，29个省份中测度指数均排在前面的是经济治理指标，这与表5-7中省域一级指标权重分布趋势一致，说明省级政府对经济建设的重视促进了经济治理的现代化发展。而生态治理指标的测度指数与指标权重呈反向趋势，即省域一级指标权重中生态文明指标的重要度排在了前三位，而在省域一级指标测度指数中排在了后两位，说明随着2015年中共中央、国务院加快推进生态文明建设，促进可持续发展，构建资源节约型和环境友好型社会思想的提出，省级政府积极响应国家号召，逐步重视对地区生态文明的建设，在生活垃圾处理、道路清扫、城市绿化建设等方面取得了良好进展，但工业污染和生活废水处理仍是主要污染源，国家和各地方政府应继续加强落实对环境污染的治理力度。政治治理、文化治理、社会治理三个方面的现代化建设在不同省份之间的测度指数差异较大，这与各地区的发展重点和区域特色有一定关系。

从省域一级指标测度指数的排序分布来看，北京作为国家首都，是中国的政治中心，其政治建设指标的测度指数明显高于其他指标；河北、河南、广东、山东、四川等地作为中国人口大省，在社会建设方面做得较好；湖南、湖北、广东、广西等地因其浓厚的历史文化底蕴在文化建设和社会建设等方面表现较好；贵州、甘肃、青海、海南、云南等地区因其独特的地理优势在生态文明建设方面相对较好，但因地处偏远，距离政治中心地区较远，在政治治理方面处于劣势。

比较省域治理在经济、政治、文化、社会和生态文明五个方面的差异，可使用均值和方差分析，如图5-1所示，从均值来看，省域之间的一级指标测度指数差异较大，北京、上海等地区处于较高均值水平；从方差来看，大部分省份在经济、政治、文化、社会、生态五个方面的发展差异性较大，呈现发展不均衡趋势，而北京、吉林、黑龙江等地区发展相对均衡，五个一级指标的指数差异波动较小。当然，由于各省份的一级指标的权重不同，只考虑加权算子的测度结果只能体现省域地区的发展重点和发展优势，并不能体现不同维度的指标差异对省域治理现代化水平的综合影响，因此需要使用复合集结算子方法进行深入研究。

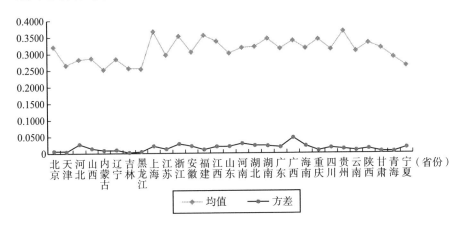

图5-1 省域一级指标测度指数描述性分析

5.3.5 省域治理现代化综合指数的计算及其分布特征分析

(1) 测度指数

由第4章"定理4.28"可知，测度省域治理现代化水平需要根据一级指标现代化水平得分进行排序，然后根据排序确定位置权重，越排在前面的指标越重要，所占比重也越高。根据前面所述，省域一级指标测度指数已知，只需要确定位置权重的取值，即可计算省域治理现代化水平测度指数。

利用模糊综合评价方法，首先将由省域一级指标测度指数和系数权重确定的一级指标得分构建排序向量矩阵，针对29个省域指标得分以及5个一级指标集进行模糊综合评价，使用强调主因素影响的 M(．,∀)算子进行分析，得出反映一级指标重要程度的位置权重值，分别是：0.148、0.162、0.198、0.221、0.271。一级指标得分越高，所占权重比例越大，由此可以确定每个省份的一级指标位置权重，从而利用混合平均复合集结算子计算得到每个省份的治理现代化综合指数，如表5-9所示。

表5-9 省域现代化水平综合测度指数

省份	现代化发展综合指数	排名（位）	省份	现代化发展综合指数	排名（位）	省份	现代化发展综合指数	排名（位）
广西	0.5022	1	湖北	0.3751	11	山西	0.3324	21
上海	0.4474	2	四川	0.3696	12	青海	0.3310	22
浙江	0.4415	3	重庆	0.3679	13	宁夏	0.3247	23
贵州	0.4188	4	广东	0.3616	14	云南	0.3164	24
福建	0.4077	5	山东	0.3596	15	黑龙江	0.3106	25
湖南	0.4058	6	安徽	0.3594	16	内蒙古	0.2994	26
河南	0.4006	7	北京	0.3485	17	辽宁	0.2975	27
海南	0.3954	8	甘肃	0.3479	18	吉林	0.2969	28
江西	0.3776	9	江苏	0.3443	19	天津	0.2757	29
陕西	0.3764	10	河北	0.3394	20			

（2）分布特征

省域治理现代化水平综合指数与表5-4的国家治理现代化水平综合指数相比，形成了三个分布地区，如表5-10所示。分析发现，综合测度指数较低的省份，其一级测度指数的系数权重得分差异较大，即整体发展不均衡，从而拉低了现代化发展水平。综合分析说明，治理的现代化水平强调的是整体发展，有一个发展维度的得分较低，就会拉低整体测度水平。当然过度平均，没有发展优势，也不利于省域整体治理现代化水平的提高。因此，利用复合集结算子方法进行测度能够帮助省域地区找到自己的发展劣势，同时说明省域地区要想提高整体治理现代化水平，既要保证地区发展特色，坚持发展重点，又要强调经济、政治、文化、社会、生态各个方面的均衡性。

表 5 – 10　　　　　省域治理现代化水平综合测度指数分布情况

分布	省份	比较
高于全国水平	上海、浙江、福建、河南、湖南、广西、贵州	>0.4
与全国水平持平	宁夏、青海、甘肃、陕西、云南、四川、重庆、海南、广东、湖北、山东、江西、安徽、江苏、黑龙江、山西、河北、北京	0.3 ~ 0.4
低于全国水平	吉林、辽宁、内蒙古、天津	<0.3

5.4　本章小结

　　本章进行的省域指标测度分析是各省域之间的独立分析，并没有建立统一的指标权重，所以本章的研究重点是以全国数据为比较基准，通过描述性分析，观察省域治理现代化的发展趋势，各省之间并不具备可比性，省域之间的比较分析将在第 8 章进行阐述。本章主要从两个方面进行描述性分析：一是省域治理的一级测度指标，包括经济、政治、文化、社会、生态五个方面，通过对一级测度指标的权重分析和指数分析，找到各个省份的发展优势，分析发现，大部分省份都更侧重经济现代化的发展，北京、天津、辽宁、内蒙古等个别地区关注政治建设或生态文明建设，但权重排序与指数排序并不总是趋于一致，这说明治理政策上的重视与实际实施效果之间存在偏差，省域政府应结合地区特色，有针对性地组织开展各项活动；二是省域治理现代化综合测度指数分析，利用复合集结算子测度方法找到各个省份的发展劣势，分析发现，治理的现代化发展既要强调经济、政治、文化、社会、生态五个维度的均衡发展，又要突出发展优势，省域地区的发展优势能够提高治理现代化水平，而五个维度的均衡发展是为了降低个别指标发展不利带来的负面影响。

第6章

基于云模型–TOPSIS 法的
中国国家治理现代化评价研究

本章在第3章基础上，研究基于改进 TOPSIS 法的中国国家治理现代化评价方法。首先提出了基于正态云特征信息的中国国家治理现代化评价指标组合赋权法；其次探讨了国家治理现代化评价指标的无量纲化方法，建立了基于改进 TOPSIS 法的中国国家治理现代化评价模型；最后通过实例验证所提出方法的可行性。

 云模型相关理论

6.1.1 云模型的概念

定义 6.1 设 O 是一个由数值代表的定量集合，I 为 O 空间中的定性概念，若定量值 $x \in O$，且 x 为定性概念 I 中的一次随机实现，x 对 I 的确定度 $\mu(x) \in [0,1]$ 是具有稳定性倾向的随机数，即：

$$\mu: O \rightarrow [0,1], \forall x \in O, x \rightarrow \mu(x)$$

那么 x 在集合 O 中的分布称为云模型，每一个 x 为一个云滴。

定义 6.2 设 x 是定量集合 O 中的云滴，若 x 满足 $x \sim N(Ex, En'^2)$，

$En' \sim N(En, He^2)$，x 对 I 的确定度满足 $\mu(x) = \exp\left\{ -\dfrac{(x-Ex)^2}{2En'^2} \right\}$，则称 x 在论域 O 上的分布 $C(Ex, En, He)$ 为正态云。

云具有以下性质：

① 论域的维度不唯一。

② 定义中的随机实现，为概率意义下的实现；确定度是指模糊集中的隶属度，同时又具有概率意义下的分布。

③ 关于任意 $x \in O$ 到区间 $[0,1]$ 上的映射都是一对多的变换，对应的确定度并非固定数值，而是一个概率分布。

④ 云由云滴构成，云滴之间没有规律性，每个云滴都是定性概念在量化上的一次实现，云滴量越大，越能体现这个定性概念的总体特点。

⑤ 云滴出现的概率越大，云滴的确定度越大，云滴对概念的贡献越大。

6.1.2 云模型的数字特征

云模型表示自然语言中的基元—语言值，它的数字特征分别为期望（Ex）、熵（En）、超熵（He），云模型利用其数字特征表示语言值的量化特点，以实现集成研究对象模糊性和随机性的目的。如图 6-1 所示，是期望为 $Ex = 10$，$En = 2$，$He = 0.1$ 的云模型示意图。

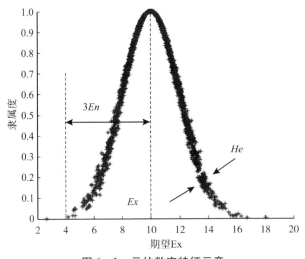

图 6-1　云的数字特征示意

期望 Ex：云滴在论域空间分布的期望值，是在给定集合空间分布上的中心值；期望值是衡量定性概念 C 最典型样本，也是最能代表定性概念的点。

熵 En：反映云滴的取值范围，是用于衡量定性概念 I 的不确定性度量，体现云滴的离散程度，由定性概念的模糊性和随机性共同决定。

超熵 He：表示熵的不确定性程度，即熵的熵，其大小间接反映云滴厚度，是熵的模糊性和随机性的反映（李国、张亚和王怀超，2020；孙永波和张悦，2020）。超熵 He 越大，熵 En 的不确定性程度越高，云滴的离散程度越高，云层厚度也就越大。

6.1.3　云发生器

云模型中定性概念与定量表示间的转换需要通过云发生器来实现。一般来说，云发生器包含正向云发生器、逆向云发生器及 X 条件云发生器（王国胤、李德毅，2012）。

（1）正向云发生器

从定性概念到定量值的映射，即由云模型的数字特征值产生云滴的过程，如图 6-2 所示。

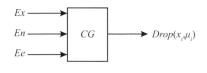

图 6-2　正向云发生器

图 6-2 中 CG 表示正向云发生器，x_i 为云滴，μ_i 为其隶属度。

正向云发生器的算法步骤：

输入：期望值 Ex、熵 En、超熵 He 及云滴数 N；

输出：N 个云滴 x_i 的定量值，以及每个云滴代表定性概念 I 的确定度 μ_i。

① 生成一个期望值为 En，标准差为 He 的正态随机数 En'；

② 生成一个期望值为 Ex，标准差为 En' 的正态随机数 x_i；

③ 计算 $\mu_i = \exp\left\{-\dfrac{(x-Ex)^2}{2En'^2}\right\}$；

④ 令 (x_i, μ_i) 为一个水滴；

⑤ 重复步骤①到步骤④，直到产生满足要求数目的云滴数。

（2）逆向云发生器

从定量值到定向概念的映射，即把精确数据转换为适当的定性语言 (Ex, En, He)，如图 6-3 所示。

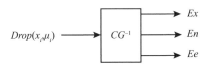

图 6-3 逆向云发生器

图 6-3 中 CG^{-1} 表示逆向云发生器，x_i 为云滴，μ_i 为其隶属度。

逆向云发生器的算法步骤：

输入：N 个云滴 x_i 的定量值，以及每个云滴的确定度 μ_i；

输出：N 个云滴表示的定性概念 I 的期望值 Ex、熵 En、超熵 He。

① 计算得出数据的样本均值 $\bar{X} = \dfrac{1}{n}\sum\limits_{i=1}^{n} x_i$，一阶样本绝对中心矩 $\dfrac{1}{n}\sum\limits_{i=1}^{n} |x_i - \bar{X}|$，样本方差 $S^2 = \dfrac{1}{n-1}\sum\limits_{i=1}^{n} (x_i - \bar{X})^2$；

② 由步骤① 计算 $Ex = \bar{X}$；

③ 同样由步骤① 样本均值可得熵 $En = \sqrt{\dfrac{\pi}{2}} \times \dfrac{1}{n}\sum\limits_{i=1}^{n} |x_i - \bar{X}|$；

④ 由步骤① 的样本方差和步骤③ 的熵，可得超熵 $He = \sqrt{|En^2 - S^2|}$。

（3）X 条件云发生器

在给定集合的数域空间里，已知云的 3 个数字特征值 Ex、En、He，且包含特定条件 $x = x_0$，则称作 X 条件云发生器，如图 6-4 所示。

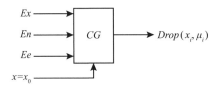

图 6-4 X 条件云发生器

6.1.4　云的代数运算

设某论域上有两朵云 $C_1(Ex_1, En_1, He_1)$、$C_2(Ex_2, En_2, He_2)$，其熵和超熵均不小于 0，代数运算结果为 $C(Ex, En, He)$，则其运算法则为（李德毅和杜鹢，2014）：

① 加法运算：$Ex = Ex_1 + Ex_2$，$En = \sqrt{En_1^2 + En_2^2}$，$He = \sqrt{He_1^2 + He_2^2}$；

② 减法运算：$Ex = Ex_1 - Ex_2$，$En = \sqrt{En_1^2 + En_2^2}$，$He = \sqrt{He_1^2 + He_2^2}$；

③ 乘法运算：$Ex = Ex_1 \times Ex_2$，$En = \sqrt{En_1^2 \times Ex_2^2 + En_2^2 \times Ex_1^2}$，$He = \sqrt{He_1^2 \times Ex_2^2 + He_2^2 \times Ex_1^2}$；

④ 除法运算：$Ex = Ex_1 \div Ex_2$，$En = \sqrt{En_1^2 \div Ex_2^2 + En_2^2 \div Ex_1^2}$，$He = \sqrt{He_1^2 \div Ex_2^2 + He_2^2 \div Ex_1^2}$。

6.1.5　正态云的距离测度

定义 6.3　设某论域上有两朵云 $C_1(Ex_1, En_1, He_1)$、$C_2(Ex_2, En_2, He_2)$，则定义两朵云的欧几里得距离为：

$$D(C_1, C_2) = \sqrt{(Ex_1 - Ex_2)^2 + (En_1 - En_2)^2 + (He_1 - He_2)^2} \quad (6.1)$$

 国家治理现代化评价指标的组合赋权法

多属性决策问题具有指标间的不可公度性及各个指标间重要程度的差异性，前者可以通过数据预处理减少属性值带来的误差，而后者主要通过权（weight，权重）来解决。权是指标重要性的数量化表示，合理地确定和适当调整指标权重，是在指标体系中体现决策者偏好的重要途径。本小节将提出基于云模型不确定度和偏差最大化模型的中国国家治理现代化评价指标的组合赋权法。

对于国家治理现代化评价问题，假设有 m 个研究对象 $Y_1, Y_2, \cdots, Y_m$，n 个评价指标 $X_1, X_2, \cdots, X_n$ 构成评价指标集 $\{X_1, X_2, \cdots, X_n\}$，$X = (x_{ij})_{m \times n}$ 为经过规范化处理后的决策矩阵，而 $C_{ij} = (Ex_{ij}, En_{ij}, He_{ij})$ 为用云模型表示的评价对象 Y_i 在评价指标 X_j 的取值信息。

6.2.1　基于云模型不确定度的指标赋权法

在云模型 $C(Ex, En, He)$ 的数字特征中，期望 Ex 表示衡量定性概念的最典型样本，也是最能代表定性概念的点；而熵 En 和超熵 He 用于描述定性概念的不确定性度量，其中超熵 He 是熵 En 的不确定性度量，一个定性概念能够被普遍接受的程度越高，则超熵 He 越小；如果超熵 He 取值为 0，则数据样本对定性概念的确定度是确定的，此时正态分布云退化为一般正态分布（龚艳冰、徐续堪和刘高峰，2021）。对于评价指标的云样本数据来说，其不确定度越大，意味着数据波动范围越大，该指标在国家治理现代化评价中的重要性也就越大。所以云评价信息的不确定度可以在一定程度上反映评价指标的重要程度。

定义 6.4　正态云模型 $C(Ex, En, He)$ 的不确定度定义为：

$$\psi(C) = 1 - \frac{En}{En + \theta_0 He} \tag{6.2}$$

其中，θ_0 满足：$0 \leqslant \theta_0 \leqslant 1$，为超熵对正态云不确定度的影响因子。

本研究基于以往文献（王洪利和冯玉强，2005）关于熵和超熵权重的分配方法，取 $\theta_0 = 0.618$。

定理 6.1　正态云模型 $C(Ex, En, He)$ 的不确定度 $\psi(C)$ 具有下列性质：

① 对任意正态云模型 $C(Ex, En, He)$，均有 $0 \leqslant \psi(C) \leqslant 1$；

② 当超熵 $He = 0$ 时，不确定度 $\psi(C) = 0$；

③ 如果两朵正态云 $C_1(Ex_1, En_1, He_1)$、$C_2(Ex_2, En_2, He_2)$ 相同，则一定有 $\psi(C_1) = \psi(C_2)$。

当指标权重未知情形下，正态云模型的不确定度越大，表明相应属性的重要性程度越高，对应的属性权重也就越大。若用 ψ_{ij} 表示云模型表示的评价对象 Y_i 在评价指标 X_j 的取值 x_{ij} 的不确定度：

$$\psi_{ij} = 1 - \frac{En_{ij}}{En_{ij} + \theta_0 He_{ij}} \tag{6.3}$$

则此时，确定指标权重的问题就转化为求解以下数学规划模型：

$$\begin{cases} \max D(\omega) = \sum_{j=1}^{n} \sum_{i=1}^{m} \psi_{ij} \omega_j \\ \text{s. t. } \sum_{j=1}^{n} \omega_j^2 = 1, \omega_j \geqslant 0 (j = 1, 2, \cdots, n) \end{cases} \tag{6.4}$$

为了求解上述最优化模型，可构造拉格朗日（Lagrange）函数：

$$L(\omega, \lambda) = \sum_{j=1}^{n} \sum_{i=1}^{m} \psi_{ij} \omega_j + \frac{\lambda}{2} (\sum_{j=1}^{n} \omega_j^2 - 1) \tag{6.5}$$

对其求偏导数，并令偏导数等于 0，有：

$$\begin{cases} \dfrac{\partial L}{\partial \omega_j} = \sum_{i=1}^{m} \psi_{ij} - \lambda \omega_j = 0 \\ \dfrac{\partial L}{\partial \lambda} = (\sum_{j=1}^{n} \omega_j^2 - 1) = 0 \end{cases} \tag{6.6}$$

解之可得

$$\omega_j^* = \frac{\sum_{i=1}^{m} \psi_{ij}}{\sqrt{\sum_{j=1}^{n} \left[\sum_{i=1}^{m} \psi_{ij}\right]^2}} \tag{6.7}$$

对 ω_j^* 进行归一化处理，可得国家治理现代化评价指标的权重：

$$w_j^{(1)} = \frac{\sum_{i=1}^{m} \psi_{ij}}{\sum_{j=1}^{n} \sum_{i=1}^{m} \psi_{ij}} \quad (j = 1, 2, \cdots, n) \tag{6.8}$$

6.2.2　基于偏差最大化的指标赋权方法

基于云模型的多属性决策分析，通常是对评价对象或评价方案在各指标的综合属性值进行排序比较。如果所有评价对象在指标 $X_j(j = 1, 2, \cdots, n)$ 下的属性值差异越小，则说明该指标对评价对象决策与排序所起的作用越小；反之，如果评价指标 $X_j(j=1,2,\cdots,n)$ 能使所有评价对象的属性值有较大差异，则说明它对评价对象决策与排序起重要作用。所以，从对决策方案进行排序的角度考虑，方案属性值偏差越大的指标应该赋予越大的权重。特别地，如果所有方案在指标 $X_j(j=1,2,\cdots,n)$ 下的属性值无差异，则指标 $X_j(j=1,2,\cdots,n)$ 对方案排序将不起作用，可令其权重为 0。

对于评价指标 $X_j(j=1,2,\cdots,n)$，用 $D_{ij}(\omega)$ 表示评价对象 Y_i 与其他评价对象 Y_k 之间的距离，则可定义：

$$D_{ij}(\omega) = \sum_{k=1}^{m} d(x_{ij}, x_{kj}) \omega_j$$

$$= \sum_{k=1}^{m} \omega_j \sqrt{(Ex_{ij} - Ex_{kj})^2 + (En_{ij} - En_{kj})^2 + (He_{ij} - He_{kj})^2}$$

其中，$i=1,2,\cdots,m; j=1,2,\cdots,n$。

$$令 D_j(\omega) = \sum_{i=1}^{m} D_{ij}(\omega) = \sum_{i=1}^{m} \sum_{k=1}^{m} \omega_j \sqrt{\begin{array}{l}(Ex_{ij} - Ex_{kj})^2 + (En_{ij} - En_{kj})^2 \\ + (He_{ij} - He_{kj})^2\end{array}},$$

则 $D_j(\omega)$ 表示对评价指标 $X_j(j=1,2,\cdots,n)$ 而言，所有评价对象与其他评价对象的总离差。根据上述分析，权重向量 $\omega = (\omega_1, \omega_2, \cdots, \omega_n)^T$ 的选择应是所有评价指标对所有评价对象的总离差最大。为此构建以下目标函数：

$$\max D(\omega) = \sum_{j=1}^{n} D_j(\omega)$$

$$= \sum_{j=1}^{n} \sum_{i=1}^{m} \sum_{k=1}^{m} \omega_j \sqrt{(Ex_{ij} - Ex_{kj})^2 + (En_{ij} - En_{kj})^2 + (He_{ij} - He_{kj})^2}$$

$$(6.9)$$

此时，求解评价指标的权重向量 $\omega = (\omega_1, \omega_2, \cdots, \omega_n)^T$ 就转化为求解下列规划模型：

$$\begin{cases} \max D(\omega) = \sum_{j=1}^{n} D_j(\omega) \\ \qquad = \sum_{j=1}^{n} \sum_{i=1}^{m} \sum_{k=1}^{m} \omega_j \sqrt{(Ex_{ij} - Ex_{kj})^2 + (En_{ij} - En_{kj})^2 + (He_{ij} - He_{kj})^2} \\ s.t. \sum_{j=1}^{n} \omega_j^2 = 1, \omega_j \geqslant 0 (j=1,2,\cdots,n) \end{cases}$$

$$(6.10)$$

为了求解上述规划模型，可构造拉格朗日（Lagrange）函数：

$$L(\omega,\lambda) = \sum_{j=1}^{n} \sum_{i=1}^{m} \sum_{k=1}^{m} \omega_j \sqrt{(Ex_{ij} - Ex_{kj})^2 + (En_{ij} - En_{kj})^2 + (He_{ij} - He_{kj})^2}$$

$$+ \frac{\lambda}{2}(\sum_{j=1}^{n} \omega_j^2 - 1) \tag{6.11}$$

对其求偏导数，并令偏导数等于 0，有：

$$\begin{cases} \dfrac{\partial L}{\partial \omega_j} = \sum_{i=1}^{m} \sum_{k=1}^{m} \sqrt{(Ex_{ij} - Ex_{kj})^2 + (En_{ij} - En_{kj})^2 + (He_{ij} - He_{kj})^2} + \lambda\omega_j = 0 \\[3mm] \dfrac{\partial L}{\partial \lambda} = \dfrac{1}{2}(\sum_{j=1}^{n} \omega_j^2 - 1) = 0 \end{cases}$$

$$\tag{6.12}$$

解之可得：

$$\omega_j^* = \frac{\sum\limits_{i=1}^{m} \sum\limits_{k=1}^{m} \sqrt{(Ex_{ij} - Ex_{kj})^2 + (En_{ij} - En_{kj})^2 + (He_{ij} - He_{kj})^2}}{\sqrt{\sum\limits_{j=1}^{n} \left[\sum\limits_{i=1}^{m} \sum\limits_{k=1}^{m} \sqrt{(Ex_{ij} - Ex_{kj})^2 + (En_{ij} - En_{kj})^2 + (He_{ij} - He_{kj})^2} \right]}}$$

$$\tag{6.13}$$

对 ω_j^* 进行归一化处理，可得属性权重：

$$\omega_j^{(2)} = \frac{\sum\limits_{i=1}^{m} \sum\limits_{k=1}^{m} \sqrt{(Ex_{ij} - Ex_{kj})^2 + (En_{ij} - En_{kj})^2 + (He_{ij} - He_{kj})^2}}{\sum\limits_{j=1}^{n} \sum\limits_{i=1}^{m} \sum\limits_{k=1}^{m} \sqrt{(Ex_{ij} - Ex_{kj})^2 + (En_{ij} - En_{kj})^2 + (He_{ij} - He_{kj})^2}}$$

$$\tag{6.14}$$

6.2.3　测度评价国家治理现代化的组合赋权法

为全面、准确反映评价指标的重要程度，本研究采用最小鉴别信息原理（赵书强，2019），将基于云模型不确定度的指标赋权法与基于偏差最大化的指标赋权方法进行组合，得到国家治理现代化评价指标的组合权重。

假设 $\omega = (\omega_1, \omega_2, \cdots, \omega_n)^T$ 为各项指标的组合权重，则依据最小鉴别信

息原理，可以构建如下目标规划模型：

$$
\begin{cases}
\max F(\omega) = \sum_{j=1}^{n} \left[\omega_j \ln \dfrac{\omega_j}{\omega_j^{(1)}} + \omega_j \ln \dfrac{\omega_j}{\omega_j^{(2)}} \right] \\
\text{s. t. } \sum_{j=1}^{n} \omega_j = 1, \omega_j \geqslant 0 (j = 1, 2, \cdots, n)
\end{cases}
$$

为了通过上述最优化模型确定组合权重 $\omega = (\omega_1, \omega_2, \cdots, \omega_n)^T$，可构造拉格朗日（Lagrange）函数：

$$
L(\omega, \lambda) = \sum_{j=1}^{n} \left[\omega_j \ln \frac{\omega_j}{\omega_j^{(1)}} + \omega_j \ln \frac{\omega_j}{\omega_j^{(2)}} \right] + \lambda \left(\sum_{j=1}^{n} \omega_j - 1 \right)
$$

对其求偏导数，并令偏导数等于 0，可得：

$$
\begin{cases}
\dfrac{\partial L}{\partial \omega_j} = 2\ln\omega_j - 2\ln \sqrt{\omega_j^{(2)} \omega_j^{(1)}} + 2 - \lambda = 0 \\
\dfrac{\partial L}{\partial \lambda} = \left(\sum_{j=1}^{n} \omega_j - 1 \right) = 0
\end{cases}
$$

即

$$
\begin{cases}
\ln\omega_j - \ln \sqrt{\omega_j^{(2)} \omega_j^{(1)}} + 1 + \dfrac{1}{2}\lambda = 0 \\
\sum_{j=1}^{n} \omega_j - 1 = 0
\end{cases}
$$

解之可得：

$$
\omega_j = \frac{\sqrt{\omega_j^{(2)} \omega_j^{(1)}}}{\sum_{j=1}^{n} \sqrt{\omega_j^{(2)} \omega_j^{(1)}}} \tag{6.15}
$$

6.3　国家治理现代化评价指标的无量纲化方法

6.3.1　指标无量纲化概述

国家治理现代测度评价是典型的多属性决策问题。测度评价国家治理现代化水平涉及经济、政治、文化、生态多领域的不同类型的评价指标，指标广泛、数据类型多源异构、指标间不可公度。为了便于指标信息的合成与对比，首先要对评价指标进行无量纲化处理。评价指标进行无量纲化处理是国家治理现代化评价的准备工作，目的是消除指标间差异，并使指标取值区间统一化。目前，关于指标无量纲化处理的方法主要分为线性无量纲化方法和非线性无量纲化方法两种类型（詹敏、廖志高和徐玖平，2015），但线性无量纲化方法仍是运用广泛的指标数据处理方法。郭亚军和易平涛（2008）在对常用的线性无量纲化方法进行分析基础上，给出了判断线性无量纲化方法优良性的单调性、差异不变性、平移无关性等六条理想性质，并证明同时具备这六条理想性质的线性无量纲化方法并不存在；詹敏、廖志高和徐玖平（2016）通过对线性无量纲化方法的分类比较，认为不同的线性无量纲化方法均有其适用范围，一般不可能同时适用于处理属性不同而且差异很大的几组数据构成的样本；李玲玉、郭亚军和易平涛（2016）以拉开档次法为例，提出了选取无量纲化方法的变异性、差异性和稳定性三个原则；郭亚军、阮泰学、宫诚举和郑红（2023）在对常用的六种线性无量纲化方法进行扩展的同时，指出选择无量纲化方法应以无量纲化处理后的数据最大限度地保留原始数据信息为原则；樊红艳和刘学录（2010）以兰州市永登县土地开发相关数据为材料，利用相关系数对无量纲化方法进行排序，认为平均化法和比重化法是比较合理的指标无量纲化方法；朱喜安和魏国栋（2015）基于熵值法探讨了无量纲化方法优良标准，最终得到极值化方法是运用熵值法进行综合评价时最好的数据无量纲化方法；李兴奇和高晓红（2022）认为需要根据指标数据的不同分布选择无量纲化方法，对于正态分布、t分布的指标数据，均值化法是最适合的无量纲化方法；陈鹏宇（2021）指出对于不同的综合评价方法，线性无量纲化方法的不同会导致最终排序结果的差异；李伟伟、易平涛和李玲玉（2018）针对综合评价法中存在异常值的情形，讨论了异常值的判断与识别方法，提出一种分段的无量纲化处理方法；岳立柱、许可和施光磊（2020）指出对指标数据进行无量纲化处理需遵循指标数据要映射到同一区间的原则，有效确认指标数据端点是避免逆序的关键性步骤。

　　不难发现，目前关于指标数据无量纲化方法及其运用还存有分歧。本节将基于国家治理现代化评价问题的特点，探讨其指标数据无量纲化方法的选择问题。

6.3.2 国家治理现代化评价问题常用的指标无量纲化方法

假设在考虑国家治理现代化评价这一多属性决策问题时，有 m 个评价对象、n 个评价指标，x_{ij} 表示第 i 个评价对象在第 j 个评价指标的属性值，则国家治理现代化评价问题的原始决策矩阵为 $X = (x_{ij})_{m \times n}$。令 y_{ij} 表示第 i 个评价对象在第 j 个评价指标下经过规范化处理后的属性值，则规范后的决策矩阵为 $Y = (y_{ij})_{m \times n}$。为了叙述方便，假设国家治理现代化评价问题的指标类型均为效益性指标，其取值越大越好。

（1）标准化处理方法

在国家治理现代化评价问题的决策矩阵 $X = (x_{ij})_{m \times n}$ 中，如果令：

$$y_{ij} = \frac{x_{ij} - \bar{x}_j}{s_j} \quad (i = 1, 2, \cdots, m; j = 1, 2, \cdots, n)$$

其中，$\bar{x}_j$、$s_j (j = 1, 2, \cdots, n)$ 分别为国家治理现代化评价问题第 j 个评价指标的平均值和均方差，则称 y_{ij} 为经过标准化处理方法变换后的国家治理现代化评价问题的规范化属性值，矩阵 $Y = (y_{ij})_{m \times n}$ 为国家治理现代化评价问题经过标准化处理后的规范化矩阵。

经过标准化处理法变换后的指标数据，其样本均值为 0、方差为 1，标准化处理法变换后各指标的最大值与最小值一般不相同。

（2）极值变换法

设 M_j、m_j 分别表示国家治理现代化评价问题中第 j 个指标的最大值和最小值，如果令：

$$y_{ij} = \frac{x_{ij} - m_j}{M_j - m_j} \quad (i = 1, 2, \cdots, m; j = 1, 2, \cdots, n)$$

则称 y_{ij} 为经过极值变换后的国家治理现代化评价问题的规范化属性值，矩阵 $Y = (y_{ij})_{m \times n}$ 为国家治理现代化评价问题经过极值变换法处理后的规范化矩阵。

经过极值变换法处理后的规范化指标数据，其最小值为 0、最大值为 1，即取值区间为 $[0, 1]$。但由于不同指标的最大值 M_j 和最小值 m_j 不同，甚至差距很大，使得规范化后的指标数据随最大值 M_j 和最小值 m_j 的变化而波动变化，稳定性较差。

（3）线性比例法

设 x_j' 为国家治理现代化评价问题第 j 个指标下的特定样本函数值，一般取最小值 m_j、最大值 M_j 或者样本均值 $\bar{x}_j$，如果令：

$$y_{ij} = \frac{x_{ij}}{x_j'} \quad (i=1,2,\cdots,m;j=1,2,\cdots,n)$$

则称 y_{ij} 为经过线性比例法处理后的国家治理现代化评价问题的规范化属性值，矩阵 $Y=(y_{ij})_{m\times n}$ 为国家治理现代化评价问题经过线性比例法处理后的规范化矩阵。

经过线性比例法得到的规范化指标数据，其取值范围不固定，当 x_j' 取最小值 m_j 时，y_{ij} 有最小值 1，但无固定的最大值；当 x_j' 取最大值 M_j 时，y_{ij} 有最大值 1，但无固定的最小值；当 x_j' 样本均值 $\bar{x}_j$ 时，y_{ij} 取值无规律性。

（4）归一化处理法

在国家治理现代化评价问题的决策矩阵 $X=(x_{ij})_{m\times n}$ 中，如果令：

$$y_{ij} = \frac{x_{ij}}{\sum\limits_{i=1}^{m} x_{ij}} \quad (i=1,2,\cdots,m;j=1,2,\cdots,n)$$

则称 y_{ij} 为经过归一化处理法后的国家治理现代化评价问题的规范化属性值，矩阵 $Y=(y_{ij})_{m\times n}$ 为国家治理现代化评价问题经过归一化处理法后的规范化矩阵。

经过归一化处理法得到的规范化指标数据，当 $x_{ij}\geqslant 0$ 时，$y_{ij}\in(0,1)$，$\sum\limits_{i=1}^{m} y_{ij}=1$，但无固定的最大值和最小值，也可以看作一个特殊的线性比例法。

（5）向量规范化法

在国家治理现代化评价问题的决策矩阵 $X=(x_{ij})_{m\times n}$ 中，如果令：

$$y_{ij} = \frac{x_{ij}}{\sqrt{\sum\limits_{i=1}^{m} x_{ij}^2}} \quad (i=1,2,\cdots,m;j=1,2,\cdots,n)$$

则称 y_{ij} 为经过向量规范化法处理法后的国家治理现代化评价问题的规范化属性值，矩阵 $Y=(y_{ij})_{m\times n}$ 为国家治理现代化评价问题经过向量规范化法处理后的规范化矩阵。

经过向量规范化法处理的规范化指标数据，当 $x_{ij} \geqslant 0$ 时，$y_{ij} \in (0,1)$，$\sum\limits_{i=1}^{m} y_{ij}^2 = 1$，但无固定的最大值和最小值。

（6）功效系数法

设 M_j'、m_j' 分别表示国家治理现代化评价问题中第 j 个指标的满意值和不容许值，c、d 均为正的常数，如果令：

$$y_{ij} = c + \frac{x_{ij} - m_j'}{M_j' - m_j'} \times d \quad (i = 1, 2, \cdots, m; j = 1, 2, \cdots, n)$$

则称 y_{ij} 为经过功效系数法处理后的国家治理现代化评价问题的规范化属性值，矩阵 $Y = (y_{ij})_{m \times n}$ 为国家治理现代化评价问题经过功效系数法处理后的规范化矩阵。

经过功效系数法处理得到的规范化指标数据，其最小值为 c，最大值为 $c + d$，变换中的常数 c 起平移作用，常数 d 起缩小或放大的作用。

6.3.3　国家治理现代化评价问题的指标无量纲化方法选择

（1）线性无量纲化函数

定义 6.5　若函数 $f: [a,b] \to [0,1]$ 在定义域上连续而且单调，则称 $f(x)$ 为 0-1 线性无量纲化函数。

定理 6.2　若 $f(x)$ 为 $[a,b]$ 上的 0-1 线性无量纲化函数，则有 $f(x) = \frac{1}{b-a}(x-a)$。

证明：　由于 $f(x)$ 是 0-1 线性无量纲化函数，所以 $f(x)$ 是 $[a,b]$ 上连续的线性函数。为讨论方便，不妨假设 $f(x) = \alpha x + \beta$，且 $f(x)$ 为单调增加函数，则：

$$0 = f(a) \leqslant f(x) \leqslant f(b) = 1$$

于是　　　　　　　　$$\alpha a + \beta = 0, \quad \alpha b + \beta = 1$$

解之可得　　　　　　$$\alpha = \frac{1}{b-a}, \quad \beta = \frac{-a}{b-a}$$

即　　　　　　　　　$$f(x) = \frac{1}{b-a}(x-a)$$

定义 6.6　称函数 $f(x) = k(x - a)$ 为线性无量纲化函数，其中 k、a 为已知的常数。

线性无量纲化函数 $f(x)$ 是上述 $0-1$ 线性无量纲化函数的推广形式。不同于 $0-1$ 线性无量纲化函数，线性无量纲化函数 $f(x) = k(x - a)$ 经过规范化的指标数据未必落在 $[0,1]$ 区间。当 $a = 0$ 时，称 $f(x)$ 为伸缩型线性无量纲化函数；当 $k = 1$ 时，称 $f(x)$ 为平移型线性无量纲化函数；当 $a \neq 0$，$k \neq 1$ 时，称 $f(x)$ 为平移—伸缩型线性无量纲化函数。

显然，标准化处理法、极值变换法、功效系数法为平移—伸缩型线性无量纲化方法，线性比例法、归一化处理法、向量规范化法则属于伸缩型线性无量纲化方法。

（2）线性无量纲化方法的选择

在国家治理现代化测度评价问题中，选取的无量纲化方法应保证指标数据的分布不变性、变异特征不变性及方法运用中处理结果的稳定性。分布不变性即经过无量纲化处理不能改变指标数据的分布特征；变异特征不变性即无量纲化处理不改变指标内部数据的变异性；而方法运用中处理结果的稳定性则要求在满足指标数据的分布不变性、变异特征不变性基础上，处理后的指标数据均方差最小。

定理 6.3　线性无量纲化方法不改变指标内数据的分布。

证明：为便于说明问题，以指标数据服从正态分布为例加以证明。

假设 x_{ij} 服从正态分布 $N(\mu, \sigma^2)$，其分布函数和密度函数分别为 $F(x)$ 和 $\varphi(x)$，若经过无量纲化处理后指标内规范数据 y_{ij} 的分布函数与密度函数分别为 $F_1(x)$ 和 $\varphi_1(x)$，则：

$$F_1(y) = P\{y_{ij} \leq y\} = P\{k(x_{ij} - a) \leq y\} = P\left\{x_{ij} \leq a + \frac{y}{k}\right\} = F\left(a + \frac{y}{k}\right)$$

于是　$\varphi_1(y) = F'_1(y) = \left[F\left(a + \frac{y}{k}\right)\right]'_y = F'\left(a + \frac{y}{k}\right)\left(a + \frac{y}{k}\right)'_y = \frac{1}{k}\varphi\left(a + \frac{y}{k}\right)$

因为　$\varphi(x) = \frac{1}{\sqrt{2\pi}\,\sigma}e^{-\frac{(x-\mu)^2}{2\sigma^2}}$

所以

$$\varphi_1(y) = \frac{1}{k} \times \frac{1}{\sqrt{2\pi}\,\sigma}e^{-\frac{(a+\frac{y}{k}-\mu)^2}{2\sigma^2}} = \frac{1}{\sqrt{2\pi}\,(k\sigma)}e^{-\frac{(y+ka-k\mu)^2}{2(k\sigma)^2}} = \frac{1}{\sqrt{2\pi}\,(k\sigma)}e^{-\frac{(y-k(\mu-a))^2}{2(k\sigma)^2}}$$

即 $y_{ij} = k(x_{ij} - a)$ 服从正态分布 $N[k(\mu - a), (k\sigma)^2]$。

同理可证，x_{ij} 服从均匀分布、指数分布的情形。

定理 6.4 伸缩型无量纲化方法不改变指标内部数据的变异系数。

证明： 伸缩型无量纲化函数可以简记为 $y_{ij} = k_j x_{ij}$，$k_j \geqslant 0$，$(i = 1, 2, \cdots, m; j = 1, 2, \cdots, n)$。记 S_j、S_j' 分别表示无量纲化处理前后指标数据的均方差，V_j、V_j' 分别表示无量纲化处理前后指标数据的变异系数，则：

$$\overline{y_j} = \frac{1}{m} \sum_{i=1}^{m} k_j x_{ij} = \frac{k_j}{m} \sum_{i=1}^{m} x_{ij}$$

$$S_j' = \sqrt{\frac{1}{m-1} \sum_{i=1}^{m} (y_{ij} - \overline{y_j})^2} = \sqrt{\frac{k_j^2}{m-1} \sum_{i=1}^{m} (x_{ij} - \overline{x_j})^2} = k_j S_j$$

所以

$$V_j' = \frac{S_j'}{\overline{y_j}} = \frac{k_j S_j}{k_j \overline{x_j}} = \frac{S_j}{\overline{x_j}} = V_j。$$

定义 6.7 设 $f_1(x)$、$f_2(x)$ 为两种不改变指标内部数据变异系数的无量纲化函数，如果经过 $f_1(x)$、$f_2(x)$ 无量纲化处理后指标数据的均方差 S_1 和 S_2 满足 $S_1 \leqslant S_2$，则称 $f_1(x)$ 对应的无量纲化方法比 $f_2(x)$ 对应的无量纲化方法稳定性好。

定理 6.5 当指标数据非负时，常用的三种伸缩型无量纲化方法的稳定性依次为归一化处理法、向量规范化法和线性比例法。

证明： 由定理 6.4 已知，归一化处理法、向量规范化法和线性比例法三种伸缩型无量纲化方法均不改变指标内部数据的变异系数。

如果令 $S_j^{(1)}$、$S_j^{(2)}$、$S_j^{(3)}$ 分别表示利用线性比例法、归一化处理法和向量规范化法处理后的指标数据的均方差，则：

$$S_j^{(1)} = \sqrt{\frac{1}{m-1} \sum_{i=1}^{m} \left(\frac{x_{ij}}{x_j^0} - \frac{\overline{x_j}}{x_j^0}\right)^2} = \sqrt{\frac{1}{m-1} \left(\frac{1}{x_j^0}\right)^2 \sum_{i=1}^{m} (x_{ij} - \overline{x_j})^2} = \frac{1}{|x_j^0|} S_j$$

$$S_j^{(2)} = \sqrt{\frac{1}{m-1} \sum_{i=1}^{m} \left(\frac{x_{ij}}{\sum_{i=1}^{m} x_{ij}} - \frac{\overline{x_j}}{\sum_{i=1}^{m} x_{ij}}\right)^2} = \sqrt{\frac{1}{m-1} \frac{1}{\left(\sum_{i=1}^{m} x_{ij}\right)^2} \sum_{i=1}^{m} (x_{ij} - \overline{x_j})^2}$$

$$= \frac{1}{\sum_{i=1}^{m} x_{ij}} S_j$$

$$S_j^{(3)} = \sqrt{\frac{1}{m-1}\sum_{i=1}^{m}\left(\frac{x_{ij}}{\sqrt{\sum_{i=1}^{m}x_{ij}^2}} - \frac{\overline{x_j}}{\sqrt{\sum_{i=1}^{m}x_{ij}^2}}\right)^2}$$

$$= \sqrt{\frac{1}{m-1}\frac{1}{\left(\sum_{i=1}^{m}x_{ij}^2\right)}\sum_{i=1}^{m}(x_{ij}-\overline{x_j})^2} = \frac{1}{\sqrt{\sum_{i=1}^{m}x_{ij}^2}}S_j$$

由于当指标数据非负时，有 $|x_j^0| \leqslant \sqrt{\sum_{i=1}^{m}x_{ij}^2} \leqslant \sum_{i=1}^{m}x_{ij}$，因此：

$$S_j^{(2)} \leqslant S_j^{(3)} \leqslant S_j^{(1)}$$

也就是说，常用的三种伸缩型无量纲化方法中，归一化处理法的稳定性最好，其次为向量规范化法，线性比例法的稳定性最差。

综上所述，本研究选择归一化处理法对国家治理现代化评价问题的指标数据进行无量纲化处理。但需要指出：上述结果是针对指标类型为效益型指标情形下讨论的，对于成本型指标，可先变倒数再利用归一化处理法进行无量纲化处理；当效益性指标数据中有负数时，相应的指标数据不适合直接用伸缩型无量纲化方法，可先用极值变换法对指标数据处理后再做归一化处理。

6.4 基于改进 TOPSIS 法的中国国家治理现代化评价方法

6.4.1 传统 TOPSIS 法的基本原理与步骤

（1）TOPSIS 法基本原理

TOPSIS 法是逼近理想解的排序方法（technique for order preference by similarity to ideal solution，TOPSIS）的英文缩写，是由黄和尹（Hwang and Yoon）于 1981 年提出的。该方法借助多属性决策问题理想点和负理想点给方案集 X 中各方案排序。其中心思想为：设想一个理想方案（最优方案）和一个负理想方案（最差方案），然后分别计算各方案与正理想方案、负理想方案之间的距离，与理想方案最近且与负理想方案距离最远的方案即为最优方案。

理想方案 Y^+ 是一个方案集 Y 中并不存在的虚拟的最佳方案，它的每个属性值都是决策矩阵中该属性的最好的值；而负理想方案 Y^- 则是虚拟的最差方案，它的每个属性值都是决策矩阵中该属性的最差的值。在 n 维空间中将方案集 Y 中的各备选方案 Y_i 与理想方案 Y^+ 和负理想方案 Y^- 的距离进行比较，既靠近理想方案又远离负理想方案的方案就是方案集 Y 中的最佳方案，并可以据此排定方案集 Y 中各备选方案的优先序。

用理想方案求解多属性决策问题的概念简单，只要在属性空间定义适当的距离测度就能计算备选方案与理想方案，TOPSIS 法所用的距离测度包括 Euclidean 距离、Hamming 距离、Minkowski 距离等。至于既用理想方案又用负理想方案是因为在仅仅使用理想方案时有时会出现某两个备选方案与理想方案的距离相同的情况，为了区分这两个方案的优劣，引入负理想方案并计算这两个方案与负理想方案的距离，与理想方案的距离相同的方案中离负理想方案远者为优（张强，2009）。

（2）传统 TOPSIS 法的步骤

设多属性决策问题有 m 个方案 $Y_i(i=1,2,\cdots,m)$ 组成方案集 $Y=\{Y_1,Y_2,\cdots,Y_m\}$，评价每个方案的属性（或指标）为 $B_j(j=1,2,\cdots,n)$，记属性集为 $B=\{B_1,B_2,\cdots,B_m\}$。如果 f_{ij} 表示方案 $Y_i\in Y$ 在属性 $B_j\in B$ 的评价指标值，矩阵 $F=(f_{ij})_{m\times n}$ 为该多属性决策问题的决策矩阵，则基于 TOPSIS 法的多属性决策方法的步骤如下。

步骤 1 确定多属性决策问题的方案集 $Y=\{Y_1,Y_2,\cdots,Y_m\}$ 和属性集 $B=\{B_1,B_2,\cdots,B_n\}$，构建决策矩阵 $F=(f_{ij})_{m\times n}$，并利用适当的方法将其规范化为 $R=(r_{ij})_{m\times n}$，这里：

$$r_{ij}=\frac{f_{ij}}{\sqrt{\sum_{i=1}^m f_{ij}^2}},i=1,2,\cdots,m,j=1,2,\cdots,n$$

步骤 2 确定理想方案 Y^+ 和负理想方案 Y^-。

设理想方案 Y^+ 的第 j 个属性值为 r_j^+，负理想方案 Y^- 第 j 个属性值为

r_j^-，则：

$$理想方案\ r_j^+ = \begin{cases} \max\limits_i r_{ij}, j\ 为效益型属性 \\ \min\limits_i r_{ij}, j\ 为成本型属性 \end{cases}, \ j = 1, 2, \cdots, n$$

$$负理想方案\ r_j^- = \begin{cases} \max\limits_i r_{ij}, j\ 为成本型属性 \\ \min\limits_i r_{ij}, j\ 为效益型属性 \end{cases}, \ j = 1, 2, \cdots, n$$

步骤3　计算各方案到正理想方案与负理想方案的距离。

以 Euclidean 距离为例，备选方案 Y_i 到正理想方案的距离为：

$$d_i^+ = \sqrt{\sum_{j=1}^n (r_{ij} - r_j^+)^2}, \ i = 1, 2, \cdots, m$$

到负理想方案的距离为：

$$d_i^- = \sqrt{\sum_{j=1}^n (r_{ij} - r_j^-)^2}, \ i = 1, 2, \cdots, m$$

步骤4　计算各方案的相对贴近度：

$$C_i = \frac{d_i^-}{(d_i^- + d_i^+)}, \ i = 1, 2, \cdots, m$$

步骤5　按 C_i 值由大到小排列方案的优劣次序。

（3）传统 TOPSIS 法的不足

传统 TOPSIS 法存在两个不足。首先，传统的 TOPSIS 法并未考虑指标权重。权重是多属性决策问题中的重要参数，用来表达各指标间的相对重要程度；实际上，决策者进行决策时，不同指标的重要程度（即权重）是不同的，每一个指标权重大小的变化都会对评价结果产生直接影响；针对不同指标在多属性决策问题中的作用不同而对指标进行赋权，无论对多属性决策问题本身还是对其决策结果都是不可忽视的重要因素。其次，传统的 TOPSIS 法运用时可能会产生逆序问题（胡永宏，2002；封胜杰，2016；李琦，2014）。所谓逆序问题是指考虑某决策问题时当在原有方案基础上增加若干方案后，原有方案集中有方案 A、方案 B 的排序结果出现相悖的情况。出现这种情况的原因：一是增加若干方案后引起理想方案和负理想方案发生改变，致使各方案到理想方案和负理想方案的距离出现变化，进而导致方案 A、方案 B 的排序结果前后相互矛盾；二是增加若干方案后，由于方案数目的改变引起数据标准化结果的变化，而且这种变化还会引起用熵值法、变异系数法计算得到的指标权重发生改变，最终影响到方案 A、方案 B 贴近度的大小顺序。针对上述问题，有关文献通过垂直距离（华小义和谭景信，2004；张颖、黄卫来和周泉，2010）、灰色关联分析（火明彩，2015）对 TOPSIS 法进行了改进。

为了有效解决国家治理现代化评价过程中的模糊性与随机性问题，本研究运用云模型理论，分别提出了基于云模型不确定度的指标赋权法和基于偏差最大化的指标赋权方法，在此基础上给出了确定国家治理现代化评价指标权重的组合赋权法。由于云特征信息受个别数据影响小，该方法可以最大限度地消除因为增加方案对指标权重计算结果带来的影响。针对逆序问题，本研究的处理思路是将理想方案固定化，即通过分析国家治理现代化评价指标的数据规范化结果，确定各评价指标可能的最大值和最小值，据此将理想方案和负理想方案设定成固定值，这时的理想方案不会随样本数据的变化而变化，从而解决增加方案时原有方案优劣关系会出现相悖的问题。

6.4.2　基于改进 TOPSIS 法的中国国家治理现代化评价方法

（1）国家治理现代化评价问题的一般性描述

假设对中国 m 个地区的国家治理现代化水平进行评价，用 $Y_i(i=1,2,\cdots,m)$ 表示第 i 个被评价对象，所有 $Y_i(i=1,2,\cdots,m)$ 构成方案集 $Y=\{Y_1,Y_2,\cdots,Y_m\}$；评价每个评价对象国家治理现代化水平的一级指标包含 $B_1,B_2,\cdots,B_r$；每个一级指标 $B_j(j=1,2,\cdots,r)$ 又由二级指标 $C_{jk_j}(j=1,2,\cdots,r;k_j=1,2,\cdots,n_j)$ 组成；$\omega=(\omega_1,\omega_2,\cdots,\omega_r)^T$ 表示一级评价指标 $B_j(j=1,2,\cdots,r)$ 的权重向量，满足 $\omega_j\geq0$，且 $\sum_{j=1}^{r}\omega_j=1$；$(\omega_{j1},\omega_{j2},\cdots,\omega_{jn_j})^T$ 为二级指标 $C_{jk_j}(j=1,2,\cdots,r;k_j=1,2,\cdots,n_j)$ 的权重向量，满足 $\omega_{jk_j}\geq0$，且 $\sum_{k_j=1}^{n_j}\omega_{jk_j}=1$；权重向量可由组合赋权方法确定。

如果 $f_{ijk_j}(i=1,2,\cdots,m;j=1,2,\cdots,r;k_j=1,2,\cdots,n_j)$ 表示第 i 个评价对

象 $Y_i(i=1,2,\cdots,m)$ 在二级指标 C_{jk_j} 下的属性值，则 $F_j=(f_{ijk_j})_{m\times n_j}(j=1,2,\cdots,r)$ 为国家治理现代化评价问题关于一级评价指标 $B_j(j=1,2,\cdots,r)$ 的决策矩阵（见表 6–1）。现在的问题是根据决策矩阵 $F_j(j=1,2,\cdots,r)$，如何得到一个基于改进 TOPSIS 法的决策分析方法来对 m 个地区的国家治理现代化状况进行评价。

表 6–1 一级指标 B_j 下的决策矩阵 F_j

评价对象	B_{j1}	B_{j2}	$\cdots$	B_{jn_j}
Y_1	f_{1j1}	f_{1j2}	$\cdots$	f_{1jn_j}
Y_2	f_{2j1}	f_{2j2}	$\cdots$	f_{2jn_j}
$\vdots$	$\vdots$	$\vdots$	$\vdots$	$\vdots$
Y_m	f_{mj1}	f_{mj2}	$\cdots$	f_{mjn_j}

（2）基于改进 TOPSIS 法的国家治理现代化评价步骤

步骤 1 确定国家治理现代化评价问题的方案集 $Y=\{Y_1,Y_2,\cdots,Y_m\}$ 和一级指标集 $B=\{B_1,B_2,\cdots,B_r\}$。

步骤 2 构建国家治理现代化评价问题一级评价指标 B_j 下的决策矩阵 F_j。基于国家治理现代化评价问题的方案集 $Y=\{Y_1,Y_2,\cdots,Y_m\}$，用 f_{ijk_j} 表示方案 $Y_i(i=1,2,\cdots,m)$ 关于二级指标 C_{jk_j} 的评价信息，构建 $Y_i(i=1,2,\cdots,m)$ 关于一级评价指标 $B_j(j=1,2,\cdots,r)$ 的决策矩阵 F_j。

步骤 3 计算国家治理现代化评价问题各二级评价指标的权重。利用决策矩阵 F_j 计算云模型数字特征 Ex、En 和 He，然后运用式（6.8）、式（6.14）、式（6.15）计算各二级评价指标的权重 $\omega_{jk_j}^{(1)}$、$\omega_{jk_j}^{(2)}$ 及 ω_{jk_j}：

$$\omega_{jk_j}^{(1)}=\frac{\sum\limits_{i=1}^{m}\psi_{ijk_j}}{\sum\limits_{k_j}\sum\limits_{i=1}^{m}\psi_{ijk_j}}$$

$$\omega_{jk_j}^{(2)}=\frac{\sum\limits_{i=1}^{m}\sum\limits_{s=1}^{m}\sqrt{(Ex_{ijk_j}-Ex_{sjk_s})^2+(En_{ijk_j}-En_{sjk_j})^2+(He_{ijk_j}-He_{sjk_j})^2}}{\sum\limits_{k_j}\sum\limits_{i=1}^{m}\sum\limits_{s=1}^{m}\sqrt{(Ex_{ijk_j}-Ex_{sjk_j})^2+(En_{ijk_j}-En_{sjk_j})^2+(He_{ijk_j}-He_{sjk_j})^2}}$$

$$\omega_{jk_j}=\frac{\sqrt{\omega_{jk_j}^{(2)}\omega_{jk_j}^{(1)}}}{\sum\limits_{k_j}\sqrt{\omega_{jk_j}^{(2)}\omega_{jk_j}^{(1)}}}$$

这里，$j=1,2,\cdots,r;k_j=1,2,\cdots,n_j$。

步骤 4 对各一级指标下的决策矩阵进行规范化处理。利用归一化处理法对一级指标 B_j 下的决策矩阵 F_j 进行规范化处理，得到其规范化 $F'_j=(f'_{ijk_j})_{m \times n_j}$。

步骤 5 确定国家治理现代化评价问题的规范化决策矩阵。利用加权平方平均算子对各评价方案的二级指标规范化信息集结，得到国家治理现代化评价问题的规范化决策矩阵 F：

$$F=(f_{ij})_{m \times n}$$

其中

$$f_{ij}=\Big[\sum_{k_j=1}^{n_j}w_{jk_j}(f'_{ijk_j})^2\Big]^{\frac{1}{2}},w_{jk_j}=\frac{\omega_{jk_j}}{(\omega_{j1}+\cdots+\omega_{jn_j})}=\frac{\omega_{jk_j}}{\omega_j},\omega_j$$

为一级指标 $B_j(j=1,2,\cdots,r)$ 的权重。

步骤 6 根据决策矩阵 F 确定国家治理现代化评价问题的理想方案 Y^+ 和负理想方案 Y^-。设理想方案 Y^+ 和负理想方案 Y^- 分别表示为：

$$Y^+=(y_1^+,y_2^+,\cdots,y_r^+),Y^-=(y_1^-,y_2^-,\cdots,y_r^-)$$

步骤 7 计算各方案 $Y_i(i=1,2,\cdots,m)$ 到理想方案 Y^+ 和负理想方案 Y^- 的距离 d_i^+ 和 d_i^-。

本研究选择加权 Hamming 距离计算各方案 $Y_i(i=1,2,\cdots,m)$ 到 Y^+ 和 Y^- 的距离：

$$d_i^+=\sum_{j=1}^{r}\omega_j|f_{ij}-y_j^+| \tag{6.16}$$

$$d_i^-=\sum_{j=1}^{r}\omega_j|f_{ij}-y_j^-| \tag{6.17}$$

步骤 8 计算方案 $Y_i(i=1,2,\cdots,m)$ 的贴近度 c_i：

$$c_i=\frac{d_i^-}{d_i^-+d_i^+},i=1,2,\cdots,m \tag{6.18}$$

利用贴近度 c_i 的大小对方案 $Y_i(i=1,2,\cdots,m)$ 进行排序，c_i 越大表明方案 Y_i 离正理想点越近、离负理想点越远，相应的国家治理现代化水平越高。

实例分析

例6.1 考虑国家治理现代化评价问题。现对 5 个地区的政府治理现代化水平进行评价，Y_1, Y_2, Y_3, Y_4, Y_5 代表被评价的 5 个地区，评价指标体系如表 3-11 所示。假设 5 个被评价地区 $Y_i (i = 1,2,3,4,5)$ 2021 年的相关指标数据如表 6-2 ~ 表 6-6 所示，试对 5 个地区政府治理现代化水平进行评价。

表 6-2 2021 年被评价地区的指标原始数据

指标	Y_1	Y_2	Y_3	Y_4	Y_5
C_{111}	5164.64	1621.89	2735.73	8171.3	7171.97
C_{112}	4.9	4.8	3	5.8	10.8
C_{121}	34079	15021	10187	64643	45922
C_{122}	23.5	7.3	7.5	10.4	11.9
C_{123}	449.45	103.97	112.64	671.59	578.6
C_{124}	7005.65	1256.83	747.32	2606.17	1855.78
C_{125}	41496	49404	83401	612676	482140
C_{126}	70538	26326	34240	242423	120873
C_{211}	2.52	2.84	2.73	2.6	2.83
C_{212}	2.76	2.55	2.63	2.36	2.57
C_{213}	2.48	2.49	2.53	2.42	2.56
C_{214}	3.01	3.08	3.05	3.05	3.2
C_{215}	2.28	2.6	2.56	2.36	2.59
C_{216}	2.63	2.74	2.73	2.62	2.78
C_{221}	2.43	2.44	2.55	2.28	2.51
C_{222}	2.91	2.87	3.11	2.74	3.01
C_{223}	2.86	2.79	2.96	2.82	2.92
C_{231}	497.15	215.69	424.99	908.3	729.51
C_{232}	2	0	0	12	6

续表

指标	Y_1	Y_2	Y_3	Y_4	Y_5
C_{311}	1147. 83	479. 25	1628. 81	2563. 41	2039. 52
C_{312}	0. 790068	1. 657283	2. 024387	3. 042013	3. 544329
C_{313}	5313	5153	2926	3531	2632
C_{321}	220. 06	36. 97	127. 08	271. 01	249. 35
C_{322}	3203	3005	1903	9949	14499
C_{323}	1106. 13	1130. 28	1727. 65	6329. 87	4070. 23
C_{324}	1. 52	1. 66	0. 53	1. 31	1. 62
C_{325}	156. 83	317. 7	97. 07	190. 97	238. 85
C_{411}	132	89	75	81	89
C_{412}	13. 03	6. 87	45. 5	54. 86	36. 99
C_{413}	11	12. 8	167. 8	72. 4	59. 3
C_{414}	92. 24121	68. 25492	71. 94253	70. 13357	67. 62997
C_{415}	0. 6	1. 1	25. 3	19. 7	3. 3
C_{416}	12892	6357	36825	89247	72825
C_{421}	181. 49	127. 1	116. 05	119. 68	135. 47
C_{422}	100	100	99. 79	99. 92	100
C_{423}	16. 45	12. 51	11. 34	14. 67	13. 22
C_{424}	3. 31	3. 73	3. 71	4. 21	2. 98
C_{431}	0. 618097	2. 068225	0. 941982	1. 483971	1. 11458
C_{432}	75002	47449	29383	47498	57541
C_{433}	43640	33188	19954	31451	36668
C_{511}	4. 87	15. 52	153. 53	119. 49	49. 87
C_{512}	6350	10076	95548	98229	175538
C_{513}	784. 22	335. 68	788. 1	1903. 6	1531. 14
C_{514}	100	100	100	100	100
C_{515}	17439	14361	37331	74920	57717
C_{516}	727. 8	345. 9	690. 6	1815. 7	1338. 8
C_{521}	16. 62	9. 74	15. 14	15. 6	12. 87
C_{522}	977. 98	103. 96	6147. 02	959. 9	3702. 58
C_{523}	24. 78	5. 4	181. 39	3. 21	23. 98

下面运用基于云模型 – TOPSIS 法的多属性决策方法，对 5 个地区政府治理现代化水平进行评价。

步骤 1 对原始数据进行归一化。利用归一化方法对表 6 – 2 的原始数据进行归一化处理，得到 2021 年 5 个评价地区的归一化数据如表 6 – 3 所示。

表 6 – 3　　　　　　2021 年被评价地区的指标归一化数据

一级指标	二级指标	Y_1	Y_2	Y_3	Y_4	Y_5	权重 $w^{(1)}$	权重 $w^{(2)}$	组合权重 w
	C_{111}	0.20770	0.06523	0.11002	0.32862	0.28843	0.0174	0.0258	0.0219
	C_{112}	0.13287	0.12587	0	0.19580	0.54546	0.0167	0.0051	0.0096
	C_{121}	0.20064	0.08844	0.05998	0.38058	0.27037	0.0209	0.0136	0.0174
B_1	C_{122}	0.38779	0.12046	0.12376	0.17162	0.19637	0.0232	0.0273	0.0260
(0.1596)	C_{123}	0.23455	0.05426	0.05878	0.35047	0.30194	0.0203	0.0332	0.0268
	C_{124}	0.52003	0.09329	0.05547	0.19345	0.13775	0.0106	0.0280	0.0178
	C_{125}	0.03270	0.03893	0.06572	0.48276	0.37990	0.0196	0.0333	0.0264
	C_{126}	0.14267	0.05325	0.06926	0.49034	0.24448	0.0134	0.0128	0.0136
	C_{211}	0.18639	0.21006	0.20192	0.19231	0.20932	0.0207	0.0095	0.0146
	C_{212}	0.21445	0.19814	0.20435	0.18337	0.19969	0.0266	0.0134	0.0195
	C_{213}	0.19872	0.19952	0.20272	0.1939	0.20513	0.0187	0.0113	0.0150
	C_{214}	0.19558	0.2001	0.19818	0.19818	0.20793	0.0168	0.0099	0.0133
B_2	C_{215}	0.18402	0.20985	0.20662	0.19048	0.20904	0.0236	0.0105	0.0162
(0.1867)	C_{216}	0.19482	0.20296	0.20222	0.19407	0.20593	0.0248	0.0139	0.0192
	C_{221}	0.19902	0.19984	0.20885	0.18673	0.20557	0.0252	0.0159	0.0207
	C_{222}	0.19877	0.19604	0.21243	0.18716	0.20560	0.0197	0.0113	0.0154
	C_{223}	0.19930	0.19443	0.20627	0.19652	0.20348	0.0214	0.0113	0.0161
	C_{231}	0.17533	0.40412	0.20510	0.09597	0.11948	0.0235	0.0183	0.0214
	C_{232}	0.66667	0		0.11111	0.22222	0.0216	0.0100	0.0152
	C_{311}	0.14606	0.06098	0.20726	0.32618	0.25952	0.0181	0.0197	0.0195
	C_{312}	0.42560	0.20289	0.16610	0.11054	0.09487	0.0217	0.0136	0.0178
	C_{313}	0.27170	0.26351	0.14963	0.18057	0.13460	0.0222	0.0368	0.0296
B_3	C_{321}	0.24330	0.04088	0.14050	0.29963	0.27569	0.0130	0.0228	0.0178
(0.1772)	C_{322}	0.09838	0.09229	0.05845	0.30557	0.44532	0.0276	0.0190	0.0236
	C_{323}	0.07701	0.07869	0.12028	0.44067	0.28336	0.0183	0.0365	0.0267
	C_{324}	0.22892	0.25000	0.07982	0.19729	0.24398	0.0191	0.0147	0.0173
	C_{325}	0.15661	0.31725	0.09693	0.19070	0.23851	0.0190	0.0303	0.0248

续表

一级指标	二级指标	Y_1	Y_2	Y_3	Y_4	Y_5	权重 $w^{(1)}$	权重 $w^{(2)}$	组合权重 w
B_4 (0.2766)	C_{411}	0.28326	0.19099	0.16094	0.17382	0.19099	0.0153	0.0232	0.0195
	C_{412}	0.08286	0.04369	0.28935	0.34887	0.23523	0.0182	0.0310	0.0246
	C_{413}	0.44202	0.37986	0.02898	0.06716	0.08199	0.0180	0.0183	0.0187
	C_{414}	0.24916	0.18437	0.19433	0.18945	0.18268	0.0203	0.0248	0.0232
	C_{415}	0.56134	0.30619	0.01331	0.01710	0.10206	0.0223	0.0266	0.0252
	C_{416}	0.05910	0.02914	0.16881	0.40912	0.33384	0.0205	0.0425	0.0305
	C_{421}	0.26698	0.18697	0.17071	0.17605	0.19928	0.0228	0.0301	0.0271
	C_{422}	0.20012	0.20012	0.19970	0.19996	0.20012	0.0193	0.0028	0.0076
	C_{423}	0.24124	0.18346	0.16630	0.21513	0.19387	0.0231	0.0237	0.0242
	C_{424}	0.18450	0.20792	0.20680	0.23467	0.16611	0.0248	0.0140	0.0193
	C_{431}	0.09926	0.33215	0.15128	0.23832	0.17900	0.0171	0.0202	0.0192
	C_{432}	0.29198	0.18472	0.11439	0.18491	0.22401	0.0179	0.0235	0.0212
	C_{433}	0.26464	0.20126	0.12101	0.19073	0.22236	0.0109	0.0230	0.0164
B_5 (0.1999)	C_{511}	0.67389	0.21146	0.02138	0.02747	0.06581	0.0271	0.0318	0.0303
	C_{512}	0.01646	0.02612	0.24770	0.25465	0.45507	0.0213	0.0215	0.0221
	C_{513}	0.14678	0.06283	0.14751	0.35630	0.28658	0.0192	0.0209	0.0208
	C_{514}	0.20000	0.20000	0.20000	0.20000	0.20000	0.0243	0.0093	0.0156
	C_{515}	0.08643	0.07118	0.18502	0.37132	0.28606	0.0148	0.0222	0.0187
	C_{516}	0.14796	0.07032	0.14040	0.36914	0.27218	0.0171	0.0242	0.0210
	C_{521}	0.23753	0.13920	0.21638	0.22295	0.18394	0.0258	0.0183	0.0224
	C_{522}	0.08224	0.00874	0.51693	0.08072	0.31137	0.0315	0.0175	0.0243
	C_{523}	0.10379	0.02262	0.75972	0.01344	0.10044	0.0250	0.0227	0.0246

步骤2 确定二级评价指标 $C_{jk_j}(j=1,2,3,4,5;k_j=1,2,\cdots,n_j)$ 的权重向量。

利用2012~2021年5个评价地区的指标数据，确定每个评价地区在各评价指标的云模型信息（见表6-4），然后利用式（6.8）、式（6.14）和式（6.15）计算每个评价指标的权重 $w_j^{(1)}$、$w_j^{(2)}$、w_j 一级指标权重如表6-3所示。

表 6–4　被评价地区的评价指标云特征信息

指标	Y_1	Y_2	Y_3	Y_4	Y_5
C_{111}	(0.3952, 0.0622, 0.0007)	(0.1281, 0.0150, 0.0066)	(0.1905, 0.0420, 0.0154)	(0.6068, 0.0892, 0.0325)	(0.4486, 0.1240, 0.0278)
C_{112}	(0.6994, 0.0160, 0.0149)	(0.6908, 0.0572, 0.0330)	(0.7342, 0.0529, 0.0028)	(0.7591, 0.0798, 0.0180)	(0.7674, 0.0501, 0.0124)
C_{121}	(0.1623, 0.0143, 0.0038)	(0.0708, 0.0098, 0.0039)	(0.0421, 0.0077, 0.0021)	(0.3059, 0.0310, 0.00112)	(0.1975, 0.0353, 0.0131)
C_{122}	(0.7055, 0.2903, 0.0672)	(0.3039, 0.0365, 0.0229)	(0.2494, 0.1033, 0.0068)	(0.3595, 0.0941, 0.0548)	(0.5273, 0.0381, 0.0194)
C_{123}	(0.4968, 0.1491, 0.0618)	(0.1516, 0.0195, 0.0096)	(0.0969, 0.0368, 0.0046)	(0.6519, 0.2166, 0.0647)	(0.4912, 0.2310, 0.0734)
C_{124}	(0.6324, 0.2258, 0.0521)	(0.0919, 0.0488, 0.0024)	(0.0320, 0.0380, 0.0091)	(0.1515, 0.1067, 0.0133)	(0.0800, 0.0892, 0.0119)
C_{125}	(0.0694, 0.0079, 0.0011)	(0.0862, 0.0216, 0.0069)	(0.1047, 0.0127, 0.0039)	(0.6514, 0.0966, 0.0465)	(0.5017, 0.1357, 0.0440)
C_{126}	(0.0687, 0.0373, 0.0075)	(0.0362, 0.0135, 0.0041)	(0.0291, 0.0208, 0.0015)	(0.2614, 0.1445, 0.0433)	(0.1058, 0.0661, 0.0097)
C_{211}	(0.4059, 0.1769, 0.0777)	(0.4882, 0.1533, 0.0304)	(0.4894, 0.2400, 0.0672)	(0.3671, 0.1999, 0.0779)	(0.4082, 0.1451, 0.0522)
C_{212}	(0.3048, 0.0752, 0.0334)	(0.3863, 0.2094, 0.1088)	(0.4032, 0.2345, 0.0992)	(0.2637, 0.2026, 0.0876)	(0.3008, 0.0914, 0.0393)
C_{213}	(0.3021, 0.1211, 0.0560)	(0.4211, 0.2281, 0.0331)	(0.4275, 0.2457, 0.0345)	(0.2930, 0.2217, 0.0661)	(0.3711, 0.1832, 0.0855)
C_{214}	(0.3989, 0.1945, 0.0511)	(0.4262, 0.2329, 0.0094)	(0.4689, 0.2509, 0.0926)	(0.3563, 0.3002, 0.1275)	(0.4415, 0.2504, 0.0590)
C_{215}	(0.3543, 0.1742, 0.0782)	(0.4172, 0.2482, 0.1241)	(0.3640, 0.1945, 0.0453)	(0.2704, 0.2118, 0.1135)	(0.4007, 0.1577, 0.0392)
C_{216}	(0.3644, 0.1520, 0.0632)	(0.4950, 0.2774, 0.1254)	(0.4210, 0.2440, 0.0876)	(0.2913, 0.2527, 0.0855)	(0.4192, 0.1406, 0.0698)
C_{221}	(0.3749, 0.2058, 0.0924)	(0.4446, 0.2844, 0.1380)	(0.4801, 0.3361, 0.1694)	(0.2864, 0.2320, 0.1226)	(0.3868, 0.1467, 0.0252)
C_{222}	(0.3230, 0.0626, 0.0227)	(0.3756, 0.1859, 0.0605)	(0.4056, 0.1535, 0.0486)	(0.2423, 0.1831, 0.0493)	(0.3399, 0.1087, 0.0301)
C_{223}	(0.3079, 0.1913, 0.0598)	(0.4017, 0.2811, 0.1053)	(0.4126, 0.2710, 0.0540)	(0.2787, 0.2366, 0.0977)	(0.3331, 0.1548, 0.0671)
C_{231}	(0.2577, 0.0973, 0.0452)	(0.1001, 0.0331, 0.0115)	(0.2173, 0.0663, 0.0259)	(0.4522, 0.1535, 0.0624)	(0.3476, 0.1144, 0.0356)
C_{232}	(0.0570, 0.0265, 0.0125)	(0.0048, 0.0054, 0.0030)	(0.0143, 0.0116, 0.0028)	(0.1426, 0.1644, 0.0240)	(0.0653, 0.0324, 0.0121)
C_{311}	(0.2207, 0.0550, 0.0161)	(0.0969, 0.0105, 0.0039)	(0.3010, 0.0909, 0.0336)	(0.4887, 0.1134, 0.0203)	(0.3536, 0.1109, 0.0228)
C_{312}	(0.0420, 0.0155, 0.0088)	(0.0730, 0.0200, 0.0046)	(0.1594, 0.0409, 0.0077)	(0.2613, 0.0533, 0.0240)	(0.2745, 0.0444, 0.0157)
C_{313}	(0.9530, 0.0294, 0.0137)	(0.7253, 0.0562, 0.0446)	(0.2790, 0.0704, 0.0193)	(0.4464, 0.0711, 0.0138)	(0.2967, 0.0301, 0.0055)
C_{321}	(0.4671, 0.1033, 0.0225)	(0.0797, 0.0217, 0.0027)	(0.2268, 0.0877, 0.0107)	(0.4963, 0.1271, 0.0213)	(0.3753, 0.1210, 0.0414)
C_{322}	(0.1703, 0.1088, 0.0504)	(0.0615, 0.0280, 0.0074)	(0.0512, 0.0198, 0.0137)	(0.3487, 0.1518, 0.0603)	(0.2964, 0.0932, 0.0544)
C_{323}	(0.1086, 0.0825, 0.0216)	(0.0928, 0.0360, 0.0052)	(0.2383, 0.0755, 0.0228)	(0.7502, 0.1838, 0.0680)	(0.4979, 0.1855, 0.0668)

续表

指标	Y_1	Y_2	Y_3	Y_4	Y_5
C_{324}	(0.3211, 0.0663, 0.0228)	(0.3179, 0.0743, 0.0107)	(0.0364, 0.0278, 0.0061)	(0.2519, 0.0757, 0.0312)	(0.3429, 0.0944, 0.0377)
C_{325}	(0.3047, 0.0608, 0.0190)	(0.6535, 0.2544, 0.1071)	(0.0813, 0.0496, 0.0190)	(0.3858, 0.1316, 0.0383)	(0.5098, 0.1367, 0.0145)
C_{411}	(0.6866, 0.1464, 0.0368)	(0.2731, 0.1011, 0.0182)	(0.1731, 0.0948, 0.0222)	(0.2597, 0.0937, 0.0267)	(0.3529, 0.0822, 0.0168)
C_{412}	(0.1312, 0.0156, 0.0043)	(0.0552, 0.0078, 0.0012)	(0.5030, 0.0956, 0.0370)	(0.6113, 0.1099, 0.0309)	(0.3910, 0.0857, 0.0280)
C_{413}	(0.0042, 0.0039, 0.0008)	(0.0155, 0.0098, 0.0038)	(0.3448, 0.0991, 0.0434)	(0.1797, 0.0671, 0.0250)	(0.0926, 0.0144, 0.0005)
C_{414}	(0.7651, 0.1940, 0.0641)	(0.2510, 0.2029, 0.0750)	(0.4904, 0.0760, 0.0251)	(0.4407, 0.0869, 0.0278)	(0.4514, 0.0443, 0.0113)
C_{415}	(0.0059, 0.0015, 0.0006)	(0.0182, 0.0017, 0.0006)	(0.4701, 0.0275, 0.0112)	(0.3881, 0.0063, 0.0025)	(0.0594, 0.0091, 0.0021)
C_{416}	(0.0846, 0.0229, 0.0095)	(0.0239, 0.0064, 0.0025)	(0.2227, 0.0833, 0.0265)	(0.8109, 0.1820, 0.0542)	(0.5161, 0.1606, 0.0347)
C_{421}	(0.9066, 0.0798, 0.0255)	(0.3444, 0.1026, 0.0160)	(0.2981, 0.1197, 0.0464)	(0.3931, 0.0901, 0.0347)	(0.5788, 0.0544, 0.0363)
C_{422}	(1.0000, 0.0000, 0.0000)	(1.0000, 0.0000, 0.0000)	(0.9616, 0.0360, 0.0331)	(0.9903, 0.0058, 0.0023)	(0.9968, 0.0043, 0.0021)
C_{423}	(0.7524, 0.2284, 0.1081)	(0.4354, 0.1961, 0.0877)	(0.3033, 0.0680, 0.0204)	(0.4273, 0.0549, 0.0228)	(0.4269, 0.0633, 0.0164)
C_{424}	(0.2778, 0.0310, 0.0135)	(0.1237, 0.1228, 0.0534)	(0.3476, 0.0689, 0.0275)	(0.4049, 0.0370, 0.0146)	(0.3411, 0.0699, 0.0275)
C_{431}	(0.0299, 0.0320, 0.0141)	(0.3269, 0.1581, 0.0383)	(0.2290, 0.0470, 0.0027)	(0.3727, 0.0672, 0.0197)	(0.1184, 0.0360, 0.0115)
C_{432}	(0.6698, 0.1995, 0.0599)	(0.3767, 0.1205, 0.0350)	(0.1652, 0.0804, 0.0210)	(0.3570, 0.1275, 0.0343)	(0.4594, 0.1546, 0.0404)
C_{433}	(0.6880, 0.1409, 0.0274)	(0.4573, 0.1194, 0.0239)	(0.1814, 0.0851, 0.0246)	(0.3763, 0.1101, 0.0005)	(0.4703, 0.1349, 0.0171)
C_{511}	(0.0416, 0.0395, 0.0197)	(0.0610, 0.0489, 0.0214)	(0.4596, 0.3406, 0.1688)	(0.4616, 0.2002, 0.0988)	(0.2481, 0.1360, 0.0506)
C_{512}	(0.0381, 0.0377, 0.0104)	(0.0844, 0.0462, 0.0173)	(0.3073, 0.2103, 0.0384)	(0.3759, 0.1259, 0.0636)	(0.3151, 0.1261, 0.0494)
C_{513}	(0.2300, 0.0382, 0.0074)	(0.0607, 0.0168, 0.0058)	(0.1922, 0.0287, 0.0105)	(0.4620, 0.0861, 0.0298)	(0.3946, 0.0538, 0.0144)
C_{514}	(0.9597, 0.0810, 0.0798)	(0.9470, 0.0523, 0.0175)	(0.9041, 0.1373, 0.0455)	(0.9851, 0.0258, 0.0047)	(0.9959, 0.0072, 0.0024)
C_{515}	(0.1088, 0.0083, 0.0028)	(0.0830, 0.0145, 0.0009)	(0.2372, 0.0536, 0.0173)	(0.4968, 0.0742, 0.0161)	(0.3458, 0.0723, 0.0141)
C_{516}	(0.1911, 0.0552, 0.0263)	(0.0906, 0.0107, 0.0027)	(0.1956, 0.0242, 0.0076)	(0.5917, 0.0453, 0.0119)	(0.3362, 0.0705, 0.0041)
C_{521}	(0.6002, 0.1138, 0.0430)	(0.2430, 0.0781, 0.0636)	(0.5273, 0.0291, 0.0118)	(0.5449, 0.0395, 0.0143)	(0.4360, 0.0360, 0.0097)
C_{522}	(0.0486, 0.0082, 0.0014)	(0.0059, 0.0007, 0.0006)	(0.3439, 0.0362, 0.0063)	(0.0586, 0.0047, 0.0046)	(0.2227, 0.0163, 0.0162)
C_{523}	(0.0381, 0.0126, 0.0043)	(0.0090, 0.0045, 0.0021)	(0.5152, 0.1736, 0.0483)	(0.0532, 0.0190, 0.0111)	(0.0711, 0.0308, 0.0131)

步骤3　确定国家治理现代化评价问题的决策矩阵 $F=(f_{ij})_{5\times5}$。

根据表6–3中的评价指标及其权重向量数据，利用平方平均算子对各评价对象的二级指标规范化信息进行集结，得到国家治理现代化评价问题关于一级指标的决策矩阵 $F=(f_{ij})_{5\times5}$ 如表6–5所示。

表6–5　　　　国家治理现代化评价问题的决策矩阵

评价对象	B_1	B_2	B_3	B_4	B_5
Y_1	0.23667	0.23298	0.19764	0.24632	0.20797
Y_2	0.07632	0.20806	0.16823	0.19308	0.09060
Y_3	0.07470	0.18836	0.12592	0.15272	0.27442
Y_4	0.32857	0.17359	0.26052	0.21025	0.19503
Y_5	0.28373	0.19701	0.24769	0.19764	0.23199

步骤4　计算各方案 $Y_i(i=1,2,\cdots,m)$ 到理想方案 Y^+ 和负理想方案 Y^- 的距离 d_i^+ 和 d_i^- 以及贴近度 c_i，对方案进行排序。

根据表6–5中的数据取值范围，取理想方案 $Y^+=(0.5,0.5,\cdots,0.5)$ 和负理想方案 $Y^-=(0,0,\cdots,0)$，利用式（6.16）、式（6.17）和式（6.18）计算各评价地区到理想方案、负理想方案的距离 d_i^+ 和 d_i^- 及其贴近度 c_i，计算结果如表6–6所示。

表6–6　　　　各评价地区 Y_i（$i=1,2,3,4,5$）的 d_i^+、d_i^- 和 c_i

评价对象	d_i^-	d_i^+	c_i	排序
Y_1	0.2260	0.2740	0.4520	3
Y_2	0.1524	0.3476	0.3047	5
Y_3	0.1665	0.3335	0.3330	4
Y_4	0.2282	0.2718	0.4563	1
Y_5	0.2270	0.2730	0.4540	2

由表6–6可知，5个评价地区治理能力现代化评价的优劣排序为 $Y_4>Y_5>Y_1>Y_3>Y_2$，即地区 Y_4 的治理能力现代化水平为最佳。

 **本章小结**

　　国家治理现代化评价问题是典型的多属性决策问题，本章提出了一种基于云模型–TOPSIS 法的国家治理现代化平均方法。该方法针对国家治理现代化评价问题涉及指标广泛、数据类型多源异构的特点，基于云模型理论提出了评价指标的组合赋权法，讨论了国家治理现代化评价问题的指标无量纲化方法，构建了基于平方平均算子的二级指标规范化信息集结模型，在此基础上提出了基于改进 TOPSIS 的国家治理现代化评价方法。

第7章

权重未知情形下中国国家
治理现代化动态评价方法

第6章在讨论中国国家治理现代化评价方法时，假设所运用的数据信息均来自同一时期，可以说是对研究对象在某一时点上的综合评价。本章运用研究对象的面板数据，在特定时间段内对国家治理现代化水平进行动态评价。首先，给出了国家治理现代化动态评价的时间权重确定方法和指标无量纲化方法；其次，讨论了基于国家治理现代化动态评价的动态加权集成算子，并通过对不同时期决策信息进行集成，提出了基于改进 TOPSIS 法的国家治理现代化动态评价方法。

 ## 国家治理现代化动态评价时的
时间权重确定方法

相对于传统的多属性决策问题，动态多属性决策既要考虑属性的重要性，同时还要兼顾时间因素的影响，时间权重的确定也是动态多属性决策中的关键问题。可以利用常见分布的分布函数、有序加权平均算子确定时间序列权重向量。

（1）正态分布法（徐泽水，2008）

正态分布是数理统计中最为常见的一种分布，它是许多自然过程建模的出发点。可以利用正态分布法确定时间序列 $\{t_k\}(k=1,2,\cdots,p)$ 的权重向量，其定义为：

$$w(t_k) = \frac{1}{\sqrt{2\pi}\sigma_p}e^{-\frac{(k-\mu_p)^2}{2\sigma_p^2}}\ (k=1,2,\cdots,p) \tag{7.1}$$

其中，μ_p 为 $1,2,\cdots,p$ 的均值，且 $\sigma_p(\sigma_p>0)$ 为 $1,2,\cdots,p$ 的标准差。μ_p 与 σ_p 由以下两式确定：

$$\mu_p = \frac{1}{p}\times\frac{p(1+p)}{2} = \frac{1+p}{2}$$

$$\sigma_p = \sqrt{\frac{1}{p}\sum_{k=1}^{p}(k-\mu_p)^2}$$

由于 $w(t_k) \geqslant 0$，$\sum_{k=1}^{p}w(t_k) = 1$，整理可得时段 t_k 的权重为：

$$w(t_k) = \frac{e^{-\frac{(k-\mu_p)^2}{2\sigma_p^2}}}{\sum_{k=1}^{p}e^{-\frac{(k-\mu_p)^2}{2\sigma_p^2}}}\ (k=1,2,\cdots,p) \tag{7.2}$$

（2）指数分布法（徐泽水，2008）

指数分布是一种无记忆的连续分布，通常用来描述对某一事件发生的等待时间。根据指数分布的正态概率密度函数：

$$q(x) = \frac{1}{\mu}e^{-\frac{x}{\mu}}$$

可以确定时间序列 $\{t_k\}(k=1,2,\cdots,p)$ 中 t_k 的权重：

$$w(t_k) = \frac{1}{\mu_p}e^{-\frac{x}{\mu}}\ (k=1,2,\cdots,p)$$

结合 $w(t_k)\geqslant 0$，$\sum_{k=1}^{p}w(t_k) = 1$，可得时段 t_k 的权重为：

$$w(t_k) = \frac{e^{-\frac{k}{\mu_p}}}{\sum_{j=1}^{p}e^{-\frac{j}{\mu_p}}}\ (k=1,2,\cdots,p) \tag{7.3}$$

由式（7.3）可知，$\{w(t_k)\}$ 为严格单调递减序列，即 k 越大，则赋予时段 t_k 的权重越小。为了使 $\{w(t_k)\}$ 为严格单调递增序列，可取指数分布的逆形式来确定权重序列 $\{w(t_k)\}$，此时：

$$w(t_k) = \frac{e^{\frac{k}{\mu_p}}}{\sum_{j=1}^{p} e^{\frac{j}{\mu_p}}} \ (k = 1,2,\cdots,p) \tag{7.4}$$

（3）指数衰减模型法（毛军军，2008；李兴国，2014）

设时间序列$\{t_k\}(k=1,2,\cdots,p)$表示多属性决策所考察的不同时段，t_k时段的权重为$w(t_k)$，则：

$$w(t_k) = C_0 e^{\lambda(t_k - t_p)}, k = 1,2,\cdots,p$$

其中，C_0为大于0的常数，$0 < \lambda < 1$为衰减系数。

结合$w(t_k) \geqslant 0, \sum_{k=1}^{p} w(t_k) = 1$可得：

$$C_0 = \frac{1}{\sum_{k=1}^{p} e^{\lambda(t_k - t_p)}}$$

于是有时段t_k的权重：

$$w(t_k) = \frac{e^{\lambda t_k}}{\sum_{j=1}^{p} e^{\lambda t_j}} \ (k = 1,2,\cdots,p) \tag{7.5}$$

（4）"厚今薄古"法

郭亚军（2007）基于数据信息的时效性，借鉴"厚今薄古"的思想，提出了确定时段权重的"厚今薄古"法。利用"厚今薄古"法确定时段$t_k(k=1,2,\cdots,p)$的权重，即求解非线性规划模型：

$$\begin{cases} \max I = -\sum_{k=1}^{p} w_k \ln w_k \\ \text{s. t. } \lambda = \sum_{k=1}^{p} \frac{p-k}{p-1} w_k, \sum_{k=1}^{p} w_k = 1, w_k \geqslant 0, k = 1,2,\cdots,p \end{cases} \tag{7.6}$$

这里λ为时间度，它的大小表示决策者对时段的重视程度，通常用$\lambda = 0.1, 0.2, 0.3, 0.4, 0.5$代表决策者极端重视、强烈重视、明显重视、稍微重视近期数据和同样重视所有时段数据。

（5）基于OWA算子的时间序列赋权方法

不难看出，以上四种方法确定的时间序列权重对于不同评价对象来讲是相同的，但实际问题中由于数据信息等原因，不同评价对象在不同时段

的权重会有所差异，所以以上方法在应用时会受到一定限制。基于 OWA
算子的时间序列赋权方法（王煜和徐泽水，2008）利用不同评价对象在不
同时段的决策信息，可以基于所有评价对象的决策数据信息反映时间序列
的权重大小，与上述方法相比具有较好的互补性。

假设 $x_{ij}(t_k)$ 表示 t_k 时段评价对象 $Y_i(i=1,2,\cdots,m)$ 在第 j 个评价指标的
评价信息，这里 $k=1,2,\cdots,p$。将各评价对象在 t_k 时段的评价信息算术平
均可以得到 t_k 时段所有评价对象在第 j 个评价指标的平均水平，用 $x_j(t_k)$
表示：

$$x_j(t_k) = \frac{1}{m}\sum_{i=1}^{m} x_{ij}(t_k)$$

于是，得到时间序列数据 $x_j(t_k)(k=1,2,\cdots,p)$，其均值 $\bar{x}_j$ 和方差 σ_j^2 分
别为：

$$\bar{x}_j = \frac{1}{p}\sum_{k=1}^{p} x_j(t_k)$$

$$\sigma_j^2 = \frac{1}{p}\sum_{k=1}^{p} \left[x_j(t_k) - \bar{x}_j \right]^2$$

运用均值 $\bar{x}_j$ 和标准差 σ_j 对时间序列数据 $x_j(t_k)(k=1,2,\cdots,p)$ 进行标
准化处理，得到标准化数据 $x_j'(t_k)$：

$$x_j'(t_k) = \frac{x_j(t_k) - \bar{x}_j}{\sigma_j}$$

根据标准正态分布的密度函数公式，可以得到第 j 个评价指标的时间
权重 $w(t_k)$：

$$w_j(t_k) = \frac{\phi(x_k'(t_k))}{\sum_{k=1}^{p}\phi(x_j'(t_k))} \quad (k=1,2,\cdots,p;j=1,2,\cdots,n) \quad (7.7)$$

其中，$\phi(x_j'(t_k))$ 为标准正态分布的密度函数 $\phi(x)$ 在 $x_j'(t_k)$ 的函数值：

$$\phi(x_j'(t_k)) = \frac{1}{\sqrt{2\pi}}e^{-\frac{[x_j'(t_k)]^2}{2}}$$

国家治理现代化动态评价时的指标无量纲化方法

假设在考虑国家治理现代化评价这一多属性决策问题时，有 m 个评价对象、n 个评价指标、p 个时间段，$x_{ij}(t_k)$ 表示 t_k 时段第 i 个评价对象在第 j 个评价指标的属性值，则 t_k 时段国家治理现代化评价问题的原始决策矩阵为 $X_k = (x_{ij}(t_k))_{m \times n}$。令 $y_{ij}(t_k)$ 表示 t_k 时段第 i 个评价对象在第 j 个评价指标数据经过规范化处理后的属性值，则规范后的决策矩阵为 $Y_k = (y_{ij}(t_k))_{m \times n}$。为了叙述方便，假设国家治理现代化评价问题的指标类型均为效益性指标，其取值越大越好。

本研究采用全局改进规范化方法，对动态综合评价中的数据进行指标规范化处理，即综合考虑各个时刻各个指标值数据，统一进行预处理，这样可以保留原始数据中隐含的增量信息（徐林明和李美娟，2020）。

（1）标准化处理方法

在国家治理现代化评价问题的决策矩阵 $X_k = (x_{ij}(t_k))_{m \times n}$ 中，如果令：

$$y_{ij}(t_k) = \frac{x_{ij}(t_k) - \bar{x}_j}{s_j} \quad (i = 1, 2, \cdots, m; j = 1, 2, \cdots, n; k = 1, 2, \cdots, p)$$

$$(7.8)$$

其中，$\bar{x}_j$、$s_j(j = 1, 2, \cdots, n)$ 分别为国家治理现代化评价问题在 p 个时间段所有第 j 个评价指标样本数据的平均值和均方差，则称 $y_{ij}(t_k)$ 为经过标准化处理方法变换后的国家治理现代化评价问题的规范化属性值，矩阵 $Y_k = (y_{ij}(t_k))_{m \times n}$ 称为经过标准化处理后的国家治理现代化评价问题的规范化决策矩阵。

经过标准化处理法变换后的指标数据，其样本均值为 0、方差为 1，标准化处理法变换后各指标的最大值与最小值一般不相同。

（2）极值变换法

设 M_j、m_j 分别表示国家治理现代化评价问题在 p 个时间段所有第 j 个评价指标样本数据的最大值和最小值，如果令：

$$y_{ij}(t_k) = \frac{x_{ij}(t_k) - m_j}{M_j - m_j} \quad (i = 1, 2, \cdots, m; j = 1, 2, \cdots, n; k = 1, 2, \cdots, p)$$

$$(7.9)$$

则称 $y_{ij}(t_k)$ 为经过极值变换后的国家治理现代化评价问题的规范化属性值，矩阵 $Y_k = (y_{ij}(t_k))_{m \times n}$ 为经过极值变换法处理后国家治理现代化评价问题的规范化决策矩阵。

经过极值变换法处理后的规范化指标数据，其最小值为 0、最大值为 1，即取值区间为 $[0, 1]$。但由于不同指标的最大值 M_j 和最小值 m_j 不同，甚至差距很大，使得规范化后的指标数据随最大值 M_j 和最小值 m_j 的变化而波动变化，稳定性较差。

（3）线性比例法

设 x_j' 为国家治理现代化评价问题在 p 个时间段所有第 j 个指标的特定样本函数值，一般取最小值 m_j、最大值 M_j 或者样本均值 $\bar{x}_j$，如果令：

$$y_{ij}(t_k) = \frac{x_{ij}(t_k)}{x_j'} (i = 1, 2, \cdots, m; j = 1, 2, \cdots, n; k = 1, 2, \cdots, p) \quad (7.10)$$

则称 $y_{ij}(t_k)$ 为经过线性比例法处理后的国家治理现代化评价问题的规范化属性值，矩阵 $Y_k = (y_{ij}(t_k))_{m \times n}$ 为经过线性比例法处理后国家治理现代化评价问题的规范化决策矩阵。

经过线性比例法得到的规范化指标数据，其取值范围不固定，当 x_j' 取最小值 m_j 时，y_{ij} 有最小值 1，但无固定的最大值；当 x_j' 取最大值 M_j 时，y_{ij} 有最大值 1，但无固定的最小值；当 x_j' 样本均值 $\bar{x}_j$ 时，y_{ij} 取值无规律性。

（4）归一化处理法

在国家治理现代化评价问题的决策矩阵 $X_k = (x_{ij}(t_k))_{m \times n}$ 中，如果令：

$$y_{ij}(t_k) = \frac{x_{ij}(t_k)}{\frac{1}{p}\sum_{k=1}^{p}\sum_{i=1}^{m}x_{ij}(t_k)} \quad (i = 1, 2, \cdots, m; j = 1, 2, \cdots, n; k = 1, 2, \cdots, p)$$

$$(7.11)$$

则称 $y_{ij}(t_k)$ 为经过归一化处理法后的国家治理现代化评价问题的规范化属

性值，矩阵 $Y_k = (y_{ij}(t_k))_{m \times n}$ 为经过归一化处理法后国家治理现代化评价问题的规范化决策矩阵。

经过归一化处理法得到的规范化指标数据，当 $x_{ij}(t_k) \geqslant 0$ 时，$y_{ij}(t_k) \in (0,1)$，$\sum\limits_{k=1}^{p} \sum\limits_{i=1}^{m} y_{ij}(t_k) = 1$，但无固定的最大值和最小值，也可以看作一个特殊的线性比例法。

（5）向量规范化法

在国家治理现代化评价问题的决策矩阵 $X_k = (x_{ij}(t_k))_{m \times n}$ 中，如果令：

$$y_{ij}(t_k) = \frac{x_{ij}(t_k)}{\dfrac{1}{p} \sqrt{\sum\limits_{k=1}^{p} \sum\limits_{i=1}^{m} x_{ij}^2(t_k)}} \quad (i = 1,2,\cdots,m; j = 1,2,\cdots,n; k = 1,2,\cdots,p)$$

$$(7.12)$$

则称 $y_{ij}(t_k)$ 为经过向量规范化法处理法后的国家治理现代化评价问题的规范化属性值，矩阵 $Y_k = (y_{ij}(t_k))_{m \times n}$ 为经过向量规范化法处理后国家治理现代化评价问题的规范化决策矩阵。

经过向量规范化法处理的规范化指标数据，当 $x_{ij}(t_k) \geqslant 0$ 时，$y_{ij}(t_k) \in (0,1)$，$\sum\limits_{k=1}^{p} \sum\limits_{i=1}^{m} y_{ij}^2(t_k) = 1$，但无固定的最大值和最小值。

（6）功效系数法

设 M_j'、m_j' 分别表示国家治理现代化评价问题在 p 个时间段所有第 j 个指标数据的满意值和不容许值，c、d 均为正的常数，如果令：

$$y_{ij}(t_k) = c + \frac{x_{ij}(t_k) - m_j'}{M_j' - m_j'} \times d \quad (i = 1,2,\cdots,m; j = 1,2,\cdots,n; k = 1,2,\cdots,p)$$

$$(7.13)$$

则称 $y_{ij}(t_k)$ 为经过功效系数法处理后的国家治理现代化评价问题的规范化属性值，矩阵 $Y_k = (y_{ij}(t_k))_{m \times n}$ 为经过功效系数法处理后国家治理现代化评价问题的规范化决策矩阵。

经过功效系数法处理得到的规范化指标数据，其最小值为 c、最大值为 $c+d$，变换中的常数 c 起平移作用，常数 d 则起缩小或放大的作用。

国家治理现代化动态评价时的
动态加权集成算子

本小节将定义动态平均集结算子概念，给出常见的几种动态平均集结算子，并证明其具备的基本性质。

定义 7.1　设 $X(t_1),X(t_2),\cdots,X(t_n)$ 为不同时段 $t_p(p=1,2,\cdots,n)$ 的指标数据列，$f=f(X(t_1),X(t_2),\cdots,X(t_n))$ 为一个定义在 n 维实数集 $\Re^2$ 的 n 元函数，如果对任意 $X(t_p)\in\Re^2(p=1,2,\cdots,n)$，有：

$$\min\{X(t_1),X(t_2),\cdots,X(t_n)\}\leqslant f(X(t_1),X(t_2),\cdots,X(t_n))$$
$$\leqslant\max\{X(t_1),X(t_2),\cdots,X(t_n)\}$$

则称 n 元函数 $f=f(X(t_1),X(t_2),\cdots,X(t_n))$ 为动态平均集结算子。

常见的动态平均集结算子包括：

① 动态加权平均算子：

$$DWA(X(t_1),X(t_2),\cdots,X(t_n))=\sum_{k=1}^{n}w_kX(t_k) \tag{7.14}$$

当 $w_k=\dfrac{1}{n}$ 时称为动态平均算子 $WA(X(t_1),X(t_2),\cdots,X(t_n))=\dfrac{1}{n}\sum_{k=1}^{n}X(t_k)$。

② 动态加权几何算子：

$$DWG(X(t_1),X(t_2),\cdots,X(t_n))=\prod_{k=1}^{n}\left[X(t_k)\right]^{w_k} \tag{7.15}$$

当 $w_k=\dfrac{1}{n}$ 时称为动态几何算子 $WG(X(t_1),X(t_2),\cdots,X(t_n))=\left[\prod_{k=1}^{n}X(t_k)\right]^{\frac{1}{n}}$。

③ 动态加权调和算子：

$$f(X(t_1),X(t_2),\cdots,X(t_n))=\left[\sum_{k=1}^{n}w_k\frac{1}{X(t_k)}\right]^{-1} \tag{7.16}$$

当 $w_k=\dfrac{1}{n}$ 时称为动态调和算子 $f(X(t_1),X(t_2),\cdots,X(t_n))=n\Big/\left[\sum_{k=1}^{n}\frac{1}{X(t_k)}\right]$。

④ 动态幂加权平均算子：

$$f(X(t_1), X(t_2), \cdots, X(t_n)) = \left[\sum_{k=1}^{n} w_k (X(t_k))^p\right]^{\frac{1}{p}} \qquad (7.17)$$

当 $w_k = \dfrac{1}{n}$ 时称为动态幂平均算子 $f(X(t_1), X(t_2), \cdots, X(t_n)) = \left[\dfrac{1}{n}\sum_{k=1}^{n} (X(t_k))^p\right]^{\frac{1}{p}}$。

定理 7.1 动态加权平均算子 $DWA(X(t_1), X(t_2), \cdots, X(t_n))$ 具有幂等性、齐次性和单调性。

证明：

① 幂等性：令 $X(t_1) = X(t_2) = \cdots = X(t_n) = X(t)$，则根据动态加权平均算子的公式

$$DWA(X(t_1), X(t_2), \cdots, X(t_n)) = \sum_{k=1}^{n} w_k X(t_k)$$

易得：

$$DWA(X(t), X(t), \cdots, X(t)) = X(t)$$

即算子 $DWA(X(t_1), X(t_2), \cdots, X(t_n))$ 具有幂等性。

② 齐次性：设 $\lambda > 0$，则有：

$$DWA(\lambda^k X(t_1), \lambda^k X(t_2), \cdots, \lambda^k X(t_n)) = \sum_{r=1}^{n} w_r \lambda^k X(t_r)$$

$$= \lambda^k \sum_{r=1}^{n} w_r X(t_r) = \lambda^k f(X(t_1), X(t_2), \cdots, X(t_n))$$

即算子 $DWA(X(t_1), X(t_2), \cdots, X(t_n))$ 具有 k 阶齐次性。

③ 单调性：对任意的 $X(t_k)$，$X'(t_k) \in R (k=1,2,\cdots,n)$，当时 $X(t_k) \leqslant X'(t_k)$ 满足：

$$DWA(X(t_1), \cdots, X(t_k), \cdots, X(t_n)) = w_1 X(t_1) + \cdots + w_k X(t_k) + \cdots + w_n X(t_n)$$

$$\leqslant w_1 X(t_1) + \cdots + w_k X'(t_k) + \cdots + w_n X(t_n) = DWA(X(t_1), \cdots, X'(t_k), \cdots, X(t_n))$$

即算子 $DWA(X(t_1), X(t_2), \cdots, X(t_n))$ 具有单调性。

同理可证动态加权几何算子、动态加权调和算子、动态幂加权平均算子均具有幂等性、齐次性和单调性。

基于 TOPSIS 法的中国国家治理现代化动态评价方法

7.4.1 国家治理现代化动态评价问题的一般性描述

假设对中国 m 个地区的国家治理现代化状况进行动态评价时有 p 个不同时段 $t_k(k=1,2,\cdots,p)$，用 $Y_i(i=1,2,\cdots,m)$ 表示第 i 个被评价对象，所有 $Y_i(i=1,2,\cdots,m)$ 构成方案集 $Y=\{Y_1,Y_2,\cdots,Y_m\}$；评价每个评价对象国家治理现代化水平的一级指标包含 $B_1,B_2,\cdots,B_r$；每个一级指标 $B_j(j=1,2,\cdots,r)$ 又由二级指标 $C_{jk_j}(j=1,2,\cdots,r;k_j=1,2,\cdots,n_j)$ 组成；$\omega=(\omega_1,\omega_2,\cdots,\omega_r)^T$ 表示一级评价指标 $B_j(j=1,2,\cdots,r)$ 的权重向量，满足 $\omega_j\geqslant 0$，且 $\sum_{j=1}^{r}\omega_j=1$；$(\omega_{j1},\omega_{j2},\cdots,\omega_{jn_j})^T$ 为二级指标 $C_{jk_j}(j=1,2,\cdots,r;k_j=1,2,\cdots,n_j)$ 的权重向量，满足 $\omega_{jk_j}\geqslant 0$，且 $\sum_{k_j=1}^{n_j}\omega_{jk_j}=1$；$w_k$ 为 t_k 时段的时间权重 $(k=1,2,\cdots,p)$，满足 $\sum_{k=1}^{p}w_k=1$，$w_k\geqslant 0,k=1,2,\cdots,p$。

如果 $f_{ijk_j}(t_k)(i=1,2,\cdots,m;j=1,2,\cdots,r;k_j=1,2,\cdots,n_j;k=1,2,\cdots,p)$ 表示 t_k 时段第 i 个评价对象 $Y_i(i=1,2,\cdots,m)$ 在二级指标 C_{jk_j} 下的属性值，则 $F_j(t_k)=(f_{ijk_j}(t_k))_{m\times n_j}(j=1,2,\cdots,r)$ 为 t_k 时段国家治理现代化评价问题关于一级评价指标 $B_j(j=1,2,\cdots,r)$ 的决策矩阵（见表 7-1）。现在的问题是根据决策矩阵 $F_j(t_k)(j=1,2,\cdots,r;k=1,2,\cdots,p)$，如何通过确定属性权重向量 $\omega=(\omega_1,\omega_2,\cdots,\omega_n)^T$ 和时段权重向量 $w=(w_1,w_2,\cdots,w_p)^T$，得到一个有效的决策分析方法来对 m 个评价对象的国家治理现代化状况进行评价。

表 7 – 1　　　各方案关于准则 B_j 在时段 t_k 的决策矩阵 F_{ijk_j} （t_k）

评价对象	B_{j1}	B_{j2}	…	B_{jn_j}
Y_1	f_{1j1} （t_k）	f_{1j2} （t_k）	…	f_{1jn_j} （t_k）
Y_2	f_{2j1} （t_k）	f_{2j2} （t_k）	…	f_{2jn_j} （t_k）
⋮	⋮	⋮	⋮	⋮
Y_m	f_{mj1} （t_k）	f_{mj2} （t_k）	…	f_{mjn_j} （t_k）

7.4.2　时段权重与属性权重的确定方法

（1）时段权重的确定方法

对于时段权重，如果认为不同方案在不同时段的权重相同，则可采用正态分布法、指数衰减模型法、"厚今薄古"法等计算时间序列的权重向量；如果认为不同方案在不同时段的权重存在差异，则可利用基于距离测度的赋权方法确定时间序列的权重向量。本研究采用指数衰减模型法与基于 OWA 算子的时间序列赋权方法，对时段权重进行组合赋权。假设 $w_j^{(1)}$（t_k）、$w_j^{(2)}$（t_k）分别表示采用指数衰减模型法与基于 OWA 算子的时间序列赋权方法得到的时间权重，$w_j(t_k)$ 表示时间序列的组合权重，则有：

$$w_j(t_k) = \alpha w_j^{(1)}(t_k) + (1 - \alpha) w_j^{(2)}(t_k) \tag{7.18}$$

其中，α 为(0,1)区间的常数，通常取 $\alpha = 0.5$。

（2）属性权重的确定方法

设 x_{ij}（t_k）表示 t_k 时间段第 i 个评价对象在第 j 个评价指标的属性值，则 t_k 时段国家治理现代化评价问题的原始决策矩阵为 $X_k = (x_{ij}(t_k))_{m \times r}$（$i = 1, 2, \cdots, m; j = 1, 2, \cdots, r; k = 1, 2, \cdots, p$），而 $C_{ij}^d = (Ex_{ij}^d, En_{ij}^d, He_{ij}^d)$ 表示由某时期内第 i 个评价对象在第 j 个指标的所有数据得到的正态云模型，则可综合考虑各个时段各个指标的数据确定国家治理现代化动态评价属性权重。

① 基于云模型不确定度的属性权重 $\omega_j^{(1)}$。类似于第 6 章第 2 节正态云模型不确定度的定义，通过数学推导可以得到国家治理现代化动态评价问题基于云模型不确定度的属性权重 $\omega_j^{(1)}$：

$$\omega_j^{(1)} = \frac{\sum\limits_{i=1}^{m} \psi_{ij}^d}{\sum\limits_{j=1}^{r} \sum\limits_{i=1}^{m} \psi_{ij}^d} \quad (j = 1, 2, \cdots, r) \tag{7.19}$$

其中，ψ_{ij}^d 为利用某时期内所有第 j 个评价指标的数据得到的动态评价云模型 $C_{ij}^d = (Ex_{ij}^d, En_{ij}^d, He_{ij}^d)$ 的不确定度：

$$\psi_{ij}^d = 1 - \frac{En_{ij}^d}{En_{ij}^d + \theta_0 He_{ij}^d} \tag{7.20}$$

② 基于偏差最大化的属性权重 $\omega_j^{(2)}$。对于评价指标 $X_j(j = 1, 2, \cdots, r)$，用 $D_{ij}(\omega)$ 表示评价对象 Y_i 与其他评价对象 Y_s 之间的距离，则可定义：

$$D_{ij}(\omega) = \sum_{k=1}^{m} \omega_j \sqrt{(Ex_{ij}^d - Ex_{kj}^d)^2 + (En_{ij}^d - En_{kj}^d)^2 + (He_{ij}^d - He_{kj}^d)^2}$$

其中，$i = 1, 2, \cdots, m; j = 1, 2, \cdots, r$。令：

$$D_j(\omega) = \sum_{i=1}^{m} D_{ij}(\omega)$$

$$= \sum_{i=1}^{m} \sum_{k=1}^{m} \omega_j \sqrt{(Ex_{ij}^d - Ex_{kj}^d)^2 + (En_{ij}^d - En_{kj}^d)^2 + (He_{ij}^d - He_{kj}^d)^2}$$

则 $D_j(\omega)$ 表示对评价指标 $X_j(j = 1, 2, \cdots, r)$ 而言，所有评价对象与其他评价对象的总离差。

类似于第 5 章第 2 节的推导过程，可得基于偏差最大化的属性权重 $\omega_j^{(2)}$：

$$\omega_j^{(2)} = \frac{\sum\limits_{i=1}^{m} \sum\limits_{k=1}^{m} \sqrt{(Ex_{ij}^d - Ex_{kj}^d)^2 + (En_{ij}^d - En_{kj}^d)^2 + (He_{ij}^d - He_{kj}^d)^2}}{\sum\limits_{j=1}^{r} \sum\limits_{i=1}^{m} \sum\limits_{k=1}^{m} \sqrt{(Ex_{ij}^d - Ex_{kj}^d)^2 + (En_{ij}^d - En_{kj}^d)^2 + (He_{ij}^d - He_{kj}^d)^2}} \tag{7.21}$$

③ 国家治理现代化动态评价的属性组合权重 ω_j。

$$\omega_j = \frac{\sqrt{\omega_j^{(2)} \omega_j^{(1)}}}{\sum\limits_{j=1}^{r} \sqrt{\omega_j^{(2)} \omega_j^{(1)}}} \tag{7.22}$$

7.4.3 国家治理现代化动态评价步骤

基于动态 TOPSIS 法的中国国家治理现代化评价的决策步骤如下。

步骤 1 确定国家治理现代化评价问题的方案集 $Y = \{Y_1, Y_2, \cdots, Y_m\}$ 和属性集 $B = \{B_1, B_2, \cdots, B_r\}$。

步骤 2 构建各时段一级评价指标 B_j 下的决策矩阵 $F_j^{(k)}$。对于方案集 $Y = \{Y_1, Y_2, \cdots, Y_m\}$，用 $f_{ijk_j}(t_k)$ $(i = 1, 2, \cdots, m; j = 1, 2, \cdots, r; k_j = 1, 2, \cdots, n_j; k = 1, 2, \cdots, p)$ 表示评价对象 $Y_i (i = 1, 2, \cdots, m)$ 在 t_k 时段关于二级指标 C_{jk_j} 的属性评价信息，则可构建评价对象 $Y_i (i = 1, 2, \cdots, m)$ 在 t_k 时段关于一级评价指标 $B_j (j = 1, 2, \cdots, r)$ 的决策矩阵 $F_j(t_k) = (f_{ijk_j}(t_k))_{m \times n_j} (j = 1, 2, \cdots, r; k = 1, 2, \cdots, p)$。

步骤 3 确定评价对象 $Y_i (i = 1, 2, \cdots, m)$ 在 p 个时段关于一级评价指标 $B_j (j = 1, 2, \cdots, r)$ 的集结决策矩阵。首先利用组合赋权法确定时间权重，假设计算得到时间序列的权重向量为 $w = (w(t_1), w(t_2), \cdots, w(t_p))^T$，则利用动态加权平均算子（DWA），对评价对象 $Y_i (i = 1, 2, \cdots, m)$ 在各时段关于一级评价指标 B_j 的决策信息进行集结，得到评价对象 $Y_i (i = 1, 2, \cdots, m)$ 关于一级评价指标 B_j 集结的评价信息 F_{ijk_j}：

$$F_{ijk_j} = \sum_{s=1}^{p} w(t_s) f_{ijk_j}(t_s) \tag{7.23}$$

及其集结后的决策矩阵 $F_j = (f_{ijk_j})_{m \times n_j}$。

步骤 4 确定二级评价指标 $C_{jk_j} (j = 1, 2, \cdots, r; k_j = 1, 2, \cdots, n_j)$ 的权重向量。根据决策矩阵 $F_j(t_k) = (f_{ijk_j}(t_k))_{m \times n_j} (j = 1, 2, \cdots, r; k = 1, 2, \cdots, p)$，确定第 i 个评价对象 Y_i 在二级指标 C_{jk_j} 的云模型 $C_{ijk_j}^d = (Ex_{ijk_j}^d, En_{ijk_j}^d, He_{ijk_k}^d)$，利用式 (7.20)、式 (7.21)、式 (7.22) 可计算确定二级评价指标 $C_{jk_j} (j = 1, 2, \cdots, r; k_j = 1, 2, \cdots, n_j)$ 的权重向量 $w_{jk_j} = (w_{j1}, w_{j2}, \cdots, w_{jn_j})^T$。

步骤 5 确定国家治理现代化评价问题的决策矩阵 $F = (f_{ij})_{m \times r}$。首先，综合考虑 p 个时刻各个指标值数据，利用全局化的归一化处理法对一级指标 B_j 下的决策矩阵 F_j 进行规范化处理，得到其规范化 $F_j' = (f'_{ijk_j})_{m \times n_j}$；然后根据二级评价指标的权重向量 $w_{jk_j} = (w_{j1}, w_{j2}, \cdots, w_{jn_j})^T$，利用平方平均算子对各评价对象的二级指标规范化信息进行集结，得到国家治理现代化评价问题的规范化决策矩阵 F：

$$F = (f_{ij})_{m \times r} \tag{7.24}$$

其中，$f_{ij} = \left[\sum_{k_j=1}^{n_j} w_{jk_j} (f'_{ijk_j})^2 \right]^{\frac{1}{2}}$，$w_{jk_j} = \dfrac{\omega_{jk_j}}{(\omega_{j1} + \cdots + \omega_{jn_j})} = \dfrac{\omega_{jk_j}}{\omega_j}$，$\omega_j$ 为一级指标 B_j $(j = 1, 2, \cdots, r)$ 的权重。

步骤6 根据决策矩阵 F 确定国家治理现代化评价问题的理想方案 Y^+ 和负理想方案 Y^-。设理想方案 Y^+ 和负理想方案 Y^- 分别表示为：

$$Y^+ = (y_1^+, y_2^+, \cdots, y_r^+), Y^- = (y_1^-, y_2^-, \cdots, y_r^-)$$

步骤7 计算各方案 $Y_i(i = 1, 2, \cdots, m)$ 到理想方案 Y^+ 和负理想方案 Y^- 的距离 d_i^+ 和 d_i^-。

本研究选择加权 Hamming 距离计算各方案 $Y_i(i = 1, 2, \cdots, m)$ 到 Y^+ 和 Y^- 的距离：

$$d_i^+ = \sum_{j=1}^r \omega_j |f_{ij} - y_j^+| \tag{7.25}$$

$$d_i^- = \sum_{j=1}^r \omega_j |f_{ij} - y_j^-| \tag{7.26}$$

步骤8 计算方案 $Y_i(i = 1, 2, \cdots, m)$ 的贴近度 c_i：

$$c_i = \frac{d_i^-}{d_i^- + d_i^+}, i = 1, 2, \cdots, m \tag{7.27}$$

并利用贴近度 c_i 的大小对方案 $Y_i(i = 1, 2, \cdots, m)$ 进行排序，c_i 越大表明方案 Y_i 离正理想方案越近、离负理想方案越远，相应的国家治理现代化水平越高。

7.5 实例分析

例7.1 考虑国家治理现代化动态评价问题。现对 5 个地区的政府治理现代化水平进行动态评价，Y_1, Y_2, Y_3, Y_4, Y_5 代表被评价的 5 个地区，评价指标体系如表 3 – 11 所示。假设 5 个被评价地区 $Y_i(i = 1, 2, 3, 4, 5)$2017 ~

2021 年的相关指标数据如表 7 – 2 ~ 表 7 – 6 所示。试对 5 个地区政府治理现代化水平进行动态评价。

表 7 – 2　　　　　　　　　　2017 年被评价地区的指标原始数据

指标	Y_1	Y_2	Y_3	Y_4	Y_5
C_{111}	4676. 68	1611. 96	2199. 35	6484. 33	4940. 74
C_{112}	4. 7	0. 5	1. 6	4. 5	5. 6
C_{121}	31442	13938	7956	58577	37422
C_{122}	19	6. 6	6. 9	8. 4	12. 7
C_{123}	361. 76	115. 99	69. 08	428. 01	303. 5
C_{124}	4486. 89	551. 44	88. 92	778. 42	324. 73
C_{125}	52719	57881	79135	455468	333646
C_{126}	34497	22346	14750	140346	49158
C_{211}	3. 34	3. 16	2. 98	3. 16	2. 95
C_{212}	2. 62	2. 57	2. 55	2. 6	2. 71
C_{213}	2. 65	2. 71	2. 69	2. 76	2. 61
C_{214}	2. 15	2. 01	2. 09	2. 04	2. 04
C_{215}	2. 60	2. 42	2. 43	2. 44	2. 42
C_{216}	2. 37	2. 40	2. 35	2. 34	2. 35
C_{221}	2. 35	2. 38	2. 48	2. 46	2. 43
C_{222}	3. 16	2. 68	2. 79	2. 77	2. 83
C_{223}	2. 26	2. 11	2. 24	2. 23	2. 28
C_{231}	467. 99	207. 42	367. 55	717. 07	548. 44
C_{232}	11	0	2	8	13
C_{311}	964. 62	434. 59	1276. 55	1979. 57	1430. 15
C_{312}	1. 229663	1. 914424	3. 482939	5. 951653	5. 398005
C_{313}	5300	4072	2328	3045	2345
C_{321}	208. 96	57. 94	103. 19	194. 37	159. 66
C_{322}	10608	4460	1995	17359	15253
C_{323}	1833. 29	1279. 37	2991. 49	9108. 49	6485. 45
C_{324}	1. 27	1. 07	0. 34	1. 07	1. 38
C_{325}	138. 3	209. 1	65. 5	152. 4	190. 4
C_{411}	113	65	57	68	81
C_{412}	12. 06	6. 84	39. 5	46. 92	31. 35

指标	Y_1	Y_2	Y_3	Y_4	Y_5
C_{413}	12.2	19.8	195.7	117.7	81.4
C_{414}	82.84366	57.55461	67.61925	63.78642	63.42091
C_{415}	0.5	1.1	23.2	20.1	2.7
C_{416}	12164	5048	21928	87024	51368
C_{421}	172.85	101.49	100.83	109.69	134.18
C_{422}	100	100	98.78	99.73	99.97
C_{423}	26.55	19.64	15.34	17.42	16.93
C_{424}	2.81	1.74	2.95	4.02	3.23
C_{431}	0.333923	2.685512	1.364872	2.030386	0.645245
C_{432}	57230	37022	21484	35024	42046
C_{433}	37425	27841	15437	23469	27079
C_{511}	3.99	4.43	27.61	53.03	23.28
C_{512}	156666	78305	342738	447999	369011
C_{513}	924.77	306.87	699.57	1734.65	1454.64
C_{514}	99.9	94.4	99.8	100	100
C_{515}	14861	13529	30452	67319	49663
C_{516}	687.6	293.5	587.3	1773.6	1007.2
C_{521}	16.2	14.15	14.52	14.95	13.32
C_{522}	777.63	99.25	5379.15	918.81	3721.06
C_{523}	40.34	12.22	481.27	36.57	44.05

表 7-3   **2018 年被评价地区的指标原始数据**

指标	Y_1	Y_2	Y_3	Y_4	Y_5
C_{111}	4988.83	1624.89	2555.82	7263.65	5586.63
C_{112}	-5.5	-5.6	6	5.5	7.1
C_{121}	32306	15089	8255	59308	40191
C_{122}	20.7	6.6	6.7	8.6	11.9
C_{123}	425.87	106.68	77.04	507.31	379.66
C_{124}	4957.82	685.59	275.98	991.45	590.66
C_{125}	46929	53280	68956	455530	394147
C_{126}	42851	23407	18762	176120	62341

续表

指标	Y_1	Y_2	Y_3	Y_4	Y_5
C_{211}	3.26	3.33	3.34	3.27	3.37
C_{212}	2.98	3.1	3.02	3.12	2.99
C_{213}	3.07	3.26	3.18	3.23	3.36
C_{214}	2.01	1.98	1.99	1.92	2.14
C_{215}	2.49	2.46	2.35	2.42	2.82
C_{216}	2.37	2.54	2.26	2.23	2.65
C_{221}	2.55	2.66	2.46	2.5	2.83
C_{222}	3.07	3.28	3.15	3.15	3.21
C_{223}	1.96	2.13	2.10	2.07	2.33
C_{231}	516.42	236.53	422.48	826.08	614.24
C_{232}	29	2	6	5	11
C_{311}	1025.51	448.19	1385.59	2055.56	1572.47
C_{312}	1.693737	1.385017	3.951175	5.769839	4.931885
C_{313}	5268	4150	2457	3143	2370
C_{321}	245.43	52.92	115.17	197.22	174.59
C_{322}	10070	4000	1590	10690	13260
C_{323}	2374.8	1400.38	3289.21	9518.83	7005.39
C_{324}	1.34	1.20	0.36	1.16	1.50
C_{325}	138.6	259.7	71.5	167.0	208.8
C_{411}	119	67	61	73	85
C_{412}	12.36	6.82	42.19	49.15	33.21
C_{413}	10.5	14.2	145.9	89.3	72.6
C_{414}	86.44069	61.05278	68.64611	65.72354	65.05994
C_{415}	0.5	1.0	25.1	20.2	2.6
C_{416}	12530	5148	26427	93061	55298
C_{421}	186.11	105.70	108.46	121.65	144.83
C_{422}	100	100	99.28	99.81	100
C_{423}	18.24	11.93	14.62	15.63	16.10
C_{424}	2.83	1.07	3.18	4.13	3.17
C_{431}	0.305475	2.12095	1.252747	1.819531	0.878676
C_{432}	62361	39506	23446	38096	45840

指标	Y_1	Y_2	Y_3	Y_4	Y_5
C_{433}	39843	29903	16722	25007	29471
C_{511}	4.58	4.17	23.81	48.80	21.75
C_{512}	19384	72449	987539	811733	353080
C_{513}	975.12	294.77	755.69	1718.02	1474.62
C_{514}	100	94.5	99.8	100	100
C_{515}	14443	12180	34756	63905	46411
C_{516}	692.8	286.0	633.1	1870.9	1128.3
C_{521}	16.30	9.38	14.23	14.66	13.73
C_{522}	813.73	100.01	5532.54	930.24	3692.54
C_{523}	29.98	8.65	600.96	43.36	63.64

表 7 - 4 2019 年被评价地区的指标原始数据

指标	Y_1	Y_2	Y_3	Y_4	Y_5
C_{111}	4822.98	1634.35	2630.73	7339.59	5898.75
C_{112}	-2.5	13.1	6.5	5.1	10
C_{121}	32201	15290	9700	62360	43121
C_{122}	22.2	7.3	7.1	9.4	11.7
C_{123}	433.42	109.93	90.70	572.04	516.06
C_{124}	5695.28	909.25	381.19	1471.52	888.01
C_{125}	44241	45685	76096	508375	451752
C_{126}	48656	20856	21487	180893	75770
C_{211}	3.26	3.33	3.34	3.27	3.37
C_{212}	2.98	3.10	3.02	3.12	2.99
C_{213}	3.07	3.26	3.18	3.23	3.36
C_{214}	2.01	1.98	1.99	1.92	2.14
C_{215}	2.49	2.46	2.35	2.42	2.82
C_{216}	2.37	2.54	2.26	2.23	2.65
C_{221}	2.55	2.66	2.46	2.50	2.83
C_{222}	3.07	3.28	3.15	3.15	3.21
C_{223}	1.96	2.13	2.10	2.07	2.33
C_{231}	540.62	213.26	432.48	853.13	662.70

续表

指标	Y_1	Y_2	Y_3	Y_4	Y_5
C_{232}	17	2	4	9	10
C_{311}	1137.18	467.63	1537.09	2213.84	1764.69
C_{312}	1.72818	1.723185	2.537373	4.748769	4.525196
C_{313}	5320	4214	2596	3311	2509
C_{321}	279.32	46.41	158.00	264.53	203.26
C_{322}	11400	3700	2690	8920	13200
C_{323}	2488.84	1486.9	3407.05	10034.13	8029.65
C_{324}	1.40	1.34	0.40	1.23	1.61
C_{325}	138.4	278.7	75.0	195.4	223.4
C_{411}	126	70	65	78	89
C_{412}	12.78	6.83	43.01	51.60	35.02
C_{413}	10.3	14.1	176.9	81.2	65.5
C_{414}	89.17534	62.09892	69.53968	67.94592	66.37051
C_{415}	0.6	1.0	26.0	20.4	2.6
C_{416}	12849	5614	30026	97013	69277
C_{421}	186.66	109.15	109.53	125.97	149.34
C_{422}	100	100	99.46	99.77	100
C_{423}	17.41	10.93	13.18	15.52	16.42
C_{424}	3.24	1.16	3.04	4.14	3.02
C_{431}	0.309708	1.973116	1.214582	1.702709	0.868273
C_{432}	67756	42404	25665	41400	49899
C_{433}	43038	31854	17987	26697	32026
C_{511}	4.25	3.78	22.38	47.41	20.62
C_{512}	7308	125944	373871	599923	340650
C_{513}	1011.16	300.23	802.21	1809.56	1530.24
C_{514}	100	100	99.4	100	100
C_{515}	15602	13296	37034	71066	47186
C_{516}	703.6	318.9	663.9	1942.1	1185.1
C_{521}	16.40	9.21	14.29	14.98	14.03
C_{522}	901.57	100.62	5722.22	940.39	3611.39
C_{523}	34.08	16.54	520.64	44.37	75.53

表 7 – 5　　　　　　　　　　2020 年被评价地区的指标原始数据

指标	Y_1	Y_2	Y_3	Y_4	Y_5
C_{111}	4643.87	1500.14	2527.28	7413.86	6261.75
C_{112}	2.2	3.0	3.2	0.3	5.4
C_{121}	32545	15151	10088	63031	44024
C_{122}	22.8	6.8	7.7	10.4	12.2
C_{123}	410.96	118.17	101.76	584.39	472.13
C_{124}	6316.16	1089.56	554.96	2087.85	1403.32
C_{125}	46172	45227	86337	538781	480493
C_{126}	55261	24945	28135	224512	93159
C_{211}	2.52	2.84	2.73	2.60	2.83
C_{212}	2.76	2.55	2.63	2.36	2.57
C_{213}	2.48	2.49	2.53	2.42	2.56
C_{214}	3.01	3.08	3.05	3.05	3.20
C_{215}	2.28	2.6	2.56	2.36	2.59
C_{216}	2.63	2.74	2.73	2.62	2.78
C_{221}	2.43	2.44	2.55	2.28	2.51
C_{222}	2.91	2.87	3.11	2.74	3.01
C_{223}	2.86	2.79	2.96	2.82	2.92
C_{231}	505.98	206.27	428.51	884.45	691.96
C_{232}	8	1	2	12	10
C_{311}	1138.29	442.91	1596.26	2406.53	1881.09
C_{312}	1.363833	1.785776	3.168188	4.938329	4.764459
C_{313}	5393	4430	2700	3653	2704
C_{321}	225.11	34.01	163.73	311.68	229.62
C_{322}	3192	1413	898	4367	5861
C_{323}	818.53	521.25	897.31	5396.45	3076.53
C_{324}	1.43	1.57	0.46	1.24	1.53
C_{325}	136.57	313.79	81.37	190.08	204.02
C_{411}	126	82	70	79	85
C_{412}	12.70	6.83	44.20	53.50	36.13
C_{413}	11.0	14.1	179.5	77.6	61.4
C_{414}	90.38922	64.92646	70.79287	70.28784	67.33194

续表

指标	Y_1	Y_2	Y_3	Y_4	Y_5
C_{415}	0.6	1.1	26.3	20.4	3.3
C_{416}	13016	6026	34625	97930	71299
C_{421}	178.43	123.40	111.73	116.78	132.96
C_{422}	100	100	99.72	99.92	100
C_{423}	17.02	11.54	13.29	15.61	14.75
C_{424}	3.22	3.63	3.39	4.23	3.05
C_{431}	0.730447	1.896196	0.984787	1.758895	0.998916
C_{432}	69434	43854	27136	43390	52397
C_{433}	38903	28461	18037	26225	31295
C_{511}	5.36	15.63	127.42	120.78	53.22
C_{512}	5122	74511	129336	531335	505097
C_{513}	797.52	306.54	786.20	1870.53	1444.93
C_{514}	100	100	100	100	100
C_{515}	16775	13287	40082	69489	53870
C_{516}	710.7	341.9	680.1	1854.7	1187.3
C_{521}	16.59	10.31	15.30	15.34	13.59
C_{522}	928.69	101.84	5934.37	950.69	3659.68
C_{523}	41.76	2.54	446.77	51.64	119.93

表 7 - 6　　　　　　　　2021 年被评价地区的指标原始数据

指标	Y_1	Y_2	Y_3	Y_4	Y_5
C_{111}	5164.64	1621.89	2735.73	8171.30	7171.97
C_{112}	4.9	4.8	3.0	5.8	10.8
C_{121}	34079	15021	10187	64643	45922
C_{122}	23.5	7.3	7.5	10.4	11.9
C_{123}	449.45	103.97	112.64	671.59	578.60
C_{124}	7005.65	1256.83	747.32	2606.17	1855.78
C_{125}	41496	49404	83401	612676	482140
C_{126}	70538	26326	34240	242423	120873
C_{211}	2.52	2.84	2.73	2.60	2.83
C_{212}	2.76	2.55	2.63	2.36	2.57

续表

指标	Y_1	Y_2	Y_3	Y_4	Y_5
C_{213}	2.48	2.49	2.53	2.42	2.56
C_{214}	3.01	3.08	3.05	3.05	3.2
C_{215}	2.28	2.6	2.56	2.36	2.59
C_{216}	2.63	2.74	2.73	2.62	2.78
C_{221}	2.43	2.44	2.55	2.28	2.51
C_{222}	2.91	2.87	3.11	2.74	3.01
C_{223}	2.86	2.79	2.96	2.82	2.92
C_{231}	497.15	215.69	424.99	908.30	729.51
C_{232}	2	0	0	12	6
C_{311}	1147.83	479.25	1628.81	2563.41	2039.52
C_{312}	0.790068	1.657283	2.024387	3.042013	3.544329
C_{313}	5313	5153	2926	3531	2632
C_{321}	220.06	36.97	127.08	271.01	249.35
C_{322}	3203	3005	1903	9949	14499
C_{323}	1106.13	1130.28	1727.65	6329.87	4070.23
C_{324}	1.52	1.66	0.53	1.31	1.62
C_{325}	156.83	317.7	97.07	190.97	238.85
C_{411}	132	89	75	81	89
C_{412}	13.03	6.87	45.50	54.86	36.99
C_{413}	11.0	12.8	167.8	72.4	59.3
C_{414}	92.24121	68.25492	71.94253	70.13357	67.62997
C_{415}	0.6	1.1	25.3	19.7	3.3
C_{416}	12892	6357	36825	89247	72825
C_{421}	181.49	127.10	116.05	119.68	135.47
C_{422}	100	100	99.79	99.92	100
C_{423}	16.45	12.51	11.34	14.67	13.22
C_{424}	3.31	3.73	3.71	4.21	2.98
C_{431}	0.618097	2.068225	0.941982	1.483971	1.11458
C_{432}	75002	47449	29383	47498	57541
C_{433}	43640	33188	19954	31451	36668
C_{511}	4.87	15.52	153.53	119.49	49.87

续表

指标	Y_1	Y_2	Y_3	Y_4	Y_5
C_{512}	6350	10076	95548	98229	175538
C_{513}	784.22	335.68	788.10	1903.60	1531.14
C_{514}	100	100	100	100	100
C_{515}	17439	14361	37331	74920	57717
C_{516}	727.8	345.9	690.6	1815.7	1338.8
C_{521}	16.62	9.74	15.14	15.6	12.87
C_{522}	977.98	103.96	6147.02	959.90	3702.58
C_{523}	24.78	5.40	181.39	3.21	23.98

下面运用动态多属性决策方法，对 5 个地区政府治理现代化水平进行评价。

步骤 1 对原始数据进行归一化。利用归一化方法对表 7 – 2 ~ 表 7 – 6 的原始数据进行归一化处理，得到 2017 ~ 2021 年 5 个评价地区的归一化数据如表 7 – 7 ~ 表 7 – 11 所示。

表 7 – 7 　　　　　　2017 年被评价地区的指标归一化数据

指标	Y_1	Y_2	Y_3	Y_4	Y_5
C_{111}	0.20977	0.07230	0.09865	0.29085	0.22161
C_{112}	0.21458	0.12708	0.15000	0.21042	0.23333
C_{121}	0.19606	0.08691	0.04961	0.36526	0.23335
C_{122}	0.33182	0.11526	0.12050	0.14670	0.22180
C_{123}	0.22329	0.07159	0.04264	0.26418	0.18733
C_{124}	0.46738	0.05744	0.00926	0.08108	0.03383
C_{125}	0.04716	0.05177	0.07078	0.40740	0.29843
C_{126}	0.09310	0.06031	0.03981	0.37877	0.13267
C_{211}	0.22040	0.20853	0.19665	0.20853	0.19467
C_{212}	0.18928	0.18567	0.18422	0.18783	0.19578
C_{213}	0.18773	0.19198	0.19056	0.19552	0.18490
C_{214}	0.17568	0.16424	0.17078	0.16669	0.16669
C_{215}	0.20910	0.19463	0.19543	0.19624	0.19463
C_{216}	0.18836	0.19075	0.18678	0.18598	0.18678

续表

指标	Y_1	Y_2	Y_3	Y_4	Y_5
C_{221}	0.18794	0.19034	0.19834	0.19674	0.19434
C_{222}	0.21002	0.17812	0.18543	0.18410	0.18809
C_{223}	0.18525	0.17295	0.18361	0.18279	0.18689
C_{231}	0.18107	0.40854	0.23055	0.11817	0.15451
C_{232}	0.08475	0.00000	0.46614	0.11654	0.07171
C_{311}	0.13774	0.06205	0.18228	0.28266	0.20421
C_{312}	0.37313	0.23967	0.13174	0.07709	0.08500
C_{313}	0.29165	0.22407	0.12811	0.16756	0.12904
C_{321}	0.24132	0.06691	0.11917	0.22447	0.18438
C_{322}	0.29884	0.12564	0.05620	0.48903	0.42970
C_{323}	0.09568	0.06677	0.15612	0.47535	0.33846
C_{324}	0.21496	0.18111	0.05755	0.18111	0.23358
C_{325}	0.15576	0.23550	0.07377	0.17164	0.21444
C_{411}	0.26588	0.15294	0.13412	0.16000	0.19059
C_{412}	0.08146	0.04620	0.26680	0.31692	0.21175
C_{413}	0.42721	0.26323	0.02663	0.04428	0.06403
C_{414}	0.23386	0.16247	0.19088	0.180065	0.17903
C_{415}	0.62814	0.28552	0.01354	0.01563	0.11632
C_{416}	0.05929	0.02461	0.10688	0.42417	0.25038
C_{421}	0.26114	0.15333	0.15233	0.16572	0.20272
C_{422}	0.20031	0.20031	0.19787	0.19977	0.20025
C_{423}	0.34368	0.25423	0.19857	0.22550	0.21915
C_{424}	0.17742	0.10986	0.18626	0.25382	0.20394
C_{431}	0.05201	0.41828	0.21259	0.31624	0.10050
C_{432}	0.25498	0.16494	0.09572	0.15604	0.18733
C_{433}	0.25577	0.19027	0.10550	0.16039	0.18506
C_{511}	0.53432	0.48125	0.07722	0.04020	0.09158
C_{512}	0.11661	0.05828	0.25510	0.33345	0.27465
C_{513}	0.17554	0.05825	0.13279	0.32927	0.27612
C_{514}	0.20078	0.18973	0.20058	0.20098	0.20098
C_{515}	0.08016	0.07297	0.16426	0.36311	0.26788

指标	Y_1	Y_2	Y_3	Y_4	Y_5
C_{516}	0.14650	0.06253	0.12513	0.37789	0.21460
C_{521}	0.23047	0.20131	0.20657	0.21269	0.18950
C_{522}	0.06857	0.00875	0.47429	0.08101	0.32809
C_{523}	0.06829	0.02069	0.81472	0.06191	0.07457

表 7 – 8　　　　　　　　　2018 年被评价地区的指标归一化数据

指标	Y_1	Y_2	Y_3	Y_4	Y_5
C_{111}	0.22377	0.07288	0.11464	0.32581	0.25059
C_{112}	0.00208	0.00000	0.24167	0.23125	0.26458
C_{121}	0.20145	0.09409	0.05148	0.36982	0.25062
C_{122}	0.36151	0.11526	0.11701	0.15019	0.20782
C_{123}	0.26286	0.06585	0.04755	0.31313	0.23434
C_{124}	0.51643	0.07142	0.02875	0.10327	0.06153
C_{125}	0.04198	0.04766	0.06168	0.40745	0.35255
C_{126}	0.11565	0.06317	0.05064	0.47532	0.16825
C_{211}	0.21513	0.21974	0.22040	0.21579	0.22238
C_{212}	0.21529	0.22396	0.21818	0.22540	0.21601
C_{213}	0.21748	0.23094	0.22528	0.22882	0.23803
C_{214}	0.16424	0.16179	0.16261	0.15689	0.17487
C_{215}	0.20026	0.19785	0.18900	0.19463	0.22680
C_{216}	0.18836	0.20188	0.17962	0.17724	0.21062
C_{221}	0.20394	0.21273	0.19674	0.19994	0.22633
C_{222}	0.20404	0.21800	0.20936	0.20936	0.21335
C_{223}	0.16066	0.17460	0.17213	0.16967	0.19098
C_{231}	0.16409	0.35826	0.20058	0.10258	0.13796
C_{232}	0.03215	0.46614	0.15538	0.18646	0.08475
C_{311}	0.14640	0.06400	0.19785	0.29351	0.22453
C_{312}	0.27090	0.33128	0.11612	0.07952	0.09303
C_{313}	0.28989	0.22837	0.13520	0.17295	0.13042
C_{321}	0.28343	0.06111	0.13300	0.22776	0.20162
C_{322}	0.28369	0.11269	0.04479	0.30115	0.37355

续表

指标	Y_1	Y_2	Y_3	Y_4	Y_5
C_{323}	0.12394	0.07308	0.17166	0.49677	0.36560
C_{324}	0.22681	0.20311	0.06093	0.196344	0.25389
C_{325}	0.15610	0.29249	0.08053	0.18809	0.23516
C_{411}	0.28000	0.15765	0.14353	0.17177	0.20000
C_{412}	0.08349	0.04607	0.28497	0.33198	0.22432
C_{413}	0.49637	0.36704	0.03572	0.05836	0.07179
C_{414}	0.24402	0.17235	0.19378	0.18553	0.18366
C_{415}	0.62814	0.31407	0.01251	0.01555	0.12080
C_{416}	0.06107	0.02509	0.12881	0.45360	0.26953
C_{421}	0.28117	0.15969	0.16386	0.18379	0.21881
C_{422}	0.20031	0.20031	0.19887	0.19993	0.20031
C_{423}	0.23611	0.15443	0.18925	0.20233	0.20841
C_{424}	0.17868	0.06756	0.20078	0.26077	0.20015
C_{431}	0.04758	0.33035	0.19512	0.28340	0.13686
C_{432}	0.277836	0.17601	0.104459	0.169728	0.20423
C_{433}	0.27229	0.20436	0.11428	0.170901	0.20141
C_{511}	0.46549	0.51125	0.08954	0.04369	0.09802
C_{512}	0.01443	0.05392	0.73502	0.60417	0.26280
C_{513}	0.18510	0.05595	0.14345	0.32612	0.27991
C_{514}	0.20098	0.18993	0.20058	0.20098	0.20098
C_{515}	0.07790	0.06570	0.18747	0.34470	0.25034
C_{516}	0.14761	0.06094	0.13489	0.39862	0.24040
C_{521}	0.23190	0.13345	0.20245	0.20857	0.19533
C_{522}	0.07175	0.00882	0.48781	0.08202	0.32558
C_{523}	0.05075	0.01464	1.01734	0.07340	0.10773

表 7 - 9   **2019 年被评价地区的指标归一化数据**

指标	Y_1	Y_2	Y_3	Y_4	Y_5
C_{111}	0.21633	0.07331	0.11800	0.32921	0.26459
C_{112}	0.06458	0.38958	0.25208	0.22292	0.32500
C_{121}	0.20079	0.09534	0.06049	0.38885	0.26889

续表

指标	Y_1	Y_2	Y_3	Y_4	Y_5
C_{122}	0.38771	0.12749	0.12400	0.16416	0.20433
C_{123}	0.2675	0.06785	0.05598	0.35308	0.31853
C_{124}	0.59325	0.09471	0.03971	0.15328	0.09250
C_{125}	0.03957	0.04086	0.06807	0.45472	0.40407
C_{126}	0.13131	0.05629	0.05799	0.48820	0.20449
C_{211}	0.21513	0.21974	0.22040	0.21579	0.22238
C_{212}	0.21529	0.22396	0.21818	0.22540	0.21601
C_{213}	0.21748	0.23094	0.22528	0.22882	0.23803
C_{214}	0.16424	0.16179	0.16261	0.15689	0.17487
C_{215}	0.20026	0.19785	0.18900	0.19463	0.22680
C_{216}	0.18836	0.20188	0.17962	0.17724	0.21062
C_{221}	0.20394	0.21273	0.19674	0.19994	0.22633
C_{222}	0.20404	0.21800	0.20936	0.20936	0.21335
C_{223}	0.16067	0.17459	0.17213	0.16967	0.19098
C_{231}	0.15674	0.39735	0.19594	0.09933	0.12787
C_{232}	0.05484	0.46614	0.23307	0.10359	0.09323
C_{311}	0.16238	0.06677	0.21948	0.31611	0.25198
C_{312}	0.26550	0.26627	0.18083	0.09662	0.10139
C_{313}	0.29275	0.23189	0.14285	0.18220	0.13807
C_{321}	0.32257	0.05360	0.18247	0.30549	0.23473
C_{322}	0.32115	0.10423	0.07578	0.25129	0.37186
C_{323}	0.12989	0.07760	0.17781	0.52366	0.41905
C_{324}	0.23697	0.22681	0.06771	0.20819	0.27251
C_{325}	0.15588	0.31389	0.08447	0.22007	0.25161
C_{411}	0.29647	0.16471	0.15294	0.18353	0.20941
C_{412}	0.08632	0.04613	0.29051	0.34853	0.23654
C_{413}	0.50601	0.36964	0.02946	0.06419	0.07957
C_{414}	0.25174	0.17530	0.19631	0.19181	0.18736
C_{415}	0.52345	0.31407	0.01208	0.01540	0.12080
C_{416}	0.06263	0.02736	0.14635	0.47286	0.33767
C_{421}	0.28200	0.16490	0.16548	0.19031	0.22562

续表

指标	Y_1	Y_2	Y_3	Y_4	Y_5
C_{422}	0.20031	0.20031	0.19923	0.19985	0.20031
C_{423}	0.22537	0.14149	0.17061	0.20090	0.21255
C_{424}	0.20457	0.07324	0.19194	0.26140	0.19068
C_{431}	0.04824	0.30732	0.18918	0.26521	0.13524
C_{432}	0.30187	0.18892	0.11435	0.18445	0.22231
C_{433}	0.29413	0.21770	0.12293	0.18245	0.21887
C_{511}	0.50163	0.56400	0.09526	0.04497	0.10339
C_{512}	0.00544	0.09374	0.27827	0.44652	0.25355
C_{513}	0.19194	0.05699	0.15228	0.34349	0.29047
C_{514}	0.20098	0.20098	0.19978	0.20098	0.20098
C_{515}	0.08416	0.07172	0.19976	0.38332	0.25452
C_{516}	0.14991	0.06795	0.14145	0.41379	0.25250
C_{521}	0.23332	0.13103	0.20330	0.21312	0.19960
C_{522}	0.07949	0.00887	0.50454	0.08292	0.31842
C_{523}	0.05769	0.02800	0.88137	0.07511	0.12786

表 7 - 10　　　　　　2020 年被评价地区的指标归一化数据

指标	Y_1	Y_2	Y_3	Y_4	Y_5
C_{111}	0.20830	0.06729	0.11336	0.33254	0.28087
C_{112}	0.16250	0.17917	0.18333	0.12292	0.22917
C_{121}	0.20294	0.09448	0.06291	0.39304	0.27452
C_{122}	0.39818	0.11876	0.13447	0.18163	0.21306
C_{123}	0.25366	0.07294	0.06281	0.36070	0.29141
C_{124}	0.65792	0.11349	0.05781	0.21748	0.14618
C_{125}	0.04130	0.04045	0.07723	0.48192	0.42978
C_{126}	0.14914	0.06732	0.07593	0.60592	0.25142
C_{211}	0.16629	0.18741	0.18015	0.17157	0.18675
C_{212}	0.19939	0.18422	0.19000	0.17050	0.18567
C_{213}	0.17569	0.17640	0.17923	0.17144	0.18135
C_{214}	0.24596	0.25168	0.24922	0.24922	0.26148
C_{215}	0.18337	0.20910	0.20589	0.18980	0.20830

续表

指标	Y_1	Y_2	Y_3	Y_4	Y_5
C_{216}	0.20903	0.21777	0.21698	0.20823	0.22095
C_{221}	0.19434	0.19514	0.20394	0.18234	0.20074
C_{222}	0.19341	0.19075	0.20670	0.18211	0.20005
C_{223}	0.23443	0.22869	0.24262	0.23115	0.23934
C_{231}	0.16748	0.41082	0.19775	0.09581	0.12246
C_{232}	0.11654	0.93229	0.46614	0.07769	0.09323
C_{311}	0.16253	0.06324	0.22793	0.34362	0.26860
C_{312}	0.33642	0.25693	0.14482	0.09291	0.09630
C_{313}	0.29677	0.24377	0.14858	0.20102	0.14880
C_{321}	0.25997	0.03928	0.18908	0.35994	0.26518
C_{322}	0.08992	0.03981	0.02530	0.12302	0.16511
C_{323}	0.04272	0.02720	0.04683	0.28163	0.16056
C_{324}	0.24205	0.26574	0.07786	0.20989	0.25897
C_{325}	0.15381	0.35341	0.09164	0.21408	0.22978
C_{411}	0.29647	0.19294	0.16471	0.18588	0.20000
C_{412}	0.08578	0.04613	0.29855	0.36136	0.24404
C_{413}	0.47381	0.36964	0.02904	0.06716	0.08489
C_{414}	0.25516	0.18328	0.19984	0.19842	0.19007
C_{415}	0.52345	0.28552	0.01194	0.01540	0.09517
C_{416}	0.06344	0.02937	0.16877	0.47733	0.34752
C_{421}	0.26957	0.18643	0.16880	0.17643	0.20087
C_{422}	0.20031	0.20031	0.19975	0.20015	0.20031
C_{423}	0.22032	0.14938	0.17203	0.20207	0.19093
C_{424}	0.20331	0.22920	0.21404	0.26708	0.19258
C_{431}	0.11377	0.29534	0.15339	0.27396	0.15559
C_{432}	0.30935	0.19538	0.12090	0.19332	0.233443
C_{433}	0.265869	0.194506	0.123267	0.179225	0.21387
C_{511}	0.39775	0.13640	0.01673	0.01765	0.04006
C_{512}	0.00381	0.05546	0.09626	0.39547	0.37594
C_{513}	0.15137	0.05819	0.14924	0.35507	0.27428
C_{514}	0.20098	0.20098	0.20098	0.20098	0.20098

续表

指标	Y_1	Y_2	Y_3	Y_4	Y_5
C_{515}	0.09048	0.07167	0.21620	0.37482	0.29057
C_{516}	0.15142	0.07285	0.14490	0.39517	0.25297
C_{521}	0.23602	0.14668	0.21767	0.21824	0.19334
C_{522}	0.08188	0.00898	0.52324	0.08382	0.32268
C_{523}	0.07069	0.00430	0.75631	0.08742	0.20302

表 7-11 **2021 年被评价地区的指标归一化数据**

指标	Y_1	Y_2	Y_3	Y_4	Y_5
C_{111}	0.23166	0.07275	0.12271	0.36652	0.32170
C_{112}	0.21875	0.21667	0.17917	0.23750	0.34167
C_{121}	0.21250	0.09367	0.06352	0.40309	0.28635
C_{122}	0.41041	0.12749	0.13098	0.18163	0.20782
C_{123}	0.27741	0.06417	0.06953	0.41453	0.35713
C_{124}	0.72974	0.13092	0.07785	0.27147	0.19331
C_{125}	0.03712	0.04420	0.07460	0.54801	0.43126
C_{126}	0.19037	0.07105	0.09241	0.65426	0.32622
C_{211}	0.16629	0.18741	0.18015	0.17157	0.18675
C_{212}	0.19939	0.18422	0.19000	0.17050	0.18567
C_{213}	0.17569	0.17640	0.17923	0.17144	0.18135
C_{214}	0.24596	0.25168	0.24922	0.24922	0.26148
C_{215}	0.18337	0.20910	0.20589	0.18980	0.20830
C_{216}	0.20903	0.21777	0.21698	0.20823	0.22095
C_{221}	0.19434	0.19514	0.20394	0.18234	0.20074
C_{222}	0.19341	0.19075	0.20670	0.18211	0.20005
C_{223}	0.23443	0.22869	0.24262	0.23115	0.23934
C_{231}	0.17045	0.39287	0.19939	0.09329	0.11616
C_{232}	0.46614	0.00000	0.00000	0.07769	0.15538
C_{311}	0.16390	0.06843	0.23257	0.36602	0.29122
C_{312}	0.58074	0.27685	0.22665	0.15083	0.12945
C_{313}	0.29236	0.28356	0.16101	0.19430	0.14483
C_{321}	0.25414	0.04270	0.14676	0.31297	0.28796

指标	Y_1	Y_2	Y_3	Y_4	Y_5
C_{322}	0.09023	0.08466	0.05361	0.28028	0.40846
C_{323}	0.05773	0.05899	0.09016	0.33034	0.21242
C_{324}	0.25728	0.28098	0.08971	0.22173	0.27420
C_{325}	0.17663	0.35782	0.10933	0.21508	0.26901
C_{411}	0.31059	0.20941	0.17647	0.19059	0.20941
C_{412}	0.08801	0.04640	0.30733	0.37055	0.24985
C_{413}	0.473811	0.40718	0.03106	0.07199	0.08789
C_{414}	0.26039	0.19268	0.20309	0.19798	0.19092
C_{415}	0.52345	0.28552	0.01241	0.01594	0.09517
C_{416}	0.06284	0.03099	0.17949	0.43500	0.35496
C_{421}	0.27419	0.19202	0.17533	0.18081	0.20467
C_{422}	0.20031	0.20031	0.19989	0.20015	0.20031
C_{423}	0.21294	0.16194	0.14679	0.18990	0.17113
C_{424}	0.20899	0.23551	0.23425	0.26582	0.18816
C_{431}	0.09627	0.32214	0.14672	0.23114	0.17360
C_{432}	0.33416	0.21140	0.13091	0.21162	0.25636
C_{433}	0.29824	0.22681	0.13637	0.21494	0.25059
C_{511}	0.43777	0.13737	0.01389	0.01784	0.04275
C_{512}	0.00473	0.00750	0.07112	0.07311	0.13065
C_{513}	0.14886	0.06372	0.14960	0.36134	0.29064
C_{514}	0.20098	0.20098	0.20098	0.20098	0.20098
C_{515}	0.09406	0.07746	0.20136	0.40411	0.31132
C_{516}	0.15507	0.07370	0.14714	0.38686	0.28525
C_{521}	0.23645	0.13857	0.21539	0.22194	0.18310
C_{522}	0.08623	0.00917	0.54199	0.08464	0.32646
C_{523}	0.04195	0.00914	0.30707	0.00543	0.04060

步骤2　确定 5 个评价地区 $Y_i (i = 1, 2, \cdots, 5)$ 关于一级评价指标 $B_j (j = 1, 2, 3, 4, 5)$ 集结后的综合决策矩阵。

采用指数衰减模型法计算可得时间序列权重为：

$$w^{(1)}(t_k) = (0.0921, 0.1286, 0.1794, 0.2504, 0.3495)^{\mathrm{T}}$$

利用 OWA 算子的时间序列赋权方法计算得到的指标时间权重 $w^{(2)}(t_k)$，以及由式（7.18）计算得到的时间序列组合权重 $w(t_k)$（取 $\alpha = 0.5$）分别如表 7-12 和表 7-13 所示。

表 7-12　　　　　　　　基于 OWA 算子的时间序列权重

二级指标	2017 年	2018 年	2019 年	2020 年	2021 年
C_{111}	0.0891	0.2763	0.2805	0.2804	0.0737
C_{112}	0.2950	0.1272	0.1328	0.2553	0.1898
C_{121}	0.0959	0.2345	0.2887	0.2513	0.1296
C_{122}	0.1349	0.1947	0.3121	0.2029	0.1555
C_{123}	0.0853	0.2515	0.2649	0.2820	0.1163
C_{124}	0.1335	0.2217	0.3044	0.2381	0.1024
C_{125}	0.1350	0.2031	0.3087	0.2369	0.1163
C_{126}	0.1220	0.2549	0.2896	0.2388	0.0947
C_{211}	0.3042	0.1891	0.1891	0.1588	0.1588
C_{212}	0.2513	0.1529	0.1529	0.2214	0.2214
C_{213}	0.2935	0.1564	0.1564	0.1968	0.1968
C_{214}	0.2455	0.2245	0.2245	0.1528	0.1528
C_{215}	0.1244	0.1594	0.1594	0.2784	0.2784
C_{216}	0.1907	0.2510	0.2510	0.1536	0.1536
C_{221}	0.1969	0.1533	0.1533	0.2482	0.2482
C_{222}	0.1553	0.1559	0.1559	0.2665	0.2665
C_{223}	0.2673	0.2127	0.2127	0.1536	0.1536
C_{231}	0.0409	0.2056	0.2464	0.2744	0.2328
C_{232}	0.2131	0.2722	0.2757	0.0439	0.1951
C_{311}	0.1109	0.2226	0.3022	0.2374	0.1268
C_{312}	0.2397	0.2284	0.2423	0.2524	0.0373
C_{313}	0.1549	0.2149	0.2999	0.2300	0.1003
C_{321}	0.1025	0.2181	0.2083	0.1831	0.2880
C_{322}	0.1298	0.2675	0.2648	0.0616	0.2763
C_{323}	0.2821	0.2297	0.1683	0.1022	0.2177
C_{324}	0.0996	0.2409	0.2976	0.2487	0.1131
C_{325}	0.0816	0.2575	0.2824	0.2642	0.1142
C_{411}	0.1069	0.2352	0.2992	0.2518	0.1069

续表

二级指标	2017 年	2018 年	2019 年	2020 年	2021 年
C_{412}	0.0876	0.2517	0.2966	0.2298	0.1342
C_{413}	0.0400	0.2605	0.2365	0.2648	0.1983
C_{414}	0.0918	0.2528	0.3006	0.2242	0.1305
C_{415}	0.2086	0.1186	0.3074	0.1812	0.1842
C_{416}	0.0862	0.2353	0.2638	0.1823	0.2324
C_{421}	0.0457	0.2733	0.1978	0.2792	0.2040
C_{422}	0.0702	0.2800	0.2944	0.1918	0.1636
C_{423}	0.0438	0.2770	0.2573	0.2426	0.1794
C_{424}	0.2514	0.2069	0.2339	0.1789	0.1288
C_{431}	0.0471	0.2769	0.1629	0.2760	0.2372
C_{432}	0.1067	0.2357	0.2968	0.2594	0.1014
C_{433}	0.1205	0.2613	0.2624	0.2796	0.0761
C_{511}	0.2453	0.2549	0.1924	0.1412	0.1663
C_{512}	0.2805	0.0885	0.2772	0.2777	0.0760
C_{513}	0.1350	0.2743	0.0852	0.2605	0.2450
C_{514}	0.1464	0.1600	0.2580	0.2178	0.2178
C_{515}	0.2120	0.1434	0.3058	0.2355	0.1034
C_{516}	0.0651	0.2685	0.2437	0.2691	0.1537
C_{521}	0.0754	0.1524	0.2157	0.2641	0.2924
C_{522}	0.1386	0.2264	0.2983	0.2446	0.0921
C_{523}	0.2743	0.1910	0.2372	0.2557	0.0419

表 7 - 13　　　　　　　　　　　时间序列组合权重

二级指标	2017 年	2018 年	2019 年	2020 年	2021 年
C_{111}	0.0906	0.2025	0.2299	0.2654	0.2116
C_{112}	0.1935	0.1279	0.1561	0.2528	0.2697
C_{121}	0.0940	0.1816	0.2340	0.2508	0.2396
C_{122}	0.1135	0.1616	0.2457	0.2266	0.2525
C_{123}	0.0887	0.1901	0.2221	0.2662	0.2329
C_{124}	0.1128	0.1752	0.2419	0.2442	0.2259
C_{125}	0.1136	0.1659	0.2440	0.2436	0.2329

续表

二级指标	2017 年	2018 年	2019 年	2020 年	2021 年
C_{126}	0.1071	0.1918	0.2345	0.2446	0.2221
C_{211}	0.1982	0.1588	0.1842	0.2046	0.2542
C_{212}	0.1717	0.1408	0.1662	0.2359	0.2855
C_{213}	0.1928	0.1425	0.1679	0.2236	0.2732
C_{214}	0.1688	0.1765	0.2019	0.2016	0.2511
C_{215}	0.1083	0.1440	0.1694	0.2644	0.3139
C_{216}	0.1414	0.1898	0.2152	0.2020	0.2515
C_{221}	0.1445	0.1410	0.1664	0.2493	0.2989
C_{222}	0.1237	0.1422	0.1676	0.2584	0.3080
C_{223}	0.1797	0.1707	0.1961	0.2020	0.2516
C_{231}	0.0665	0.1671	0.2129	0.2624	0.2911
C_{232}	0.1526	0.2004	0.2275	0.1472	0.2723
C_{311}	0.1015	0.1756	0.2408	0.2439	0.2382
C_{312}	0.1659	0.1785	0.2108	0.2514	0.1934
C_{313}	0.1235	0.1718	0.2396	0.2402	0.2249
C_{321}	0.0973	0.1734	0.1938	0.2168	0.3187
C_{322}	0.1110	0.1980	0.2221	0.1560	0.3129
C_{323}	0.1871	0.1791	0.1738	0.1763	0.2836
C_{324}	0.0959	0.1848	0.2385	0.2495	0.2313
C_{325}	0.0869	0.1931	0.2309	0.2573	0.2318
C_{411}	0.0995	0.1819	0.2393	0.2511	0.2282
C_{412}	0.0898	0.1902	0.2380	0.2401	0.2419
C_{413}	0.0660	0.1946	0.2079	0.2576	0.2739
C_{414}	0.0920	0.1907	0.2400	0.2373	0.2400
C_{415}	0.1503	0.1236	0.2434	0.2158	0.2668
C_{416}	0.0892	0.1819	0.2216	0.2163	0.2910
C_{421}	0.0689	0.2010	0.1886	0.2648	0.2768
C_{422}	0.0811	0.2043	0.2369	0.2211	0.2566
C_{423}	0.0679	0.2028	0.2183	0.2465	0.2644
C_{424}	0.1718	0.1678	0.2067	0.2147	0.2392
C_{431}	0.0696	0.2027	0.1711	0.2632	0.2933

续表

二级指标	2017 年	2018 年	2019 年	2020 年	2021 年
C_{432}	0.0994	0.1822	0.2381	0.2549	0.2254
C_{433}	0.1063	0.1950	0.2209	0.2650	0.2128
C_{511}	0.1687	0.1917	0.1859	0.1958	0.2579
C_{512}	0.1863	0.1085	0.2283	0.2641	0.2128
C_{513}	0.1136	0.2015	0.1323	0.2555	0.2972
C_{514}	0.1193	0.1443	0.2187	0.2341	0.2836
C_{515}	0.1520	0.1360	0.2426	0.2429	0.2264
C_{516}	0.0786	0.1985	0.2115	0.2598	0.2516
C_{521}	0.0838	0.1405	0.1975	0.2572	0.3210
C_{522}	0.1154	0.1775	0.2388	0.2475	0.2208
C_{523}	0.1832	0.1598	0.2083	0.2530	0.1957

然后利用表 7-7～表 7-11 中的数据，根据式（7.23）可以计算 5 个评价地区 $Y_i(i=1,2,\cdots,5)$ 关于一级评价指标 $B_j(j=1,2,3,4,5)$ 集结后的综合决策矩阵 $F'=(f'_{ijs})_{5\times k_j}$，如表 7-14 所示。

表 7-14　　　　2017～2021 年被评价地区的指标综合数据

一级指标（权重）	二级指标	Y_1	Y_2	Y_3	Y_4	Y_5	权重 $\omega^{(1)}$	权重 $\omega^{(2)}$	组合权重 ω
B_1 (0.1596)	C_{111}	0.21668	0.07137	0.11439	0.32854	0.26566	0.0174	0.0258	0.0219
	C_{112}	0.15513	0.17606	0.18926	0.19753	0.26898	0.0167	0.0051	0.0096
	C_{121}	0.20255	0.09380	0.05833	0.38502	0.26487	0.0209	0.0136	0.0174
	C_{122}	0.38072	0.12169	0.12538	0.16535	0.20968	0.0232	0.0273	0.0260
	C_{123}	0.25982	0.06867	0.05622	0.34475	0.28301	0.0203	0.0332	0.0268
	C_{124}	0.58879	0.09275	0.04143	0.15994	0.10090	0.0106	0.0280	0.0178
	C_{125}	0.04121	0.04401	0.07006	0.45603	0.38860	0.0196	0.0333	0.0264
	C_{126}	0.13250	0.06257	0.06144	0.51539	0.20922	0.0134	0.0128	0.0136
B_2 (0.1867)	C_{211}	0.20122	0.20606	0.20039	0.19953	0.20263	0.0207	0.0095	0.0146
	C_{212}	0.20171	0.19674	0.19717	0.19165	0.19749	0.0266	0.0134	0.0195
	C_{213}	0.19230	0.19804	0.19696	0.19646	0.20012	0.0187	0.0113	0.0150
	C_{214}	0.19202	0.18986	0.19108	0.18751	0.19933	0.0168	0.0099	0.0133
	C_{215}	0.19196	0.20371	0.19920	0.19214	0.21250	0.0236	0.0105	0.0162

续表

一级指标（权重）	二级指标	Y_1	Y_2	Y_3	Y_4	Y_5	权重 $\omega^{(1)}$	权重 $\omega^{(2)}$	组合权重 ω
	C_{216}	0.19471	0.20464	0.19246	0.18843	0.20924	0.0248	0.0139	0.0192
	C_{221}	0.19602	0.19959	0.20063	0.19057	0.20732	0.0252	0.0159	0.0207
B_2	C_{222}	0.19930	0.19728	0.20422	0.19091	0.20234	0.0197	0.0113	0.0154
(0.1867)	C_{223}	0.18989	0.19077	0.19686	0.19207	0.20475	0.0214	0.0113	0.0161
	C_{231}	0.16538	0.39242	0.19961	0.09840	0.12682	0.0235	0.0183	0.0214
	C_{232}	0.13800	0.29634	0.22635	0.12271	0.09846	0.0216	0.0100	0.0152
	C_{311}	0.15632	0.06500	0.21420	0.32023	0.24949	0.0181	0.0197	0.0195
	C_{312}	0.32217	0.27278	0.14690	0.08912	0.09532	0.0217	0.0136	0.0178
	C_{313}	0.29285	0.23784	0.14206	0.18349	0.13817	0.0222	0.0368	0.0296
B_3	C_{321}	0.27453	0.05084	0.15612	0.29235	0.24325	0.0130	0.0228	0.0178
(0.1772)	C_{322}	0.23018	0.09989	0.05571	0.29559	0.37719	0.0276	0.0190	0.0236
	C_{323}	0.09425	0.06430	0.13781	0.43703	0.31263	0.0183	0.0365	0.0267
	C_{324}	0.23589	0.23236	0.07008	0.20459	0.26097	0.0191	0.0147	0.0173
	C_{325}	0.15775	0.31744	0.08732	0.20573	0.24056	0.0190	0.0303	0.0248
	C_{411}	0.29084	0.17368	0.15419	0.17959	0.20282	0.0153	0.0232	0.0195
	C_{412}	0.08528	0.04616	0.29115	0.34750	0.23480	0.0182	0.0310	0.0246
	C_{413}	0.48544	0.37215	0.03118	0.06421	0.07998	0.0180	0.0183	0.0187
	C_{414}	0.25004	0.17743	0.19685	0.19143	0.18673	0.0203	0.0248	0.0232
	C_{415}	0.55771	0.29768	0.01247	0.01556	0.11050	0.0223	0.0266	0.0252
	C_{416}	0.06217	0.02780	0.15061	0.45614	0.31993	0.0205	0.0425	0.0305
B_4	C_{421}	0.27576	0.17449	0.16737	0.18159	0.21153	0.0228	0.0301	0.0271
(0.2766)	C_{422}	0.20031	0.20031	0.19924	0.19997	0.20030	0.0193	0.0028	0.0076
	C_{423}	0.23007	0.15559	0.17307	0.20068	0.19902	0.0231	0.0237	0.0242
	C_{424}	0.19273	0.13008	0.20175	0.26095	0.19599	0.0248	0.0140	0.0193
	C_{431}	0.07771	0.31913	0.17198	0.26698	0.14876	0.0171	0.0202	0.0192
	C_{432}	0.29642	0.18727	0.11341	0.18300	0.22066	0.0179	0.0235	0.0212
	C_{433}	0.27621	0.20511	0.11968	0.17834	0.21125	0.0109	0.0230	0.0164
	C_{511}	0.47515	0.39895	0.06476	0.03511	0.08010	0.0271	0.0318	0.0303
B_5	C_{512}	0.03691	0.06308	0.24588	0.38618	0.28494	0.0213	0.0215	0.0221
(0.1999)	C_{513}	0.16673	0.05884	0.14578	0.34419	0.28146	0.0192	0.0209	0.0208
	C_{514}	0.20095	0.19756	0.20055	0.20098	0.20098	0.0243	0.0093	0.0156

续表

一级指标（权重）	二级指标	Y_1	Y_2	Y_3	Y_4	Y_5	权重 $\omega^{(1)}$	权重 $\omega^{(2)}$	组合权重 ω
	C_{515}	0.08493	0.07170	0.19451	0.37365	0.27111	0.0148	0.0222	0.0187
	C_{516}	0.15027	0.06791	0.14043	0.39823	0.25194	0.0171	0.0242	0.0210
B_5	C_{521}	0.23452	0.14304	0.21075	0.21632	0.19171	0.0258	0.0183	0.0224
(0.1999)	C_{522}	0.07743	0.00890	0.50458	0.08283	0.32316	0.0315	0.0175	0.0243
	C_{523}	0.06194	0.01659	0.83305	0.07139	0.12496	0.0250	0.0227	0.0246

步骤3　确定二级评价指标 $C_{jl_j}(j=1,2,3,4,5;l_j=1,2,\cdots,n_j)$ 的权重向量。

利用 2012～2021 年 5 个评价地区的指标数据，确定每个评价地区在各评价指标的云模型信息，然后利用式（7.19）～式（7.22）计算每个评价指标的权重 $\omega_j^{(1)}$、$\omega_j^{(2)}$、ω_j 及一级指标权重如表 7-14 所示。

步骤4　确定国家治理现代化评价问题的综合决策矩阵 $F=(f_{ij})_{5\times5}$。

根据表 7-12 中的评价指标及其权重向量数据，利用平方平均算子对各评价对象的二级指标规范化信息进行集结，得到国家治理现代化评价问题的规范化决策矩阵 $F=(f_{ij})_{5\times5}$，如表 7-15 所示。

表 7-15　　　　　　　　　评价地区一级指标的决策矩阵

评价对象	B_1	B_2	B_3	B_4	B_5
Y_1	0.25076	0.18745	0.21608	0.25008	0.17625
Y_2	0.08496	0.22892	0.16955	0.18050	0.12203
Y_3	0.08480	0.20026	0.12504	0.15186	0.28846
Y_4	0.32113	0.17561	0.25841	0.21777	0.21951
Y_5	0.25674	0.18669	0.24125	0.19859	0.21666

步骤5　计算各方案 $Y_i(i=1,2,\cdots,m)$ 到理想方案 Y^+ 和负理想方案 Y^- 的距离 d_i^+ 和 d_i^- 以及贴近度 c_i，对方案进行排序。

根据表 7-15 中数据的分布特征，取理想方案 $Y^+=(0.5,0.5,\cdots,0.5)$ 和负理想方案 $Y^-=(0,0,\cdots,0)$，利用式（7.25）、式（7.26）和式（7.27）计算各评价地区到理想方案、负理想方案的距离 d_i^+ 和 d_i^- 及其贴

近度 c_i，计算结果如表 7 – 16 所示。

表 7 – 16　　　各评价地区 Y_i（$i = 1, 2, 3, 4, 5$）的 d_i^+、d_i^- 和 c_i

评价对象	d_i^-	d_i^+	c_i	排序
Y_1	0.21771	0.28229	0.43542	2
Y_2	0.16066	0.33934	0.32133	5
Y_3	0.17275	0.32725	0.34551	4
Y_4	0.23394	0.26606	0.46788	1
Y_5	0.21682	0.28318	0.43364	3

由表 7 – 16 可知，5 个评价地区治理能力现代化评价的优劣排序为 $Y_4 >$ $Y_1 > Y_5 > Y_3 > Y_2$，即地区 Y_4 的治理能力现代化水平为最佳。

本章小结

本章讨论了中国国家治理现代化发展问题的动态多属性评价方法，分别给出了确定时段权重和确定属性权重的组合赋权方法，构建了权重未知情形下中国国家治理现代化发展问题的动态评价模型，并通过数值算例说明了方法的运算过程。本章内容可以为第 8 章中国国家治理现代化评价问题的实证研究提供方法基础。

第 **8** 章

中国国家治理现代化
评价问题的实证研究

本章在第 6 章、第 7 章讨论国家治理现代化评价方法的基础上，进一步对我国国家治理现代化评价问题进行实证研究。本章以中国 29 个省份（未包含新疆、西藏，以及香港、澳门和台湾地区）为研究对象，基于 2012 ~ 2021 年的统计数据，首先对 2021 年我国国家治理现代化发展水平进行评价；其次利用 2017 ~ 2021 年的面板数据，通过确定时间序列权重向量和动态加权集成算子，对不同时段的决策信息进行集成，并利用动态评价模型测度我国国家治理现代化发展水平；最后通过结果分析提出了相关发展对策。

 数据来源与研究方法

8.1.1 数据来源

由于暂时未能获取新疆、西藏两个地区的部分指标数据，本研究选取全国除港澳台地区以及新疆、西藏外的 29 个省份为研究对象进行实证分析，相关评价指标的原始数据来自 2012 ~ 2021 年《中国统计年鉴》的统计数据和中国社会科学院社会学研究所发起的《中国社会状况综合调查

（CSS）》的调查数据，其中经济发展、社会建设、文化建设、生态文明等一级指标的指标数据以及政治建设一级指标下的"财政公共安全支出"和"突发环境事件"指标数据均来自国家统计局分省年度数据，政治建设一级指标下的其他二级指标数据来自《中国社会状况综合调查（CSS）》的调查数据。

8.1.2　研究方法

本研究涉及的研究方法主要包括数据处理方法和国家治理现代化评价问题决策方法两个方面。关于数据处理方法：内容上包括缺失数据处理、指标正向化处理和数据无量纲化处理，本研究利用指数平滑法对 2012 年的 C_{122} 指标数据进行补齐，运用极值变换法或取倒数法化成本型指标为收益型指标，基于第 5 章的论证结果采用归一化方法对指标数据进行无量纲化处理。关于国家治理现代化评价问题的决策方法：内容上涉及评价指标赋权方法、时间序列赋权方法、二级指标数据的集成方法以及评价对象的排序方法等，本研究基于云模型理论采用云不确定度和偏差最大化模型确定评价指标的组合权重；利用指数衰减模型和基于 OWA 的赋权法计算时间序列的权重向量；根据我国国家治理现代化所处阶段，运用加权平方平均算子对二级指标数据进行集成，确定一级指标的评价信息；构建基于改进 TOPSIS 法的国家治理现代化评价模型，对评价对象进行排序。

 国家治理现代化发展水平评价

8.2.1　数据归一化处理

为了更好地反映我国国家治理现代化状况，本小节利用 2021 年各省份的指标数据，对我国国家治理现代化发展水平进行评价。根据 2021 年 29 个省份的指标原始数据（见附录），利用归一化方法对其进行无量纲化处理，得到评价指标的规范化数据如表 8 - 1 所示。

表 8－1　　　　　　　2021 年全国 29 个省份评价指标的规范化数据

省份	C_{111}	C_{112}	C_{121}	C_{122}	C_{123}
北京	0.06256	0.02907	0.05153	0.07615	0.07958
天津	0.01965	0.02871	0.02271	0.02366	0.01841
河北	0.03314	0.02217	0.01541	0.02430	0.01995
山西	0.02537	0.04288	0.00564	0.02139	0.01476
内蒙古	0.02024	0.04688	0.00484	0.02430	0.00625
辽宁	0.02387	0.02071	0.02474	0.01912	0.01389
吉林	0.00981	0.05124	0.00643	0.01815	0.00681
黑龙江	0.01054	0.03452	0.00890	0.01944	0.00771
上海	0.08003	0.04033	0.14720	0.03662	0.07485
江苏	0.09898	0.03234	0.09775	0.03370	0.11892
浙江	0.08688	0.05051	0.06944	0.03856	0.10245
安徽	0.02895	0.04542	0.01284	0.04051	0.07368
福建	0.03020	0.03307	0.04907	0.03824	0.02747
江西	0.02337	0.05051	0.01064	0.03435	0.03735
山东	0.06633	0.03307	0.05558	0.04796	0.06593
河南	0.034433	0.02762	0.01559	0.02301	0.05830
湖北	0.03101	0.08539	0.01957	0.03500	0.05570
湖南	0.02721	0.04033	0.01769	0.03565	0.03848
广东	0.13065	0.03416	0.28059	0.03662	0.03848
广西	0.01443	0.03888	0.01063	0.03176	0.01260
海南	0.00900	0.04833	0.00918	0.04472	0.00717
重庆	0.01870	0.03343	0.01039	0.04407	0.01640
四川	0.04040	0.03270	0.02228	0.04083	0.04836
贵州	0.01426	0.00000	0.00527	0.03467	0.01564
云南	0.01834	0.02580	0.00927	0.03727	0.01095
陕西	0.02710	0.00036	0.01071	0.03856	0.01647
甘肃	0.00809	0.05160	0.00362	0.03014	0.00619
青海	0.00284	0.00073	0.00111	0.04115	0.00216
宁夏	0.00364	0.01926	0.00138	0.03014	0.00514

续表

省份	C_{124}	C_{125}	C_{126}	C_{211}	C_{212}
北京	0.19494	0.01087	0.04184	0.03037	0.03543
天津	0.03497	0.01294	0.01561	0.03423	0.0327
河北	0.02080	0.02185	0.02031	0.03290	0.03376
山西	0.00374	0.00929	0.00732	0.03242	0.03312
内蒙古	0.00115	0.00404	0.00406	0.03712	0.03607
辽宁	0.02101	0.01654	0.01883	0.03302	0.03555
吉林	0.00301	0.00422	0.00422	0.03158	0.03209
黑龙江	0.00974	0.00405	0.00570	0.03423	0.03748
上海	0.07083	0.02462	0.03945	0.03459	0.03517
江苏	0.07252	0.16050	0.14379	0.03134	0.03029
浙江	0.05164	0.12630	0.07169	0.03411	0.03299
安徽	0.04975	0.04464	0.04655	0.03507	0.03491
福建	0.00548	0.04881	0.02710	0.03700	0.03748
江西	0.01139	0.02554	0.01287	0.02929	0.02721
山东	0.06895	0.09152	0.06133	0.03580	0.03530
河南	0.01690	0.04259	0.02541	0.03399	0.03324
湖北	0.05818	0.03864	0.03677	0.03423	0.03401
湖南	0.03510	0.03770	0.02784	0.03001	0.03093
广东	0.11408	0.18576	0.30351	0.03531	0.03299
广西	0.02617	0.00747	0.00889	0.03676	0.03658
海南	0.00079	0.00076	0.00139	0.03760	0.03774
重庆	0.00513	0.02196	0.01447	0.03772	0.03761
四川	0.03864	0.02506	0.02900	0.03760	0.03735
贵州	0.00805	0.00700	0.00555	0.03772	0.03812
云南	0.00295	0.00740	0.00654	0.03760	0.03466
陕西	0.06521	0.01336	0.01437	0.03134	0.02849
甘肃	0.00780	0.00329	0.00287	0.03507	0.03324
青海	0.00039	0.00043	0.00073	0.03917	0.03966
宁夏	0.00070	0.00286	0.00202	0.03278	0.03581

续表

省份	C_{213}	C_{214}	C_{215}	C_{216}	C_{221}
北京	0.03256	0.03344	0.03024	0.03286	0.03306
天津	0.03269	0.03422	0.03448	0.03424	0.03319
河北	0.03322	0.03389	0.03395	0.03411	0.03469
山西	0.03059	0.03289	0.03302	0.03224	0.03142
内蒙古	0.03663	0.03478	0.03899	0.03649	0.03823
辽宁	0.03375	0.03456	0.03342	0.03324	0.03360
吉林	0.03151	0.03611	0.03382	0.03311	0.03006
黑龙江	0.03414	0.03578	0.03409	0.03336	0.03333
上海	0.03611	0.03411	0.03594	0.03436	0.03537
江苏	0.03178	0.03389	0.03130	0.03274	0.03102
浙江	0.03361	0.03556	0.03435	0.03474	0.03415
安徽	0.03466	0.03467	0.03647	0.03599	0.03687
福建	0.03782	0.03556	0.04005	0.03811	0.04013
江西	0.02692	0.03022	0.02639	0.02861	0.02707
山东	0.03611	0.03611	0.03727	0.03674	0.03741
河南	0.03309	0.03411	0.03422	0.03399	0.03415
湖北	0.03361	0.03344	0.03541	0.03411	0.03401
湖南	0.02876	0.03200	0.03050	0.02999	0.02870
广东	0.03283	0.03367	0.03263	0.03224	0.03319
广西	0.03677	0.03544	0.03554	0.03636	0.03510
海南	0.03939	0.03489	0.03727	0.03661	0.03986
重庆	0.03795	0.03500	0.03568	0.03549	0.03564
四川	0.03821	0.03500	0.03753	0.03711	0.03809
贵州	0.03939	0.03667	0.03846	0.03899	0.03918
云南	0.03782	0.03578	0.03661	0.03624	0.03537
陕西	0.02862	0.03144	0.02719	0.02949	0.02762
甘肃	0.03427	0.032444	0.03223	0.03299	0.03265
青海	0.043199	0.038556	0.03846	0.0406	0.04000
宁夏	0.034007	0.035778	0.03448	0.03486	0.03687

续表

省份	C_{222}	C_{223}	C_{231}	C_{232}	C_{311}
北京	0.03381	0.03360	0.01796	0.07163	0.03318
天津	0.03335	0.03277	0.04140	0.00000	0.01386
河北	0.03614	0.03477	0.021010	0.00000	0.04709
山西	0.03300	0.03219	0.03569	0.00597	0.02249
内蒙古	0.03695	0.03559	0.03574	0.02388	0.01854
辽宁	0.03416	0.03383	0.02318	0.03582	0.02034
吉林	0.03405	0.03489	0.04526	0.07163	0.01408
黑龙江	0.03521	0.03583	0.03386	0.04776	0.01651
上海	0.03381	0.03442	0.01968	0.14326	0.03005
江苏	0.03184	0.03313	0.00983	0.01194	0.07411
浙江	0.03498	0.03430	0.01224	0.02388	0.05896
安徽	0.03474	0.03501	0.02890	0.07163	0.03803
福建	0.03684	0.03630	0.02651	0.03582	0.03122
江西	0.02905	0.03136	0.03053	0.04776	0.03610
山东	0.03707	0.03689	0.01406	0.04776	0.06970
河南	0.03440	0.03465	0.01973	0.01102	0.05164
湖北	0.03381	0.03336	0.02061	0.00682	0.03475
湖南	0.03021	0.03219	0.02192	0.04776	0.03971
广东	0.03265	0.03301	0.00634	0.00597	0.10976
广西	0.03498	0.03465	0.03096	0.01791	0.03163
海南	0.03532	0.03512	0.08718	0.07163	0.00853
重庆	0.03695	0.03583	0.03268	0.02865	0.02298
四川	0.03474	0.03571	0.01679	0.01791	0.05010
贵州	0.03649	0.03665	0.03255	0.03582	0.03265
云南	0.03579	0.03524	0.02377	0.02865	0.03305
陕西	0.03137	0.03125	0.03082	0.01592	0.02963
甘肃	0.03463	0.03395	0.04613	0.02865	0.01914
青海	0.04021	0.03818	0.09509	0.02865	0.00640
宁夏	0.03347	0.03536	0.13962	0.01592	0.00578

续表

省份	C_{312}	C_{313}	C_{321}	C_{322}	C_{323}
北京	0.10522	0.05441	0.06045	0.02884	0.01512
天津	0.05016	0.05277	0.01016	0.02705	0.01545
河北	0.04106	0.02997	0.03491	0.01713	0.02362
山西	0.04956	0.03187	0.02666	0.03022	0.02112
内蒙古	0.02270	0.02408	0.02949	0.00848	0.01316
辽宁	0.07501	0.03832	0.02318	0.03446	0.01655
吉林	0.06339	0.04660	0.01678	0.00671	0.00794
黑龙江	0.03867	0.03531	0.01523	0.00452	0.01487
上海	0.04363	0.03780	0.04297	0.07222	0.02740
江苏	0.02733	0.03616	0.07445	0.08957	0.08655
浙江	0.02345	0.02696	0.06850	0.13054	0.05565
安徽	0.01540	0.03164	0.02365	0.01525	0.02682
福建	0.03323	0.03096	0.02880	0.02672	0.02432
江西	0.03264	0.04098	0.03223	0.05173	0.05953
山东	0.02088	0.03512	0.04955	0.04876	0.06776
河南	0.02954	0.03507	0.03352	0.04200	0.06948
湖北	0.03496	0.04009	0.03609	0.02245	0.04173
湖南	0.03716	0.03571	0.03708	0.10603	0.07898
广东	0.04434	0.02993	0.10868	0.05950	0.05263
广西	0.02944	0.03515	0.02432	0.02251	0.03442
海南	0.01989	0.02908	0.01037	0.03174	0.00368
重庆	0.05678	0.03692	0.01765	0.01175	0.03429
四川	0.01831	0.02996	0.05782	0.03356	0.08297
贵州	0.01157	0.02656	0.03216	0.00625	0.02822
云南	0.01686	0.02940	0.02131	0.04055	0.01608
陕西	0.02457	0.04382	0.04444	0.01248	0.03803
甘肃	0.00913	0.03071	0.02272	0.00931	0.03554
青海	0.00908	0.01652	0.01016	0.00889	0.00135
宁夏	0.01605	0.02815	0.00670	0.00079	0.00675

续表

省份	C_{324}	C_{325}	C_{411}	C_{412}	C_{413}
北京	0.05481	0.03711	0.05521	0.01410	0.17801
天津	0.05986	0.07517	0.03722	0.00743	0.15298
河北	0.01911	0.02297	0.03137	0.04922	0.01167
山西	0.02380	0.03955	0.03388	0.02476	0.01628
内蒙古	0.03210	0.04964	0.03681	0.01802	0.01232
辽宁	0.03967	0.03479	0.03304	0.03510	0.01978
吉林	0.03642	0.03280	0.03848	0.01909	0.02195
黑龙江	0.02813	0.02752	0.033459	0.02818	0.01505
上海	0.11901	0.04210	0.03848	0.01735	0.115181
江苏	0.04724	0.04518	0.03388	0.05935	0.02705
浙江	0.05842	0.05651	0.03722	0.04001	0.03302
安徽	0.02236	0.02460	0.02970	0.04446	0.00939
福建	0.04508	0.03775	0.02928	0.02421	0.03567
江西	0.02488	0.03071	0.02844	0.03324	0.01127
山东	0.02669	0.02828	0.03513	0.07290	0.01343
河南	0.01515	0.01992	0.03220	0.07803	0.00603
湖北	0.02885	0.03034	0.03262	0.04695	0.01180
湖南	0.02633	0.02523	0.03179	0.05763	0.01062
广东	0.03606	0.03280	0.02886	0.06372	0.01376
广西	0.02164	0.02335	0.03262	0.03451	0.00706
海南	0.02452	0.02324	0.03304	0.00664	0.10818
重庆	0.02633	0.029501	0.03220	0.02604	0.02373
四川	0.01983	0.02336	0.03346	0.07161	0.00468
贵州	0.01695	0.02381	0.03346	0.03212	0.00786
云南	0.01875	0.02170	0.03388	0.03573	0.00738
陕西	0.02092	0.02574	0.03890	0.03078	0.01456
甘肃	0.02813	0.036441	0.033877	0.01982	0.01111
青海	0.03642	0.051503	0.036386	0.00457	0.05659
宁夏	0.04255	0.048396	0.035132	0.00446	0.04361

续表

省份	C_{414}	C_{415}	C_{416}	C_{421}	C_{422}
北京	0.04341	0.14241	0.01447	0.05282	0.03544
天津	0.03212	0.07768	0.00714	0.03699	0.03544
河北	0.03386	0.00338	0.04135	0.03378	0.03537
山西	0.03571	0.00662	0.02081	0.03450	0.03470
内蒙古	0.03167	0.01005	0.01941	0.03659	0.03469
辽宁	0.03478	0.00673	0.03019	0.03423	0.03469
吉林	0.03677	0.01124	0.01509	0.03634	0.03362
黑龙江	0.03519	0.00939	0.02281	0.035011	0.03269
上海	0.03269	0.42724	0.01950	0.05143	0.03544
江苏	0.03301	0.00434	0.10020	0.03483	0.03542
浙江	0.03183	0.02589	0.08176	0.03943	0.03544
安徽	0.03728	0.00259	0.03999	0.02948	0.03526
福建	0.03290	0.01401	0.03979	0.03353	0.03521
江西	0.03460	0.00689	0.03177	0.02897	0.03501
山东	0.03628	0.00260	0.07150	0.03219	0.03521
河南	0.03659	0.00177	0.05604	0.03049	0.03461
湖北	0.03590	0.00364	0.03541	0.02931	0.03504
湖南	0.03756	0.00242	0.04310	0.02931	0.03454
广东	0.02880	0.00423	0.08065	0.03051	0.03483
广西	0.03417	0.00365	0.03310	0.03185	0.03526
海南	0.03037	0.03715	0.00991	0.03305	0.03524
重庆	0.03655	0.00881	0.02084	0.03398	0.03480
四川	0.03575	0.00204	0.05112	0.03247	0.03478
贵州	0.03280	0.00982	0.01655	0.03226	0.03197
云南	0.03211	0.00737	0.02584	0.03131	0.02783
陕西	0.03605	0.00684	0.03504	0.03517	0.03501
甘肃	0.03573	0.00929	0.02420	0.03208	0.03434
青海	0.03419	0.05697	0.00673	0.03334	0.03349
宁夏	0.03134	0.09494	0.00569	0.03477	0.03465

续表

省份	C_{423}	C_{424}	C_{431}	C_{432}	C_{433}
北京	0.05077	0.03167	0.01810	0.07259	0.06174
天津	0.03861	0.03568	0.06057	0.04593	0.04695
河北	0.03500	0.03549	0.02759	0.02844	0.02823
山西	0.03185	0.03234	0.02131	0.02655	0.02432
内蒙古	0.03046	0.07252	0.02910	0.03301	0.03205
辽宁	0.03688	0.02296	0.08130	0.03399	0.03371
吉林	0.02954	0.03712	0.02781	0.026888	0.02773
黑龙江	0.04046	0.04123	0.03316	0.02629	0.02919
上海	0.02772	0.02420	0.04763	0.07552	0.06915
江苏	0.04528	0.04028	0.04346	0.04597	0.04449
浙江	0.04080	0.02851	0.03264	0.05569	0.05187
安徽	0.03466	0.03291	0.03534	0.02991	0.03100
福建	0.03562	0.04449	0.02440	0.03935	0.04023
江西	0.02559	0.04142	0.02254	0.02963	0.02870
山东	0.04448	0.02133	0.04399	0.03456	0.03228
河南	0.02985	0.04286	0.02731	0.02595	0.02602
湖北	0.03040	0.02497	0.02976	0.02984	0.03373
湖南	0.03694	0.02497	0.02684	0.03097	0.03225
广东	0.03358	0.01990	0.02028	0.04355	0.04469
广西	0.02596	0.01416	0.04192	0.02587	0.02559
海南	0.04053	0.02727	0.04117	0.02948	0.03147
重庆	0.02895	0.02851	0.03711	0.03272	0.03480
四川	0.02787	0.02918	0.032791	0.02815	0.03044
贵州	0.02602	0.04190	0.03368	0.02323	0.02540
云南	0.03173	0.05472	0.05657	0.02484	0.02667
陕西	0.03503	0.04439	0.02412	0.02765	0.02737
甘肃	0.03281	0.04209	0.01210	0.02136	0.02469
青海	0.03944	0.03387	0.02343	0.02509	0.02691
宁夏	0.03318	0.02908	0.04400	0.02701	0.02833

续表

省份	C_{511}	C_{512}	C_{513}	C_{514}	C_{515}
北京	0.22865	0.00196	0.03214	0.03455	0.01737
天津	0.07175	0.00311	0.01376	0.03455	0.01430
河北	0.00725	0.02948	0.03230	0.03455	0.03718
山西	0.01807	0.02347	0.02003	0.03455	0.02496
内蒙古	0.01452	0.10207	0.01497	0.03451	0.02508
辽宁	0.00929	0.03725	0.04221	0.03448	0.04565
吉林	0.01459	0.01216	0.01923	0.03455	0.01872
黑龙江	0.01308	0.04043	0.02139	0.03455	0.02744
上海	0.14827	0.03423	0.03914	0.03455	0.01940
江苏	0.00932	0.03030	0.07802	0.03455	0.07462
浙江	0.02233	0.05415	0.06275	0.03455	0.05748
安徽	0.00928	0.05099	0.02930	0.03455	0.04749
福建	0.02000	0.03714	0.03710	0.03455	0.02319
江西	0.01016	0.02693	0.02326	0.03455	0.02748
山东	0.00713	0.11628	0.07250	0.03455	0.07997
河南	0.00733	0.02314	0.04540	0.03455	0.05042
湖北	0.00710	0.04273	0.04409	0.03455	0.04550
湖南	0.00733	0.03258	0.03560	0.03455	0.03429
广东	0.00704	0.11742	0.13478	0.03455	0.12277
广西	0.01162	0.03690	0.02391	0.03455	0.02902
海南	0.06485	0.00342	0.01087	0.03455	0.00913
重庆	0.03293	0.00637	0.02747	0.03337	0.02391
四川	0.00820	0.02499	0.05195	0.03455	0.05398
贵州	0.00941	0.03017	0.01613	0.03420	0.01854
云南	0.01604	0.02205	0.02241	0.03455	0.02054
陕西	0.02195	0.01987	0.02744	0.03455	0.02402
甘肃	0.01684	0.01659	0.01171	0.03455	0.01448
青海	0.14024	0.00365	0.00494	0.03434	0.00406
宁夏	0.04545	0.02016	0.00520	0.03455	0.00902

续表

省份	C_{516}	C_{521}	C_{522}	C_{523}
北京	0.03397	0.03919	0.00668	0.00710
天津	0.01615	0.02297	0.00071	0.00155
河北	0.03224	0.03570	0.04201	0.05195
山西	0.01667	0.03221	0.05284	0.09705
内蒙古	0.01156	0.04706	0.10906	0.07818
辽宁	0.04859	0.03169	0.04056	0.01620
吉林	0.02135	0.03195	0.02053	0.03033
黑龙江	0.02190	0.03207	0.04284	0.02741
上海	0.04002	0.02127	0.00000	0.00166
江苏	0.08476	0.03678	0.00656	0.00092
浙江	0.06249	0.03035	0.02530	0.00687
安徽	0.03780	0.03417	0.01516	0.01511
福建	0.02652	0.03539	0.02834	0.02777
江西	0.02085	0.03825	0.04328	0.07356
山东	0.06767	0.04230	0.03132	0.00339
河南	0.04718	0.03556	0.02830	0.04225
湖北	0.04675	0.03450	0.04489	0.03967
湖南	0.03755	0.02973	0.02901	0.04389
广东	0.13676	0.04183	0.01390	0.01668
广西	0.04085	0.03254	0.02212	0.05579
海南	0.00588	0.03056	0.00101	0.00256
重庆	0.02109	0.03931	0.02697	0.03370
四川	0.04531	0.03237	0.07860	0.05339
贵州	0.01675	0.03775	0.05398	0.01015
云南	0.01747	0.03051	0.07580	0.04271
陕西	0.02501	0.03042	0.05706	0.09290
甘肃	0.00833	0.03509	0.07400	0.05103
青海	0.00291	0.03021	0.01163	0.04751
宁夏	0.00563	0.04829	0.01755	0.02876

8.2.2　计算评价指标的权重

根据各评价指标的云模型特征信息（见附录）和表8-1中的数据，利用式（6.8）、式（6.14）、式（6.15）计算得到评价指标的权重如表8-2所示。

表8-2　　　　　　　中国国家治理现代化评价指标体系指标权重

一级指标	二级指标	$\omega_j^{(1)}$	$\omega_j^{(2)}$	综合权重	一级指标权重
经济治理	财政税收收入（C_{111}）	0.0195	0.0238	0.0218	0.1498
	固定资产投资（不含农户）增长率（C_{112}）	0.0204	0.0111	0.0152	
	外商投资企业数（C_{121}）	0.0206	0.0167	0.0188	
	有电子商务交易活动的企业数比重（C_{122}）	0.0167	0.0186	0.0178	
	财政科学技术支出（C_{123}）	0.0195	0.0250	0.0224	
	技术市场成交额（C_{124}）	0.0205	0.0148	0.0177	
	R&D人员全时当量（C_{125}）	0.0225	0.0219	0.0224	
	规模以上工业企业有效发明专利数（C_{126}）	0.0165	0.0112	0.0138	
政治治理	对警察的信任度（C_{211}）	0.0195	0.0149	0.0172	0.1982
	公民实际享有政治权利的公平度（C_{212}）	0.0215	0.0168	0.0192	
	司法与执法公平度（C_{213}）	0.0194	0.0138	0.0165	
	打击犯罪维护社会治安满意度（C_{214}）	0.0192	0.0127	0.0158	
	廉洁奉公惩治腐败满意度（C_{215}）	0.0219	0.0151	0.0184	
	依法办事执法公平的满意度（C_{216}）	0.0234	0.0165	0.0199	
	政府信息公开透明度（C_{221}）	0.0244	0.0173	0.0208	
	对党政领导干部的信任度（C_{222}）	0.0206	0.0140	0.0172	
	党政干部选拔的公平度（C_{223}）	0.0213	0.0135	0.0171	
	财政公共安全支出（C_{231}）	0.0241	0.0188	0.0215	
	突发环境事件次数（C_{232}）	0.0217	0.0094	0.0145	
文化治理	国家（地方）财政教育支出（C_{311}）	0.0178	0.0206	0.0194	0.1668
	文盲率（人口抽样调查）（C_{312}）	0.0246	0.0236	0.0244	
	每百万人口高等学校平均在校生数（C_{313}）	0.0216	0.0230	0.0225	
	财政文化体育与传媒支出（C_{321}）	0.0203	0.0210	0.0209	
	艺术表演场馆观众人次（C_{322}）	0.0227	0.0136	0.0178	
	博物馆参观人次（C_{323}）	0.0186	0.0272	0.0227	
	人均拥有公共图书馆藏量（C_{324}）	0.0176	0.0190	0.0185	
	每万人拥有公共图书馆建筑面积（C_{325}）	0.0186	0.0224	0.0206	

续表

一级指标	二级指标	$\omega_j^{(1)}$	$\omega_j^{(2)}$	综合权重	一级指标权重
社会治理	每万人拥有卫生技术人员数（C_{411}）	0.0151	0.0128	0.0141	0.2813
	每万人医疗机构床位数（C_{412}）	0.0179	0.0325	0.0244	
	居民最低生活保障人数（C_{413}）	0.0220	0.0336	0.0275	
	居民养老保险覆盖率（C_{414}）	0.0178	0.0195	0.0188	
	农村供养"五保"人数（C_{415}）	0.0226	0.0383	0.0297	
	社会组织单位数（C_{416}）	0.0200	0.0252	0.0227	
	移动电话普及率（C_{421}）	0.0224	0.0205	0.0217	
	城市燃气普及率（C_{422}）	0.0200	0.0239	0.0221	
	每万人拥有公共交通车辆（C_{423}）	0.0224	0.0191	0.0210	
	每万人拥有公共厕所（C_{424}）	0.0239	0.0213	0.0228	
	失业保险使用率（C_{431}）	0.0222	0.0191	0.0208	
	全体居民人均可支配收入（C_{432}）	0.0173	0.0188	0.0182	
	全体居民人均消费支出（C_{433}）	0.0152	0.0197	0.0175	
生态治理	化学需氧量排放量（C_{511}）	0.0274	0.0329	0.0304	0.2038
	工业污染治理完成投资（C_{512}）	0.0172	0.0186	0.0181	
	生活垃圾清运量（C_{513}）	0.0208	0.0209	0.0211	
	生活垃圾无害化处理率（C_{514}）	0.0225	0.0185	0.0206	
	道路清扫保洁面积（C_{515}）	0.0175	0.0221	0.0199	
	城市污水日处理能力（C_{516}）	0.0185	0.0215	0.0202	
	人均公园绿地面积（C_{521}）	0.0206	0.0271	0.0239	
	水土流失治理面积（C_{522}）	0.0193	0.0286	0.0238	
	造林总面积（C_{523}）	0.0223	0.0293	0.0259	

8.2.3　二级指标数据信息的集成

根据表 8−1 中的指标数据和表 8−2 的权重数据，运用加权平方平均算子对二级指标数据进行集成，确定一级指标的评价信息如表8-3所示。

表8-3　　　　　　　　　29个省份的一级指标评价信息

省份	经济	政治	文化	社会	生态
北京	0.06788	0.03405	0.04995	0.06360	0.05244
天津	0.02168	0.03195	0.03827	0.05018	0.02186
河北	0.02246	0.03025	0.02989	0.02944	0.03304
山西	0.01601	0.03076	0.03113	0.02539	0.03669
内蒙古	0.01325	0.03576	0.02481	0.02934	0.04802
辽宁	0.01971	0.03287	0.03603	0.03239	0.03232
吉林	0.01199	0.03709	0.02919	0.02677	0.02267
黑龙江	0.01190	0.03563	0.02327	0.02837	0.02833
上海	0.06538	0.04114	0.05018	0.08709	0.04126
江苏	0.09748	0.02803	0.05898	0.04130	0.03652
浙江	0.07793	0.03113	0.05746	0.04045	0.03730
安徽	0.04307	0.03736	0.02470	0.02903	0.02850
福建	0.03299	0.03642	0.03210	0.03241	0.02948
江西	0.02587	0.03004	0.03872	0.02664	0.03342
山东	0.06298	0.03491	0.04298	0.03566	0.04592
河南	0.03191	0.03076	0.03734	0.03221	0.03377
湖北	0.04413	0.03058	0.03411	0.02803	0.03629
湖南	0.03259	0.03068	0.04762	0.02962	0.03067
广东	0.13690	0.02825	0.05844	0.03350	0.06308
广西	0.01806	0.03397	0.02814	0.02533	0.03133
海南	0.01409	0.04511	0.01860	0.03703	0.02010
重庆	0.02033	0.03544	0.03066	0.02810	0.02815
四川	0.03503	0.03331	0.03975	0.03090	0.04181
贵州	0.01170	0.03726	0.02243	0.02571	0.02469
云南	0.01457	0.03421	0.02422	0.02938	0.03174
陕西	0.02336	0.02870	0.03053	0.02895	0.03821
甘肃	0.01305	0.03449	0.02401	0.02467	0.03015
青海	0.00601	0.04498	0.01711	0.03252	0.03685
宁夏	0.00770	0.04487	0.01937	0.03600	0.02540

8.2.4　计算评价对象到理想方案和负理想方案的距离与贴近度并排序

理想方案和负理想方案分别代表最好方案和最劣方案，本研究分别取理想方案 Y^+ 和负理想方案 Y^-：

$$Y^+ = (0.2, 0.2, \cdots, 0.2), Y^- = (0, 0, \cdots, 0)$$

将表 8-3 中数据代入式（6.16）、式（6.17）和式（6.18），计算得到 29 个评价对象到理想方案、负理想方案的距离及其贴近度，并对其排序，具体结果如表 8-4 所示。

表 8-4　　　　　　　　全国 29 个省份的贴近度及其排序

省份	d_i^-	d_i^+	c_i	排序
北京	0.05383	0.14617	0.26916	3
天津	0.03454	0.16546	0.17270	8
河北	0.02936	0.17064	0.14682	18
山西	0.02831	0.17169	0.14155	23
内蒙古	0.03125	0.16875	0.15625	14
辽宁	0.03118	0.16882	0.15590	15
吉林	0.02617	0.17383	0.13085	27
黑龙江	0.02648	0.17352	0.13242	26
上海	0.05923	0.14077	0.29616	1
江苏	0.04906	0.15094	0.24531	4
浙江	0.04642	0.15358	0.23208	5
安徽	0.03195	0.16805	0.15977	13
福建	0.03264	0.16736	0.16322	12
江西	0.03059	0.16941	0.15297	16
山东	0.04292	0.15708	0.21459	6
河南	0.03305	0.16695	0.16525	11
湖北	0.03365	0.16635	0.16824	9

续表

省份	d_i^-	d_i^+	c_i	排序
湖南	0.03349	0.16651	0.16746	10
广东	0.05814	0.14186	0.29070	2
广西	0.02765	0.17235	0.13823	25
海南	0.02867	0.17133	0.14334	21
重庆	0.02883	0.17117	0.14413	20
四川	0.03569	0.16431	0.17847	7
贵州	0.02514	0.17486	0.12572	29
云南	0.02774	0.17226	0.13869	24
陕西	0.03021	0.16979	0.15107	17
甘肃	0.02588	0.17412	0.12941	28
青海	0.02933	0.17067	0.14665	19
宁夏	0.02858	0.17142	0.14291	22

因此，我国 29 个省份国家治理现代化发展水平评价的排名由高到低依次为：上海、广东、北京、江苏、浙江、山东、四川、天津、湖北、湖南、河南、福建、安徽、内蒙古、辽宁、江西、陕西、河北、青海、重庆、海南、宁夏、山西、云南、广西、黑龙江、吉林、甘肃、贵州。

 国家治理现代化发展水平动态评价

为综合考虑我国国家治理现代化发展水平，本小节利用 2017～2021 年的样本数据，利用动态评价方法分析 29 个省份的国家治理现代化发展状况。

8.3.1　确定时间序列权重向量

首先对 2017～2021 年 29 省份的原始指标数据进行无量纲化处理，然后采用指数衰减模型法，计算可得时间序列权重为：

$$w^{(1)}(t_k) = (0.0921, 0.1286, 0.1794, 0.2504, 0.3495)^{\mathrm{T}}$$

利用 OWA 算子的时间序列赋权方法计算得到的指标时间权重 $w^{(2)}(t_k)$，以及由式（7.18）计算得到的时间序列组合权重 $w(t_k)$（取 $\alpha = 0.5$）分别如表 8-5 和表 8-6 所示。

表 8-5 基于 OWA 算子的时间序列权重

指标	2017 年	2018 年	2019 年	2020 年	2021 年
C_{111}	0.0893	0.2826	0.2773	0.2732	0.0776
C_{112}	0.2838	0.2142	0.2840	0.1625	0.0554
C_{121}	0.0688	0.2666	0.2740	0.2511	0.1395
C_{122}	0.1424	0.2204	0.3082	0.2013	0.1277
C_{123}	0.0937	0.2414	0.2843	0.2674	0.1132
C_{124}	0.1359	0.2286	0.2947	0.2590	0.0818
C_{125}	0.1277	0.2413	0.2936	0.2492	0.0883
C_{126}	0.1317	0.2382	0.2942	0.2457	0.0901
C_{211}	0.3169	0.1660	0.1660	0.1755	0.1755
C_{212}	0.2217	0.1527	0.1527	0.2364	0.2364
C_{213}	0.2652	0.1535	0.1535	0.2139	0.2139
C_{214}	0.2573	0.2182	0.2182	0.1531	0.1531
C_{215}	0.1704	0.2601	0.2601	0.1547	0.1547
C_{216}	0.2251	0.2348	0.2348	0.1527	0.1527
C_{221}	0.0398	0.2160	0.2160	0.2641	0.2641
C_{222}	0.0935	0.1658	0.1658	0.2874	0.2874
C_{223}	0.2521	0.2210	0.2210	0.1529	0.1529
C_{231}	0.0394	0.2668	0.2224	0.2154	0.2560
C_{232}	0.1677	0.1608	0.1439	0.2530	0.2746
C_{311}	0.1064	0.2275	0.3042	0.2201	0.1419
C_{312}	0.2275	0.2134	0.2628	0.2573	0.0390
C_{313}	0.1602	0.2065	0.2990	0.2432	0.0910

续表

指标	2017 年	2018 年	2019 年	2020 年	2021 年
C_{321}	0.1190	0.1980	0.2709	0.1470	0.2652
C_{322}	0.2217	0.1861	0.2639	0.0474	0.2808
C_{323}	0.2791	0.2300	0.1616	0.0789	0.2504
C_{324}	0.1198	0.2310	0.3029	0.2434	0.1029
C_{325}	0.1289	0.2275	0.3005	0.2500	0.0932
C_{411}	0.1198	0.2299	0.3048	0.2366	0.1089
C_{412}	0.0963	0.2451	0.2993	0.2378	0.1215
C_{413}	0.0421	0.2735	0.2259	0.2645	0.1941
C_{414}	0.1191	0.2359	0.3029	0.2363	0.1058
C_{415}	0.1587	0.1276	0.1908	0.2268	0.2961
C_{416}	0.0769	0.2540	0.2842	0.2064	0.1785
C_{421}	0.0504	0.2806	0.2694	0.2474	0.1522
C_{422}	0.1151	0.2248	0.3105	0.2021	0.1474
C_{423}	0.0905	0.2808	0.2756	0.2794	0.0735
C_{424}	0.1259	0.2571	0.2806	0.2582	0.0782
C_{431}	0.2079	0.2460	0.1938	0.1053	0.2469
C_{432}	0.1088	0.2345	0.2982	0.2571	0.1013
C_{433}	0.1074	0.2483	0.2748	0.2901	0.0795
C_{511}	0.2475	0.2424	0.2039	0.1516	0.1546
C_{512}	0.1648	0.2512	0.2585	0.2455	0.0800
C_{513}	0.0818	0.2611	0.2293	0.2953	0.1325
C_{514}	0.0669	0.2804	0.2926	0.1946	0.1655
C_{515}	0.1409	0.2133	0.3045	0.2423	0.0990
C_{516}	0.1180	0.2390	0.3004	0.2427	0.0999
C_{521}	0.1971	0.1894	0.2945	0.2043	0.1147
C_{522}	0.1156	0.2351	0.3027	0.2414	0.1053
C_{523}	0.2122	0.2447	0.2366	0.2674	0.0390

表 8 - 6 时间序列组合权重

二级指标	2017 年	2018 年	2019 年	2020 年	2021 年
C_{111}	0.0907	0.2056	0.2284	0.2618	0.2135
C_{112}	0.1880	0.1714	0.2317	0.2065	0.2024
C_{121}	0.0804	0.1976	0.2267	0.2507	0.2445
C_{122}	0.1172	0.1745	0.2438	0.2258	0.2386
C_{123}	0.0929	0.1850	0.2318	0.2589	0.2313
C_{124}	0.1140	0.1786	0.2370	0.2547	0.2157
C_{125}	0.1099	0.1849	0.2365	0.2498	0.2189
C_{126}	0.1119	0.1834	0.2368	0.2480	0.2198
C_{211}	0.2045	0.1473	0.1727	0.2130	0.2625
C_{212}	0.1569	0.1407	0.1661	0.2434	0.2930
C_{213}	0.1786	0.1410	0.1664	0.2322	0.2817
C_{214}	0.1747	0.1734	0.1988	0.2018	0.2513
C_{215}	0.1312	0.1944	0.2198	0.2026	0.2521
C_{216}	0.1586	0.1817	0.2071	0.2015	0.2511
C_{221}	0.0660	0.1723	0.1977	0.2572	0.3068
C_{222}	0.0928	0.1472	0.1726	0.2689	0.3185
C_{223}	0.1721	0.1748	0.2002	0.2017	0.2512
C_{231}	0.0657	0.1977	0.2009	0.2329	0.3028
C_{232}	0.1299	0.1447	0.1616	0.2517	0.3120
C_{311}	0.0993	0.1780	0.2418	0.2352	0.2457
C_{312}	0.1598	0.1710	0.2211	0.2539	0.1942
C_{313}	0.1262	0.1676	0.2392	0.2468	0.2203
C_{321}	0.1056	0.1633	0.2251	0.1987	0.3073
C_{322}	0.1569	0.1574	0.2217	0.1489	0.3151
C_{323}	0.1856	0.1793	0.1705	0.1646	0.3000
C_{324}	0.1059	0.1798	0.2412	0.2469	0.2262
C_{325}	0.1105	0.1781	0.2399	0.2502	0.2213

续表

二级指标	2017 年	2018 年	2019 年	2020 年	2021 年
C_{411}	0.1060	0.1792	0.2421	0.2435	0.2292
C_{412}	0.0942	0.1869	0.2394	0.2441	0.2355
C_{413}	0.0671	0.2010	0.2026	0.2574	0.2718
C_{414}	0.1056	0.1823	0.2411	0.2434	0.2276
C_{415}	0.1254	0.1281	0.1851	0.2386	0.3228
C_{416}	0.0845	0.1913	0.2318	0.2284	0.2640
C_{421}	0.0713	0.2046	0.2244	0.2489	0.2509
C_{422}	0.1036	0.1767	0.2450	0.2263	0.2485
C_{423}	0.0913	0.2047	0.2275	0.2649	0.2115
C_{424}	0.1090	0.1928	0.2300	0.2543	0.2139
C_{431}	0.1500	0.1873	0.1866	0.1779	0.2982
C_{432}	0.1005	0.1816	0.2388	0.2537	0.2254
C_{433}	0.0998	0.1885	0.2271	0.2702	0.2145
C_{511}	0.1698	0.1855	0.1917	0.2010	0.2521
C_{512}	0.1285	0.1899	0.2190	0.2479	0.2148
C_{513}	0.0870	0.1948	0.2044	0.2729	0.2410
C_{514}	0.0795	0.2045	0.2360	0.2225	0.2575
C_{515}	0.1165	0.1710	0.2420	0.2463	0.2242
C_{516}	0.1050	0.1838	0.2399	0.2465	0.2247
C_{521}	0.1446	0.1590	0.2369	0.2274	0.2321
C_{522}	0.1039	0.1818	0.2411	0.2459	0.2274
C_{523}	0.1522	0.1866	0.2080	0.2589	0.1943

8.3.2 确定评价对象各指标的集成信息

利用 2017～2021 年 29 省份的归一化指标数据以及表 8-6 的组合权重信息，利用动态加权平均算子对评价对象在 2017～2021 年的归一化指标数据进行集结，得到集结后的评价信息如表8-7所示。

表8-7　全国29个省份评价指标的集结数据信息

省份	C_{111}	C_{112}	C_{121}	C_{122}	C_{123}
北京	0.06457	0.03079	0.05335	0.07559	0.08958
天津	0.02127	0.03358	0.02472	0.02419	0.02369
河北	0.03407	0.03429	0.01535	0.02492	0.01934
山西	0.02259	0.03729	0.00579	0.02200	0.01331
内蒙古	0.01957	0.02577	0.00560	0.02252	0.00643
辽宁	0.02567	0.03196	0.02698	0.01877	0.01552
吉林	0.01100	0.02885	0.00679	0.01772	0.00862
黑龙江	0.01207	0.03247	0.00901	0.01742	0.00902
上海	0.08191	0.03634	0.14899	0.03826	0.08660
江苏	0.09786	0.03430	0.10133	0.03278	0.11871
浙江	0.07912	0.03693	0.06982	0.04184	0.09764
安徽	0.02927	0.03771	0.01249	0.04511	0.07433
福建	0.02963	0.03644	0.05104	0.03932	0.02823
江西	0.02277	0.03883	0.01084	0.03183	0.03726
山东	0.06476	0.03104	0.05493	0.04367	0.06036
河南	0.03637	0.03700	0.01563	0.02428	0.04595
湖北	0.03103	0.03623	0.02004	0.03445	0.06178
湖南	0.02697	0.03859	0.01623	0.03569	0.03671
广东	0.13186	0.03891	0.28537	0.03688	0.03671
广西	0.01504	0.03704	0.00988	0.03289	0.01438
海南	0.00825	0.02971	0.00608	0.04706	0.00585
重庆	0.02034	0.03604	0.01060	0.04318	0.01646
四川	0.03853	0.03695	0.02153	0.04174	0.03785
贵州	0.01583	0.03792	0.00450	0.03489	0.02252
云南	0.01909	0.03948	0.00881	0.03806	0.01265
陕西	0.02402	0.03668	0.01018	0.03906	0.01584
甘肃	0.00786	0.02444	0.00400	0.02792	0.00629
青海	0.00275	0.03280	0.00097	0.03428	0.00242
宁夏	0.00371	0.02572	0.00140	0.03030	0.00644

续表

省份	C_{124}	C_{125}	C_{126}	C_{211}	C_{212}
北京	0.24480	0.01433	0.03849	0.03374	0.03381
天津	0.03846	0.01528	0.01819	0.03462	0.03291
河北	0.01706	0.02417	0.01786	0.03359	0.03302
山西	0.00444	0.00928	0.00700	0.03376	0.03281
内蒙古	0.00115	0.00531	0.00400	0.03544	0.03474
辽宁	0.02395	0.01704	0.01900	0.03373	0.03483
吉林	0.01636	0.00410	0.00414	0.03345	0.03368
黑龙江	0.00973	0.00483	0.00519	0.03383	0.03591
上海	0.06207	0.02682	0.04254	0.03466	0.03309
江苏	0.06609	0.15680	0.14976	0.03346	0.03198
浙江	0.04157	0.13415	0.06079	0.03399	0.03300
安徽	0.02421	0.03890	0.04750	0.03451	0.03407
福建	0.00562	0.04067	0.02791	0.03523	0.03544
江西	0.00771	0.02500	0.01157	0.03267	0.03167
山东	0.05565	0.07450	0.05592	0.03508	0.03483
河南	0.01135	0.04294	0.02354	0.03433	0.03341
湖北	0.06258	0.03583	0.03137	0.03404	0.03327
湖南	0.02306	0.03448	0.02923	0.03319	0.03265
广东	0.09896	0.19663	0.29843	0.03436	0.03306
广西	0.00621	0.00630	0.00658	0.03451	0.03446
海南	0.00054	0.00063	0.00128	0.03500	0.03517
重庆	0.00488	0.02024	0.01452	0.03524	0.03492
四川	0.04679	0.02538	0.03085	0.03566	0.03570
贵州	0.00892	0.00711	0.00602	0.03576	0.03544
云南	0.00339	0.00833	0.00684	0.03594	0.03405
陕西	0.06356	0.01379	0.01498	0.03236	0.03077
甘肃	0.00890	0.00279	0.00280	0.03507	0.03411
青海	0.00147	0.00054	0.00061	0.03659	0.03759
宁夏	0.00063	0.00246	0.00208	0.03374	0.03552

续表

省份	C_{213}	C_{214}	C_{215}	C_{216}	C_{221}
北京	0.03239	0.03324	0.03339	0.03373	0.03396
天津	0.03333	0.03285	0.03411	0.03538	0.03470
河北	0.03318	0.03307	0.03318	0.03337	0.03437
山西	0.03227	0.03321	0.03322	0.03355	0.03364
内蒙古	0.03521	0.03274	0.03392	0.03350	0.03578
辽宁	0.03360	0.03501	0.03642	0.03560	0.03608
吉林	0.03270	0.03121	0.03190	0.03160	0.03254
黑龙江	0.03352	0.03370	0.03462	0.03452	0.03534
上海	0.03266	0.03249	0.03407	0.03216	0.03482
江苏	0.03302	0.03246	0.03286	0.03269	0.03264
浙江	0.03374	0.03447	0.03663	0.03611	0.03624
安徽	0.03453	0.03434	0.03777	0.03665	0.03773
福建	0.03464	0.03349	0.03781	0.03595	0.03787
江西	0.03143	0.03240	0.03229	0.03237	0.03172
山东	0.03487	0.03156	0.03242	0.03219	0.03396
河南	0.03310	0.03277	0.03343	0.03310	0.03344
湖北	0.03353	0.03390	0.03599	0.03461	0.03487
湖南	0.03220	0.03332	0.03481	0.03398	0.03294
广东	0.03239	0.03296	0.03333	0.03259	0.03382
广西	0.03379	0.03348	0.03395	0.03331	0.03420
海南	0.03500	0.03284	0.03491	0.03486	0.03729
重庆	0.03553	0.03232	0.03383	0.03297	0.03501
四川	0.03582	0.03392	0.03582	0.03479	0.03653
贵州	0.03580	0.03244	0.03318	0.03282	0.03596
云南	0.03531	0.03265	0.03420	0.03398	0.03505
陕西	0.03105	0.03268	0.03339	0.03371	0.03193
甘肃	0.03513	0.03235	0.03398	0.03271	0.03391
青海	0.03882	0.03299	0.03374	0.03383	0.03591
宁夏	0.03393	0.03387	0.03698	0.03732	0.03703

续表

省份	C_{222}	C_{223}	C_{231}	C_{232}	C_{311}
北京	0.03433	0.03217	0.01717	0.03230	0.03488
天津	0.03435	0.03239	0.04038	0.06606	0.01452
河北	0.03556	0.03339	0.02074	0.04452	0.04781
山西	0.03324	0.03374	0.03512	0.00948	0.02235
内蒙古	0.03589	0.03378	0.03519	0.09335	0.01939
辽宁	0.03440	0.03449	0.02357	0.02622	0.02211
吉林	0.03426	0.03229	0.04083	0.02893	0.01619
黑龙江	0.03511	0.03405	0.03445	0.05615	0.01779
上海	0.03447	0.03263	0.02066	0.07097	0.03097
江苏	0.03309	0.03257	0.01024	0.01843	0.07150
浙江	0.03517	0.03477	0.01323	0.01841	0.05574
安徽	0.03500	0.03485	0.02968	0.04380	0.03814
福建	0.03617	0.03400	0.02605	0.02487	0.03105
江西	0.03143	0.03336	0.02904	0.03721	0.03618
山东	0.03658	0.03218	0.01388	0.06123	0.06874
河南	0.03459	0.03342	0.01872	0.02169	0.05593
湖北	0.03339	0.03392	0.02022	0.01101	0.03635
湖南	0.03155	0.03456	0.02125	0.02521	0.04018
广东	0.03307	0.03339	0.00631	0.00576	0.10183
广西	0.03423	0.03375	0.02880	0.03124	0.03209
海南	0.03456	0.03364	0.08668	0.09666	0.00861
重庆	0.03550	0.03381	0.03318	0.02794	0.02300
四川	0.03446	0.03405	0.01672	0.01198	0.05025
贵州	0.03528	0.03370	0.03171	0.02363	0.03317
云南	0.03560	0.03298	0.02306	0.02953	0.03487
陕西	0.03178	0.03307	0.03144	0.01182	0.02997
甘肃	0.03485	0.03297	0.04584	0.03377	0.02002
青海	0.03932	0.03310	0.09878	0.05600	0.00675
宁夏	0.03375	0.03449	0.13196	0.01672	0.00592

续表

省份	C_{312}	C_{313}	C_{321}	C_{322}	C_{323}
北京	0.07802	0.06209	0.06971	0.07325	0.02100
天津	0.06600	0.05034	0.01297	0.03201	0.01450
河北	0.03599	0.03009	0.03931	0.01790	0.03084
山西	0.05483	0.02993	0.02886	0.03586	0.02517
内蒙古	0.02525	0.02415	0.03318	0.01358	0.01352
辽宁	0.07833	0.03705	0.02414	0.06036	0.01795
吉林	0.04379	0.04033	0.01986	0.01433	0.01057
黑龙江	0.04281	0.03042	0.01554	0.01023	0.02315
上海	0.04704	0.04198	0.05031	0.05360	0.02651
江苏	0.02175	0.03892	0.07288	0.09896	0.09749
浙江	0.02320	0.02931	0.06042	0.12096	0.06971
安徽	0.01708	0.02909	0.02502	0.03492	0.03114
福建	0.01944	0.03039	0.02890	0.02552	0.03364
江西	0.03091	0.03613	0.02813	0.03364	0.04326
山东	0.01735	0.03349	0.04968	0.04615	0.07353
河南	0.02452	0.03391	0.03469	0.04097	0.06410
湖北	0.02354	0.03873	0.03777	0.02497	0.03973
湖南	0.03833	0.03346	0.04055	0.07552	0.06459
广东	0.04240	0.03241	0.10399	0.08780	0.05786
广西	0.03646	0.03325	0.02332	0.01617	0.02289
海南	0.02749	0.02934	0.01334	0.04684	0.00273
重庆	0.03644	0.03813	0.01655	0.00926	0.03603
四川	0.01629	0.02997	0.05516	0.02726	0.07600
贵州	0.01133	0.02824	0.02321	0.00304	0.02257
云南	0.01469	0.02789	0.02264	0.02286	0.02268
陕西	0.02434	0.04483	0.03987	0.02708	0.05982
甘肃	0.01132	0.02857	0.02317	0.01365	0.03251
青海	0.01090	0.01718	0.01146	0.00724	0.00183
宁夏	0.01440	0.02954	0.00728	0.00280	0.00771

续表

省份	C_{324}	C_{325}	C_{411}	C_{412}	C_{413}
北京	0.05618	0.03714	0.05741	0.01477	0.19380
天津	0.05513	0.07386	0.03423	0.00800	0.14845
河北	0.01663	0.02037	0.03040	0.05040	0.01248
山西	0.02240	0.04004	0.03291	0.02534	0.01626
内蒙古	0.03217	0.04661	0.03647	0.01878	0.01278
辽宁	0.04073	0.03738	0.03342	0.03675	0.02016
吉林	0.03399	0.03116	0.03498	0.01982	0.02114
黑龙江	0.02638	0.02587	0.03126	0.02986	0.01445
上海	0.13230	0.04820	0.03897	0.01716	0.11652
江苏	0.04871	0.04829	0.03544	0.06016	0.02558
浙江	0.06218	0.05647	0.04007	0.04065	0.03187
安徽	0.02056	0.02382	0.02760	0.04223	0.00963
福建	0.04220	0.03908	0.03029	0.02388	0.04280
江西	0.02365	0.02717	0.02696	0.03148	0.01076
山东	0.02639	0.02987	0.03586	0.07371	0.01479
河南	0.01460	0.01983	0.03169	0.07502	0.00648
湖北	0.02861	0.03263	0.03317	0.04729	0.01211
湖南	0.02181	0.02163	0.03258	0.05873	0.01106
广东	0.03618	0.03427	0.03120	0.06358	0.01459
广西	0.02361	0.02499	0.03227	0.03254	0.00822
海南	0.02510	0.02537	0.03323	0.00601	0.10977
重庆	0.02463	0.03133	0.03286	0.02674	0.02387
四川	0.02014	0.02186	0.03334	0.07317	0.00480
贵州	0.01728	0.02092	0.03357	0.03087	0.00794
云南	0.01929	0.02272	0.03252	0.03613	0.00714
陕西	0.02118	0.02471	0.04132	0.03094	0.01729
甘肃	0.02652	0.03419	0.03119	0.02006	0.01029
青海	0.03486	0.04241	0.03640	0.00475	0.05661
宁夏	0.04407	0.05213	0.03680	0.00480	0.04443

续表

省份	C_{414}	C_{415}	C_{416}	C_{421}	C_{422}
北京	0.04431	0.15009	0.01525	0.05598	0.03579
天津	0.03140	0.07990	0.00678	0.03489	0.03579
河北	0.03492	0.00337	0.03665	0.03375	0.03559
山西	0.03577	0.00634	0.02000	0.03372	0.03498
内蒙古	0.03171	0.01011	0.02005	0.03700	0.03443
辽宁	0.03602	0.00668	0.02981	0.03468	0.03504
吉林	0.03285	0.01022	0.01572	0.03487	0.03325
黑龙江	0.03471	0.00881	0.02317	0.03358	0.03238
上海	0.03378	0.42589	0.01994	0.05014	0.03579
江苏	0.03395	0.00423	0.11244	0.03693	0.03573
浙江	0.03312	0.02893	0.07819	0.04318	0.03579
安徽	0.03868	0.00241	0.03893	0.02848	0.03539
福建	0.03271	0.01352	0.03829	0.03540	0.03528
江西	0.03395	0.00603	0.03140	0.02771	0.03500
山东	0.03701	0.00316	0.06754	0.03267	0.03553
河南	0.03700	0.00174	0.05259	0.03069	0.03456
湖北	0.03442	0.00354	0.03690	0.02943	0.03507
湖南	0.03758	0.00234	0.04377	0.02943	0.03431
广东	0.03029	0.00402	0.08363	0.02958	0.03500
广西	0.03011	0.00356	0.03278	0.03184	0.03535
海南	0.02967	0.03686	0.00949	0.03537	0.03510
重庆	0.03588	0.00853	0.02121	0.03548	0.03476
四川	0.03572	0.00197	0.05345	0.03350	0.03407
贵州	0.03296	0.00998	0.01653	0.03331	0.03244
云南	0.03249	0.00717	0.02803	0.03084	0.02784
陕西	0.03617	0.00692	0.03561	0.03639	0.03481
甘肃	0.03638	0.00889	0.02930	0.03218	0.03331
青海	0.03462	0.05184	0.00719	0.03423	0.03370
宁夏	0.03025	0.09193	0.00704	0.03699	0.03428

续表

省份	C_{423}	C_{424}	C_{431}	C_{432}	C_{433}
北京	0.04945	0.03286	0.01240	0.07403	0.06529
天津	0.03322	0.02185	0.06206	0.04677	0.04847
河北	0.03697	0.03421	0.03324	0.02832	0.02833
山西	0.02920	0.02485	0.01997	0.02643	0.02489
内蒙古	0.02959	0.08342	0.02775	0.03358	0.03251
辽宁	0.03285	0.02116	0.05894	0.03502	0.03467
吉林	0.02800	0.03639	0.02671	0.02719	0.02822
黑龙江	0.03831	0.04477	0.03252	0.02674	0.02815
上海	0.02594	0.02652	0.04167	0.07642	0.07062
江苏	0.04241	0.04428	0.05002	0.04570	0.04220
浙江	0.04238	0.03296	0.02568	0.05511	0.05002
安徽	0.03498	0.02758	0.04092	0.02920	0.02967
福建	0.03955	0.04319	0.02511	0.03921	0.03950
江西	0.02663	0.03017	0.01800	0.02914	0.02765
山东	0.04209	0.02092	0.04112	0.03481	0.03228
河南	0.03286	0.04256	0.02596	0.02623	0.02560
湖北	0.02997	0.02697	0.03011	0.03047	0.03237
湖南	0.04407	0.02580	0.03018	0.03059	0.03232
广东	0.03342	0.02033	0.01599	0.04311	0.04495
广西	0.02712	0.01547	0.04585	0.02581	0.02555
海南	0.03498	0.03203	0.03988	0.02942	0.03007
重庆	0.02702	0.03103	0.02831	0.03205	0.03330
四川	0.03436	0.02717	0.07793	0.02743	0.03045
贵州	0.02954	0.03179	0.02968	0.02255	0.02358
云南	0.03463	0.05711	0.05411	0.02436	0.02516
陕西	0.03811	0.05309	0.02290	0.02729	0.02742
甘肃	0.03367	0.03380	0.01391	0.02117	0.02497
青海	0.03810	0.03837	0.02124	0.02503	0.02808
宁夏	0.03454	0.03038	0.04104	0.02695	0.02821

续表

省份	C_{511}	C_{512}	C_{513}	C_{514}	C_{515}
北京	0.10411	0.00649	0.03929	0.03492	0.01733
天津	0.08760	0.01564	0.01333	0.03425	0.01455
河北	0.01422	0.08325	0.03378	0.03484	0.04013
山西	0.03115	0.06960	0.02091	0.03478	0.02318
内蒙古	0.05088	0.05391	0.01633	0.03486	0.02671
辽宁	0.02393	0.01966	0.04159	0.03476	0.04846
吉林	0.04334	0.00845	0.02063	0.03201	0.02004
黑龙江	0.02159	0.01174	0.02260	0.03277	0.02941
上海	0.07240	0.03830	0.03577	0.03492	0.02208
江苏	0.00770	0.10791	0.07889	0.03492	0.07611
浙江	0.01756	0.07097	0.06470	0.03492	0.05518
安徽	0.01082	0.04452	0.02824	0.03492	0.04380
福建	0.01492	0.02859	0.03896	0.03489	0.02248
江西	0.01150	0.02852	0.02221	0.03487	0.02560
山东	0.01190	0.14367	0.07465	0.03491	0.08479
河南	0.01294	0.06035	0.04740	0.03485	0.04652
湖北	0.01209	0.02978	0.04281	0.03492	0.04279
湖南	0.01143	0.01185	0.03514	0.03492	0.03272
广东	0.00586	0.05823	0.13635	0.03486	0.12867
广西	0.01141	0.01096	0.02190	0.03492	0.02813
海南	0.07481	0.00173	0.01065	0.03492	0.00987
重庆	0.06469	0.00822	0.02611	0.03315	0.02310
四川	0.01098	0.03027	0.04869	0.03480	0.04745
贵州	0.02769	0.01784	0.01554	0.03387	0.01717
云南	0.03147	0.02005	0.02041	0.03456	0.01979
陕西	0.03375	0.03773	0.02603	0.03477	0.02129
甘肃	0.05111	0.01029	0.01206	0.03487	0.01381
青海	0.17434	0.00379	0.00485	0.03395	0.00387
宁夏	0.04235	0.01325	0.00543	0.03482	0.00992

续表

省份	C_{516}	C_{521}	C_{522}	C_{523}
北京	0.03703	0.04010	0.00653	0.00575
天津	0.01665	0.02567	0.00075	0.00152
河北	0.03444	0.03575	0.04250	0.07946
山西	0.01604	0.03112	0.05257	0.05058
内蒙古	0.01275	0.04669	0.10866	0.10290
辽宁	0.05143	0.03046	0.04120	0.02444
吉林	0.02236	0.03099	0.01920	0.01977
黑龙江	0.02285	0.03053	0.03951	0.01728
上海	0.04377	0.02121	0.00000	0.00067
江苏	0.09853	0.03680	0.00697	0.00682
浙江	0.06141	0.03327	0.02716	0.01207
安徽	0.03644	0.03584	0.01540	0.02230
福建	0.02388	0.03606	0.02890	0.03280
江西	0.01767	0.03617	0.04492	0.04483
山东	0.06803	0.04326	0.03175	0.02301
河南	0.04482	0.03287	0.02896	0.03020
湖北	0.04296	0.03023	0.04644	0.05612
湖南	0.03651	0.02801	0.02895	0.08855
广东	0.13179	0.04436	0.01372	0.04056
广西	0.04056	0.03204	0.02109	0.03410
海南	0.00597	0.02764	0.00097	0.00214
重庆	0.02051	0.04102	0.02748	0.04224
四川	0.04074	0.03315	0.07755	0.07017
贵州	0.01518	0.03931	0.05427	0.06166
云南	0.01554	0.02933	0.07436	0.05618
陕西	0.02121	0.02990	0.05961	0.05328
甘肃	0.00845	0.03550	0.07119	0.05589
青海	0.00296	0.02908	0.01052	0.03662
宁夏	0.00570	0.05006	0.01769	0.01435

8.3.3 二级指标数据信息的集成

根据表8-7中的指标数据和表8-2的权重数据，运用加权平方平均算子对二级指标数据进行集成，确定一级指标的评价信息如表8-8所示。

表8-8　　　　　　　　29个省份的一级指标评价信息

省份	经济治理	政治治理	文化治理	社会治理	生态治理
北京	0.07609	0.03159	0.05406	0.06641	0.03526
天津	0.02451	0.03695	0.04039	0.04840	0.02566
河北	0.02349	0.03303	0.03027	0.02974	0.04309
山西	0.01496	0.03175	0.03295	0.02439	0.03656
内蒙古	0.01110	0.03893	0.02598	0.03029	0.05267
辽宁	0.02203	0.03308	0.04006	0.03073	0.03444
吉林	0.01170	0.03325	0.02680	0.02591	0.02514
黑龙江	0.01195	0.03612	0.02474	0.02819	0.02543
上海	0.06700	0.03481	0.05239	0.08688	0.03049
江苏	0.09706	0.02925	0.06108	0.04297	0.04559
浙江	0.07413	0.03138	0.05767	0.04078	0.03921
安徽	0.03915	0.03554	0.02718	0.02855	0.02873
福建	0.03262	0.03387	0.03099	0.03328	0.02865
江西	0.02367	0.03217	0.03258	0.02483	0.02949
山东	0.05651	0.03358	0.04282	0.03534	0.05249
河南	0.03068	0.03104	0.03618	0.03182	0.03576
湖北	0.03964	0.03099	0.03291	0.02826	0.03692
湖南	0.03017	0.03136	0.04181	0.03066	0.03464
广东	0.13731	0.02830	0.06091	0.03364	0.06124
广西	0.01553	0.03321	0.02702	0.02544	0.02578
海南	0.01172	0.04502	0.02194	0.03698	0.02113
重庆	0.02048	0.03376	0.02772	0.02755	0.03410
四川	0.03482	0.03153	0.03737	0.03485	0.04339
贵州	0.01690	0.03341	0.02013	0.02474	0.03269
云南	0.01658	0.03284	0.02327	0.02957	0.03480
陕西	0.02643	0.03072	0.03453	0.03032	0.03600
甘肃	0.01011	0.03518	0.02380	0.02434	0.03506
青海	0.00860	0.04408	0.01626	0.03232	0.04024
宁夏	0.00852	0.04444	0.02038	0.03603	0.02286

8.3.4 计算评价对象到理想方案和负理想方案的距离与贴近度并排序

根据表8-8数据分布，本研究分别取理想方案 Y^+ 和负理想方案 Y^-：

$$Y^+ = (0.2, 0.2, \cdots, 0.2), \quad Y^- = (0, 0, \cdots, 0)$$

将表8-8中数据代入式（6.16）、式（6.17）和式（6.18），计算得到29个评价对象到理想方案、负理想方案的距离及其贴近度，并对其排序，具体结果如表8-9所示。

表8-9 全国29个省份的贴近度及其排序

省份	d_i^-	d_i^+	c_i	排序
北京	0.05255	0.14745	0.26275	3
天津	0.03658	0.16342	0.18290	7
河北	0.03227	0.16773	0.16133	13
山西	0.02834	0.17166	0.14171	22
内蒙古	0.03297	0.16703	0.16485	12
辽宁	0.03220	0.16780	0.16102	14
吉林	0.02523	0.17477	0.12614	29
黑龙江	0.02619	0.17381	0.13097	27
上海	0.05634	0.14366	0.28169	2
江苏	0.05191	0.14809	0.25956	4
浙江	0.04641	0.15359	0.23205	5
安徽	0.03133	0.16867	0.15665	17
福建	0.03197	0.16803	0.15986	15
江西	0.02835	0.17165	0.14177	21
山东	0.04291	0.15709	0.21453	6
河南	0.03302	0.16698	0.16512	11
湖北	0.03305	0.16695	0.16523	10
湖南	0.03340	0.16660	0.16699	9
广东	0.05829	0.14171	0.29144	1
广西	0.02583	0.17417	0.12913	28
海南	0.02905	0.17095	0.14525	20
重庆	0.02908	0.17092	0.14542	19
四川	0.03635	0.16365	0.18175	8

续表

省份	d_i^-	d_i^+	c_i	排序
贵州	0.02614	0.17386	0.13068	26
云南	0.02829	0.17171	0.14144	23
陕西	0.03168	0.16832	0.15838	16
甘肃	0.02645	0.17355	0.13226	25
青海	0.03003	0.16997	0.15016	18
宁夏	0.02828	0.17172	0.14141	24

因此，我国 29 个地区国家治理现代化发展水平评价的排名由高到低依次为：广东、上海、北京、江苏、浙江、山东、天津、四川、湖南、湖北、河南、内蒙古、河北、辽宁、福建、陕西、安徽、青海、重庆、海南、江西、山西、云南、宁夏、甘肃、贵州、黑龙江、广西、吉林。

 推动我国国家治理现代化的对策建议

8.4.1 研究结果分析

（1）国家治理现代化评价结果分析

实证研究结果表明：我国 29 个地区国家治理现代化发展并不均衡，而且整体发展水平较低。我国国家治理现代化发展水平较好的 6 个地区依次为：上海、广东、北京、江苏、浙江、山东，其贴近度取值均在 0.2 以上；发展比较差的后 10 个地区（排名 20 ~ 29）分别为：重庆、海南、宁夏、山西、云南、广西、黑龙江、吉林、甘肃、贵州，这些地区的贴近度取值则在 0.15 以下；贴近度取值落在 0.1250 ~ 0.3000 较小区间范围，反映出我国国家治理现代化发展水平整体上尚处于较低水平，也就意味着存有较大的提升空间。

（2）要素层现代化指数的对比分析

为探讨制约我国国家治理现代化发展的重要影响因素，根据表 8 - 1 的评价指标归一化数据及表 8 - 2 的二级评价指标权重，运用加权平均算子，计算 29 个省份在要素层的综合评价值，用以表示各要素层的现代化发展指数，计算结果如表 8 – 10 所示。

表 8 – 10　　　　　　　　2021 年中国 29 个省份要素层的现代化指数

省份	经济发展速度	经济发展质量	依法治国能力	民主监督水平	公共安全管理	教育发展水平
北京	0.04880	0.07421	0.03251	0.03346	0.04087	0.06690
天津	0.02337	0.02112	0.03377	0.03311	0.02472	0.04042
河北	0.02863	0.02043	0.03366	0.03517	0.01255	0.03906
山西	0.03256	0.01057	0.03240	0.03215	0.02382	0.03564
内蒙古	0.03118	0.00736	0.03671	0.03701	0.03139	0.02195
辽宁	0.02257	0.01877	0.03392	0.03385	0.02891	0.04656
吉林	0.02682	0.00711	0.03300	0.03280	0.05717	0.04326
黑龙江	0.02039	0.00910	0.03484	0.03469	0.04031	0.03104
上海	0.06372	0.06594	0.03505	0.03459	0.07204	0.03768
江苏	0.07161	0.10597	0.03185	0.03193	0.01089	0.04401
浙江	0.07194	0.07989	0.03420	0.03445	0.01736	0.03503
安徽	0.03572	0.04549	0.03533	0.03563	0.04740	0.02753
福建	0.03138	0.03350	0.03773	0.03791	0.03090	0.03187
江西	0.03452	0.02302	0.02806	0.02902	0.03833	0.03648
山东	0.05267	0.06636	0.03623	0.03714	0.02849	0.04000
河南	0.03163	0.03199	0.03377	0.03438	0.01642	0.03788
湖北	0.05335	0.04111	0.03416	0.03375	0.01518	0.03664
湖南	0.03260	0.03258	0.03036	0.03025	0.03318	0.03742
广东	0.09101	0.15196	0.03323	0.03297	0.00630	0.05859
广西	0.02447	0.01595	0.03625	0.03492	0.02603	0.03202
海南	0.02516	0.01045	0.03726	0.03697	0.08220	0.01968
重庆	0.02475	0.01887	0.03657	0.03611	0.03157	0.04015
四川	0.03724	0.03432	0.03716	0.03631	0.01756	0.03156
贵州	0.00840	0.01278	0.03826	0.03755	0.03451	0.02283
云南	0.02141	0.01232	0.03641	0.03546	0.02625	0.02585
陕西	0.01612	0.02576	0.02937	0.02992	0.02510	0.03258
甘肃	0.02596	0.00881	0.03336	0.03367	0.03961	0.01938
青海	0.00197	0.00734	0.03993	0.03950	0.06884	0.01082
宁夏	0.01006	0.00692	0.03464	0.03534	0.09008	0.01715

续表

省份	文化发展水平	医疗社保水平	基础设施建设	就业收入水平	环境治理能力	生态平衡水平
北京	0.03879	0.08300	0.04244	0.04917	0.07220	0.01738
天津	0.03682	0.05820	0.03167	0.05935	0.02955	0.00823
河北	0.02386	0.02653	0.03492	0.02806	0.02715	0.04346
山西	0.02815	0.02092	0.03336	0.02393	0.02258	0.06170
内蒙古	0.02669	0.01917	0.04398	0.03128	0.03107	0.07806
辽宁	0.02909	0.02483	0.03204	0.05132	0.03413	0.02911
吉林	0.01990	0.02172	0.03422	0.02749	0.01984	0.02769
黑龙江	0.01814	0.02210	0.03735	0.02972	0.02518	0.03391
上海	0.05845	0.13193	0.03462	0.06328	0.06031	0.00749
江苏	0.06885	0.04150	0.03890	0.04459	0.04902	0.01439
浙江	0.07227	0.04105	0.03266	0.05018	0.04682	0.02045
安徽	0.02284	0.02512	0.03307	0.03225	0.03256	0.02131
福建	0.03225	0.02859	0.03731	0.03412	0.02895	0.03043
江西	0.04019	0.02258	0.03293	0.02673	0.02277	0.05230
山东	0.04496	0.03663	0.03307	0.03733	0.05772	0.02505
河南	0.03698	0.03306	0.03460	0.02647	0.03275	0.03557
湖北	0.03244	0.02563	0.02988	0.03102	0.03439	0.03968
湖南	0.05435	0.02844	0.03133	0.02985	0.02852	0.03448
广东	0.05839	0.03526	0.02957	0.03533	0.08519	0.02395
广西	0.02559	0.02186	0.02669	0.03169	0.02793	0.03735
海南	0.01788	0.04010	0.03389	0.03440	0.02513	0.01115
重庆	0.02439	0.02306	0.03156	0.03498	0.02521	0.03335
四川	0.04515	0.03091	0.03110	0.03057	0.03453	0.05472
贵州	0.02217	0.02009	0.03319	0.02775	0.01983	0.03329
云南	0.02314	0.02159	0.03663	0.03709	0.02174	0.04945
陕西	0.02917	0.02461	0.03750	0.02626	0.02533	0.06102
甘肃	0.02705	0.02014	0.03543	0.01898	0.01709	0.05328
青海	0.02125	0.03403	0.03498	0.02504	0.04053	0.03029
宁夏	0.02081	0.03893	0.03288	0.03367	0.02196	0.03148

表8-10中的数据均为通过相应的二级指标数据加权得到的要素层得分，其值越大，表明对应要素层的国家治理现代化发展状况越好；反之则越差。表8-3、表8-10的数据显示，我国国家治理现代化发展具有明显"不均衡性"。一方面，各要素层之间的现代化指数差距明显，整体上看经济发展速度、依法治国能力、民主监督水平、基础设施建设的现代化发展状况比较理想；另一方面，即便现代化状况比较差的要素层也有地区处于比较高的水平上，比如"生态平衡水平"的现代化指数整体上差距较大，但仍有陕西、甘肃、四川、内蒙古等地区处于较高水平。通过对各要素的现代化指数进行方差分析，可以按得分值由小到大对12个要素层的现代化发展状况进行排序，发现整体上现代化发展状况"差"的要素依次为经济发展质量、环境治理能力、生态平衡水平、公共安全管理、文化发展水平、医疗保障水平等。从国家治理现代化发展的均衡性原则与全面性原则出发，推进我国国家治理现代化首先应从上述方面补齐短板和寻求突破。

8.4.2　中国国家治理现代化发展的对策建议

（1）依靠经济发展质量推动国家治理现代化发展

推进国家治理现代化强调经济、政治、文化、社会、生态等子系统之间的协同性，经济发展质量的提高需要稳定的治理环境来保驾护航，而高质量的经济增长是实现治理现代化的物质保证，国家治理与经济发展之间是相辅相成的（李伟和马玉洁，2020）。经济发展质量更强调资源配置效率、要素使用效率的提高（钞小静和任保平，2008），反映的是国民经济发展过程中经济活动内部以及经济活动与社会活动之间的协调状况。从稳定性上看，它要求经济增长率保持在一个合理的区间范围；从结果上看，它要求经济增长有助于促进经济、社会、生态可持续发展。为推进中国国家治理的现代化发展进程，应充分发挥经济增长对国家治理现代化发展推动作用。建议进一步推进供给侧结构性改革，大力发展实体经济，调整和优化产业结构，提升资源配置效率；鼓励企业加大研发投入，加快转变经济发展方式，提高企业的自主创新能力。

（2）提高环境治理能力推进国家治理现代化发展

环境治理是国家治理目标"五位一体"的重要组成部分，构建现代环境治理体系、提升环境治理能力，是推进我国国家治理现代化的重要内容（孔凡斌、王苓、徐彩瑶和许正松，2022）。2020年，中共中央办公厅、国务院办公厅印发《关于构建现代环境治理体系的指导意见》，此后全国各省份依据该意见要求、结合本地实际情况，先后制订了具体的有关构建现代环境治理体系的实施方案，在增强科学、精准的环境治理能力方面形成了一些富有成效的实践经验，但由于各地经济条件、资源禀赋以及对环境治理的关注不同使得在环境治理能力方面存在差异（和夏冰、殷培红和王卓玥，2022）。为了更好地发挥环境治理在推动国家治理现代化发展中的作用，需要充分调动公众、社会组织参与环境治理的积极性，构建和完善多元化的环境治理体系；加快推进科学技术、信息技术在环境治理中的运用，实现科学治理和精准治理。

（3）提升生态平衡水平促进国家治理现代化发展

可持续发展本质上强调经济、社会、生态三个子系统立体式的复合型协调发展，生态发展的可持续性自然会影响经济、社会发展的可持续性，因此生态平衡水平是影响国家治理现代化的重要因素。2000年11月，国务院发布了《全国生态环境保护纲要》，首次明确提出要"维护国家生态环境安全"，将生态建设和环境保护列为两个重要发展目标（张大勇，2009）；2021年，国务院办公厅发布《黄河流域生态保护和高质量发展规划纲要》《国务院关于加快建立健全绿色低碳循环发展经济体系的指导意见》《关于鼓励社会资本参与生态保护修复的意见》，整个社会都在关注生态平衡发展问题。但是，整体而言，我国在土地沙漠化、绿地面积减少、森林及湿地功能减退等方面仍面临严峻的形势。生态平衡是与经济发展、环境保护、要素投入密切相关的问题，为适应新时代的发展需要，应鼓励社会资本参与生态保护，多渠道筹措生态建设项目资金；建立健全生态补偿机制，并结合生态建设目标出台有效的产业发展政策等。

（4）加强公共安全管理保障国家治理现代化发展

20世纪70年代以来，公共安全管理问题受到国际社会的普遍重视（何建敏和刘春林等，2005）。习近平总书记在2019年11月29日中央政治局第十九次集体学习时强调：要发挥我国应急管理体系的特色和优势，借鉴国外应急管理有益做法，积极推进我国应急管理体系和能力现代化，将公共安全管理问题置于整个国家治理体系建设的重要位置。① 保护好人民群众的生命和财产安全，是中国共产党和中国政府实现好、维护好、发展好最广大人民群众的根本利益的重要体现，也是实现国家治理现代化的重要目标。另外，进一步优化应急资源布局、强化应急物资生产储备、加强应急物资库存管理、建立有效的部门间协同机制、健全防治结合的公共安全管理体系，仍是当前我国公共安全管理面临的重要工作任务。

（5）强化文化建设意识助力国家治理现代化发展

文化建设是党的十八大提出的"五位一体"总体布局的一个重要方面，是中国特色社会主义的重要组成部分，也是激励全党全国人民奋勇前进的精神力量。中国特色社会主义文化建设，以马克思主义理论为理论指导，将文化建设与政党建设、依法治国和以德治国结合起来，坚持以人为本、人民至上，发挥先进文化对人的引导作用，强调文化全面协调可持续发展。加强文化建设不仅是中国特色社会主义的必然要求，而且对国家治理体系构建、国家治理能力提升也具有内在引领作用。建设中国特色社会主义，必须构建适应国家治理现代化要求的先进文化，但目前的文化建设仍面临来自市场经济、网络化、全球化等多方面的挑战，亟须通过发展社会主义先进文化、加强文化人才队伍建设、形成践行社会主义核心价值观的长效机制、吸收借鉴人类优秀文化成果来推进我国的文化建设。

（6）完善社会保障体系加快国家治理现代化发展

社会保障制度是现代国家治理体系中不可或缺的组成部分，伴随着现代国家与社会发展水平的提高、国家治理格局的变迁，逐渐融入到国家政治、经济与社会发展等方面（何立军，2022）。党的十八大以来，以习近平同志为核心的党中央提出以人民为中心的发展思想，反映了坚持人民主体地位的内在要求，彰显了人民至上的价值取向。社会保障体系是人民群众生活水平的"安全网"和社会良性发展的"稳定器"，对促进社会公平和国家长治久安具有重要作用（汤海滨，2019）。但是，随着中国经济社会发展进入新阶段，与早期市场经济发展相适应的社会保障制度难以满足新

---

① 充分发挥我国应急管理体系特色和优势 积极推进我国应急管理体系和能力现代化［N］.人民日报，2019－12－01.

的国家治理需求（贾玉娇，2016）。为了构建适应国家治理现代化要求的社会保障体系，建议加大社会保障执行力度，提高社会保险的覆盖面；稳步推进国家医疗体制改革，妥善解决人民群众看病难的问题；重视社会保障制度的治理功能，调整社会保障支出结构等。

此外，研究结果显示：29 个省份的国家治理现代化发展并未实现在各一级指标之间的均衡性发展，所以推进各地区治理水平现代化，还应根据本地区实际进一步明确其建设重点。例如，上海、江苏、天津几个地区的生态平衡现代化指数较低，尚需采取有效措施提高其生态平衡现代化发展水平；而贵州、云南、陕西、甘肃、青海、宁夏等地经济发展速度的现代化指数不高，还应致力于改善其经济发展速度的现代化水平。

 8.5 本章小结

本章根据第 6 章、第 7 章提出的中国国家治理现代化评价方法，并基于 2021 年我国 29 个省份的国家治理现代化评价指标的统计数据和调查数据，实证分析了中国国家治理现代化发展状况，讨论了中国国家治理现代化 12 个要素指标的现代化指数，提出促进中国国家治理现代化发展的对策建议。

第9章

研究结论与展望

 主要研究结论

党的十八届三中全会首次提出"推进国家治理体系和治理能力现代化"重大命题，党的十九届四中全会又进一步提出了坚持和完善中国特色社会主义制度，推进国家治理体系与国家治理能力现代化的总要求和总目标，标志着将现代化的国家治理提升至战略性、全局性的高度，促进经济、政治、文化、社会、生态各领域的全面深化变革，探索一条具有中国特色的国家治理现代化之路。本研究针对我国国家治理现代化发展的现状及面临的问题，综合运用平均集结算子、云模型、多指标决策、多元统计等理论方法，对国家治理现代化的概念与内涵、国家治理现代化评价指标体系以及国家治理现代化发展评价方法等一系列问题展开深入研究，在中国国家治理现代化统计测度、水平评价等方面提出了一些新的方法，研究的主要成果包括以下几个方面。

（1）构建了中国国家治理现代化测度评价指标体系。基于对国家治理现代化评价要素的分析，依据党的十八大提出的"五位一体"总体布局，从经济治理、政治治理、文化治理、社会治理、生态治理五个维度出发，建立包括 5 个一级指标、12 个要素指标、49 个二级指标的中国国家治理现代化测度评价指标体系。

（2）提出了基于集结算子的中国国家治理现代化测度方法。基于不等式视角定义了平均集结算子、复合平均集结算子概念，讨论几类平均集结算子、复合平均集结算子及其性质；基于中国国家治理发展阶段特征、省域治理现代化水平的空间差异性以及测度指标的多层次性，选择加权平方平均算子对国家治理现代化一级指标进行测度，运用混合几何平均算子测度我国国家治理现代化进程，提出了基于混合平均复合算子的中国国家治理现代化统计测度方法。

（3）提出了基于改进 TOPSIS 法的中国国家治理现代化评价方法。针对国家治理现代化测度评价过程中存在的模糊性和随机性问题，提出了基于正态云特征信息的中国国家治理现代化评价指标组合赋权法，探讨了基于国家治理现代化评价的指标无量纲化方法及其选择，建立了基于改进 TOPSIS 法的中国国家治理现代化评价模型，并通过实例验证所提出方法的可行性。

（4）提出了基于改进 TOPSIS 法的中国国家治理现代化动态评价方法。给出了国家治理现代化动态评价的时间权重确定方法和指标无量纲化方法，讨论了基于国家治理现代化动态评价的动态加权集成算子，并通过对不同时期决策信息进行集成，提出了基于改进 TOPSIS 的国家治理现代化动态评价方法。

（5）对中国国家治理现代化评价问题进行了实证分析。基于中国国家治理现代化统计测度的研究结果，以中国 29 个省份为研究对象，依据 2021 年的国家治理现代化评价指标的统计数据与调查数据，实证分析了我国国家治理现代化发展状况；然后利用 2017～2021 年的面板数据，使用时间序列权重向量和动态加权集成算子对不同时段的决策信息进行集成，从动态评价视角测度了我国国家治理现代化发展水平；讨论了中国国家治理现代化要素指标的现代化指数，在此基础上提出促进中国国家治理现代化发展的对策建议。

 本研究的局限与后续研究展望

作为一个新的研究热点，中国国家治理现代化测度与评价问题还有许多研究课题需要展开，下一步有待研究的方向包括以下几个方面。

（1）信息集结是国家治理现代化测度评价的主要技术手段，本研究采取加权平均集结算子处理该问题，并未考虑评价指标之间关联性问题，实际上有些评价指标之间往往存在一定程度的关联，下一步可针对评价指标之间具有关联性的情况，进一步探讨国家治理现代化评价问题。

（2）本研究探讨了实数信息环境下的中国国家治理现代化测度与评价问题，但是，在运用多属性综合评价方法处理实际问题时，评价信息可能有实数信息、区间数信息、模糊数信息、不确定语言信息等多种形式，针对同一问题中多种评价信息共存的混合型多指标评价问题，目前的研究还较少，可以作为以后的一个研究方向。

（3）本研究关于中国国家治理现代化评价问题的讨论，是通过对二级指标评价信息进行集结得到一级指标的属性值，再按改进的 TOPSIS 方法确定国家治理现代化的发展状况。该方法并不反映中国国家治理现代化发展程度与评价指标之间的具体数量关系，下一步可通过建立其计量经济学模型，从定量角度研究评价指标对国家治理现代化程度的影响关系。

附　录

附表 1　　　　　　　　　国家 2012～2021 年评价指标原始数据

指标	2012 年	2013 年	2014 年	2015 年	2016 年
C_{111}	100614.28	110530.70	119175.31	124922.20	130360.73
C_{112}	18.0	16.9	13.5	8.6	7.0
C_{121}	440609	445962	460699	481179	505151
C_{122}	3.24	5.2	7.2	9.6	10.9
C_{123}	4452.63	5084.30	5314.50	5862.57	6564.00
C_{124}	6437.07	7469.13	8577.18	9835.79	11406.98
C_{125}	2246179.0	2493957.7	2641578.1	2638290.0	2702489.2
C_{126}	277196	335401	448885	573765	769847
C_{211}	3.47	3.47	3.29	3.29	3.06
C_{212}	3.49	3.49	3.23	3.23	2.67
C_{213}	3.72	3.72	3.38	3.38	2.71
C_{214}	2.69	2.69	2.34	2.34	2.08
C_{215}	3.64	3.64	3.03	3.03	2.47
C_{216}	3.35	3.35	2.87	2.87	2.34
C_{221}	3.72	3.72	3.29	3.29	2.43
C_{222}	3.39	3.39	3.14	3.14	2.84
C_{223}	3.37	3.37	2.57	2.57	2.22
C_{231}	7111.60	7786.78	8357.23	9379.96	11031.98
C_{232}	542	712	471	330	304
C_{311}	21242.10	22001.76	23041.70	26271.88	28072.80
C_{312}	4.96	4.60	4.92	5.42	5.28
C_{313}	2335	2418	2488	2524	2530
C_{321}	2268.35	2544.39	2691.48	3076.64	3163.08
C_{322}	186044.1	77763.5	68443.5	107754.2	128836.1
C_{323}	56401.08	63776.00	71773.81	78111.69	85061.03
C_{324}	0.58	0.55	0.58	0.61	0.65

续表

指标	2012 年	2013 年	2014 年	2015 年	2016 年
C_{325}	78	85	90	95	103
C_{411}	49	53	56	58	61
C_{412}	42. 40	45. 50	48. 50	51. 10	53. 68
C_{413}	7488	7452	7084	6604. 6	6066. 7
C_{414}	57. 97	59. 95	61. 19	62. 05	63. 76
C_{415}	545. 6	537. 3	529. 1	516. 7	496. 9
C_{416}	499268	547245	606048	662425	702405
C_{421}	82. 50	90. 33	94. 03	92. 49	95. 60
C_{422}	66. 7	68. 2	69. 3	70. 4	71. 9
C_{423}	12. 15	12. 78	12. 99	12. 24	13. 84
C_{424}	2. 89	2. 83	2. 79	2. 75	2. 72
C_{431}	1. 13	1. 24	1. 11	1. 14	1. 17
C_{432}	16510	18311	20167	21966	23821
C_{433}	12054	13220	14491	15712	17111
C_{511}	2424. 0	2352. 7	2294. 6	2223. 5	658. 1
C_{512}	5004573	8496647	9976511	7736822	8190041
C_{513}	17081. 0	17238. 6	17860. 2	19141. 9	20362. 0
C_{514}	84. 8	89. 3	91. 8	94. 1	96. 6
C_{515}	573507	646014	676093	730333	794923
C_{516}	13693	14653	15124	16065	16779
C_{521}	12. 26	12. 64	13. 08	13. 35	13. 70
C_{522}	111863	106892	111609	115578	120412
C_{523}	5595. 79	6100. 06	5549. 61	7683. 70	7203. 51
指标	2017 年	2018 年	2019 年	2020 年	2021 年
C_{111}	144369. 87	156402. 86	158000. 46	154312. 29	172735. 67
C_{112}	6. 2	5. 9	5. 1	2. 7	4. 9
C_{121}	539345	593276	627223	635402	663562
C_{122}	9. 5	10. 0	10. 5	11. 1	11. 2
C_{123}	7266. 98	8326. 65	9470. 79	9018. 34	9669. 77
C_{124}	13424. 22	17697. 42	22398. 39	28251. 51	37294. 30
C_{125}	2736244	2981234	3151828	3460409	3826651
C_{126}	933990	1094200	1218074	1447950	1691909

续表

指标	2017 年	2018 年	2019 年	2020 年	2021 年
C_{211}	3.06	3.34	3.34	2.85	2.85
C_{212}	2.67	3.12	3.12	2.66	2.66
C_{213}	2.71	3.23	3.23	2.59	2.59
C_{214}	2.08	1.95	1.95	3.09	3.09
C_{215}	2.47	2.44	2.44	2.59	2.59
C_{216}	2.34	2.29	2.29	2.74	2.74
C_{221}	2.43	2.51	2.51	2.52	2.52
C_{222}	2.84	3.11	3.11	2.95	2.95
C_{223}	2.22	2.14	2.14	2.93	2.93
C_{231}	12461.27	13781.48	13901.93	13862.90	13781.15
C_{232}	302	286	261	208	200
C_{311}	30153.18	32169.47	34796.94	36359.94	37468.85
C_{312}	4.85	4.94	4.59	4.31	3.21
C_{313}	2576	2658	2857	3126	3387
C_{321}	3391.93	3537.86	4086.31	4245.58	3985.23
C_{322}	134538.0	140930.0	125610.0	60646.7	112092.4
C_{323}	97172.15	104403.58	112225.16	52652.35	74850.45
C_{324}	0.70	0.74	0.79	0.84	0.89
C_{325}	109	114	121	126	136
C_{411}	65	68	73	76	80
C_{412}	57.22	60.28	63.00	64.6	66.99
C_{413}	5306.20	4526.10	4316.30	4425.90	4212.30
C_{414}	65.39	67.09	68.62	70.72	72.82
C_{415}	466.8	455.0	439.1	446.3	437.3
C_{416}	761539	817360	866335	894162	901870
C_{421}	101.97	112.23	114.38	112.91	116.30
C_{422}	78.8	79.2	80.5	83.9	84.2
C_{423}	14.73	13.09	13.13	12.88	11.25
C_{424}	2.77	2.88	2.93	3.07	3.29
C_{431}	1.27	1.31	1.22	1.20	1.34
C_{432}	25974	28228	30733	32189	35128
C_{433}	18322	19853	21559	21210	24100
C_{511}	608.88	584.22	567.14	2564.76	2530.98
C_{512}	6815345	6212736	6151513	4542586	3352364
C_{513}	21520.9	22801.8	24206.2	23511.7	24869.2

指标	2017 年	2018 年	2019 年	2020 年	2021 年
C_{514}	97. 7	99. 0	99. 2	99. 7	99. 9
C_{515}	842048	869329	922124	975595	1034211
C_{516}	17037	18145	19171	20405	21746
C_{521}	14. 01	14. 11	14. 36	14. 78	14. 87
C_{522}	125839	131532	137325	143122	149552
C_{523}	7680. 71	7299. 47	7390. 29	6933. 70	3754. 37

附表 2　　　　　**国家 2012～2021 年评价指标标准化数据**

指标	2012 年	2013 年	2014 年	2015 年	2016 年
C_{111}	0. 58248	0. 63988	0. 68993	0. 72320	0. 75468
C_{112}	1. 00000	0. 93889	0. 75000	0. 47778	0. 38889
C_{121}	0. 66401	0. 67207	0. 69428	0. 72515	0. 76127
C_{122}	0. 28929	0. 46429	0. 64286	0. 85714	0. 97321
C_{123}	0. 46047	0. 52579	0. 54960	0. 60628	0. 67882
C_{124}	0. 17260	0. 20028	0. 22999	0. 26373	0. 30586
C_{125}	0. 58698	0. 65173	0. 69031	0. 68945	0. 70623
C_{126}	0. 16384	0. 19824	0. 26531	0. 33912	0. 45502
C_{211}	1. 00000	1. 00000	0. 94813	0. 94813	0. 88184
C_{212}	1. 00000	1. 00000	0. 92550	0. 92550	0. 76504
C_{213}	1. 00000	1. 00000	0. 90860	0. 90860	0. 72849
C_{214}	0. 87055	0. 87055	0. 75728	0. 75728	0. 67314
C_{215}	1. 00000	1. 00000	0. 83242	0. 83242	0. 67857
C_{216}	1. 00000	1. 00000	0. 85672	0. 85672	0. 69851
C_{221}	1. 00000	1. 00000	0. 88441	0. 88441	0. 65323
C_{222}	1. 00000	1. 00000	0. 92625	0. 92625	0. 83776
C_{223}	1. 00000	1. 00000	0. 76261	0. 76261	0. 65875
C_{231}	1. 00000	0. 91329	0. 85095	0. 75817	0. 64463
C_{232}	0. 36900	0. 28090	0. 42463	0. 60606	0. 65789
C_{311}	0. 56693	0. 58720	0. 61496	0. 70117	0. 74923
C_{312}	0. 64630	0. 69724	0. 65165	0. 59180	0. 60724
C_{313}	0. 68940	0. 71391	0. 73457	0. 74520	0. 74697
C_{321}	0. 53429	0. 59930	0. 63395	0. 72467	0. 74503
C_{322}	1. 00000	0. 41798	0. 36789	0. 57919	0. 69250
C_{323}	0. 50257	0. 56829	0. 63955	0. 69603	0. 75795
C_{324}	0. 65169	0. 61798	0. 65169	0. 68539	0. 73034
C_{325}	0. 57353	0. 62500	0. 66176	0. 69853	0. 75735

续表

指标	2012 年	2013 年	2014 年	2015 年	2016 年
C_{411}	0.61250	0.66250	0.70000	0.72500	0.76250
C_{412}	0.63293	0.67921	0.72399	0.76280	0.80131
C_{413}	0.56254	0.56526	0.59462	0.63778	0.69433
C_{414}	0.79605	0.82323	0.84031	0.85207	0.87556
C_{415}	0.80150	0.81388	0.82650	0.84633	0.88006
C_{416}	0.55359	0.60679	0.67199	0.73450	0.77883
C_{421}	0.70937	0.77670	0.80851	0.79527	0.82201
C_{422}	0.79216	0.80998	0.82304	0.83610	0.85392
C_{423}	0.82485	0.86762	0.88187	0.83096	0.93958
C_{424}	0.87842	0.86018	0.84802	0.83587	0.82675
C_{431}	0.84130	0.92904	0.82941	0.84762	0.87487
C_{432}	0.47000	0.52127	0.57410	0.62531	0.67812
C_{433}	0.50017	0.54855	0.60129	0.65195	0.71000
C_{511}	0.23397	0.24106	0.24716	0.25507	0.86178
C_{512}	0.50164	0.85167	1.00000	0.77550	0.82093
C_{513}	0.68683	0.69317	0.71817	0.76970	0.81876
C_{514}	0.84885	0.89389	0.91892	0.94194	0.96697
C_{515}	0.55454	0.62464	0.65373	0.70617	0.76863
C_{516}	0.62968	0.67383	0.69548	0.73876	0.77159
C_{521}	0.82448	0.85003	0.87962	0.89778	0.92132
C_{522}	0.74799	0.71475	0.74629	0.77283	0.80515
C_{523}	0.72827	0.79390	0.72226	1.00000	0.93751
指标	2017 年	2018 年	2019 年	2020 年	2021 年
C_{111}	0.83578	0.90545	0.91470	0.89334	1.00000
C_{112}	0.34444	0.32778	0.28333	0.15000	0.27222
C_{121}	0.81280	0.89408	0.94524	0.95756	1.00000
C_{122}	0.84821	0.89286	0.93750	0.99107	1.00000
C_{123}	0.75152	0.86110	0.97942	0.93263	1.00000
C_{124}	0.35995	0.47453	0.60058	0.75753	1.00000
C_{125}	0.71505	0.77907	0.82365	0.90429	1.00000
C_{126}	0.55203	0.64673	0.71994	0.85581	1.00000
C_{211}	0.88184	0.96254	0.96254	0.82133	0.82133
C_{212}	0.76504	0.89398	0.89398	0.76218	0.76218
C_{213}	0.72849	0.86828	0.86828	0.69624	0.69624
C_{214}	0.67314	0.63107	0.63107	1.00000	1.00000
C_{215}	0.67857	0.67033	0.67033	0.71154	0.71154

指标	2017 年	2018 年	2019 年	2020 年	2021 年
C_{216}	0.69851	0.68358	0.68358	0.81791	0.81791
C_{221}	0.65323	0.67473	0.67473	0.67742	0.67742
C_{222}	0.83776	0.91740	0.91740	0.87021	0.87021
C_{223}	0.65875	0.63501	0.63501	0.86944	0.86944
C_{231}	0.57070	0.51603	0.51155	0.51300	0.51604
C_{232}	0.66225	0.69930	0.76628	0.96154	1.00000
C_{311}	0.80475	0.85857	0.92869	0.97040	1.00000
C_{312}	0.66114	0.64926	0.69883	0.74407	1.00000
C_{313}	0.76056	0.78477	0.84352	0.92294	1.00000
C_{321}	0.79893	0.83330	0.96249	1.00000	0.93868
C_{322}	0.72315	0.75751	0.67516	0.32598	0.60250
C_{323}	0.86587	0.93030	1.00000	0.46917	0.66697
C_{324}	0.78652	0.83146	0.88764	0.94382	1.00000
C_{325}	0.80147	0.83824	0.88971	0.92647	1.00000
C_{411}	0.81250	0.85000	0.91250	0.95000	1.00000
C_{412}	0.85416	0.89984	0.94044	0.96432	1.00000
C_{413}	0.79384	0.93067	0.97591	0.95174	1.00000
C_{414}	0.89787	0.92130	0.94221	0.97110	1.00000
C_{415}	0.93680	0.96110	0.99590	0.97983	1.00000
C_{416}	0.84440	0.90629	0.96060	0.99145	1.00000
C_{421}	0.87678	0.96500	0.98349	0.97085	1.00000
C_{422}	0.93587	0.94062	0.95606	0.99644	1.00000
C_{423}	1.00000	0.88866	0.89138	0.87441	0.76375
C_{424}	0.84195	0.87538	0.89058	0.93313	1.00000
C_{431}	0.95059	0.97693	0.90735	0.89556	1.00000
C_{432}	0.73941	0.80358	0.87489	0.91633	1.00000
C_{433}	0.76025	0.82378	0.89456	0.88008	1.00000
C_{511}	0.93145	0.97076	1.00000	0.22113	0.22408
C_{512}	0.68314	0.62274	0.61660	0.45533	0.33603
C_{513}	0.86536	0.91687	0.97334	0.94541	1.00000
C_{514}	0.97798	0.99099	0.99299	0.99800	1.00000
C_{515}	0.81419	0.84057	0.89162	0.94332	1.00000
C_{516}	0.78345	0.83441	0.88159	0.93833	1.00000
C_{521}	0.94217	0.94889	0.96570	0.99395	1.00000
C_{522}	0.84144	0.87951	0.91824	0.95700	1.00000
C_{523}	0.99961	0.94999	0.96181	0.90239	0.48861

附表 3　　　　　　　　省域 2021 年评价指标截面数据

指标	C_{111}	C_{112}	C_{121}	C_{122}	C_{123}	C_{124}	C_{125}
北京	5164.64	4.9	34079	23.5	449.45	7005.65	41496
天津	1621.89	4.8	15021	7.3	103.97	1256.83	49404
河北	2735.73	3.0	10187	7.5	112.64	747.32	83401
山西	2094.72	8.7	3730	6.6	83.38	134.47	35468
内蒙古	1671.05	9.8	3200	7.5	35.28	41.15	15433
辽宁	1970.87	2.6	16363	5.9	78.45	755.12	63156
吉林	809.41	11.0	4250	5.6	38.43	108.15	16124
黑龙江	870.18	6.4	5888	6.0	43.52	350.14	15444
上海	6606.74	8.0	97342	11.3	422.70	2545.49	93966
江苏	8171.30	5.8	64643	10.4	671.59	2606.17	612676
浙江	7171.97	10.8	45922	11.9	578.60	1855.78	482140
安徽	2389.90	9.4	8490	12.5	416.09	1787.71	170421
福建	2493.14	6.0	32450	11.8	155.11	196.80	186328
江西	1929.33	10.8	7033	10.6	210.95	409.38	97497
山东	5475.99	6.0	36756	14.8	372.32	2477.79	349379
河南	2842.56	4.5	10307	7.1	329.25	607.33	162562
湖北	2559.68	20.4	12940	10.8	314.57	2090.78	147504
湖南	2245.99	8.0	11698	11.0	217.30	1261.26	143908
广东	10785.23	6.3	185553	11.3	217.30	4099.61	709119
广西	1191.09	7.6	7028	9.8	71.13	940.58	28508
海南	742.93	10.2	6071	13.8	40.47	28.42	2911
重庆	1543.40	6.1	6873	13.6	92.64	184.52	83845
四川	3334.86	5.9	14733	12.6	273.12	1388.69	95650
贵州	1177.15	-3.1	3488	10.7	88.34	289.27	26717
云南	1514.21	4.0	6130	11.5	61.85	106.10	28234
陕西	2237.04	-3.0	7082	11.9	93.00	2343.44	50997
甘肃	667.41	11.1	2396	9.3	34.95	280.39	12547
青海	234.73	-2.9	734	12.7	12.19	14.10	1626
宁夏	300.74	2.2	910	9.3	29.00	25.09	10930

指标	C_{126}	C_{211}	C_{212}	C_{213}	C_{214}	C_{215}	C_{216}
北京	70538	2.52	2.76	2.48	3.01	2.28	2.63
天津	26326	2.84	2.55	2.49	3.08	2.60	2.74
河北	34240	2.73	2.63	2.53	3.05	2.56	2.73
山西	12336	2.69	2.58	2.33	2.96	2.49	2.58
内蒙古	6847	3.08	2.81	2.79	3.13	2.94	2.92
辽宁	31740	2.74	2.77	2.57	3.11	2.52	2.66
吉林	7109	2.62	2.50	2.40	3.25	2.55	2.65
黑龙江	9611	2.84	2.92	2.60	3.22	2.57	2.67
上海	66509	2.87	2.74	2.75	3.07	2.71	2.75
江苏	242423	2.60	2.36	2.42	3.05	2.36	2.62
浙江	120873	2.83	2.57	2.56	3.20	2.59	2.78
安徽	78480	2.91	2.72	2.64	3.12	2.75	2.88
福建	45695	3.07	2.92	2.88	3.20	3.02	3.05
江西	21690	2.43	2.12	2.05	2.72	1.99	2.29
山东	103410	2.97	2.75	2.75	3.25	2.81	2.94
河南	42849	2.82	2.59	2.52	3.07	2.58	2.72
湖北	61986	2.84	2.65	2.56	3.01	2.67	2.73
湖南	46937	2.49	2.41	2.19	2.88	2.30	2.40
广东	511717	2.93	2.57	2.50	3.03	2.46	2.58
广西	14995	3.05	2.85	2.80	3.19	2.68	2.91
海南	2348	3.12	2.94	3.00	3.14	2.81	2.93
重庆	24388	3.13	2.93	2.89	3.15	2.69	2.84
四川	48898	3.12	2.91	2.91	3.15	2.83	2.97
贵州	9357	3.13	2.97	3.00	3.30	2.90	3.12
云南	11021	3.12	2.70	2.88	3.22	2.76	2.90
陕西	24226	2.60	2.22	2.18	2.83	2.05	2.36
甘肃	4842	2.91	2.59	2.61	2.92	2.43	2.64
青海	1224	3.25	3.09	3.29	3.47	2.90	3.25
宁夏	3397	2.72	2.79	2.59	3.22	2.60	2.79

续表

指标	C_{221}	C_{222}	C_{223}	C_{231}	C_{232}	C_{311}	C_{312}
北京	2.43	2.91	2.86	497.15	2	1147.83	0.79
天津	2.44	2.87	2.79	215.69	0	479.25	1.66
河北	2.55	3.11	2.96	424.99	0	1628.81	2.02
山西	2.31	2.84	2.74	250.18	24	778.00	1.68
内蒙古	2.81	3.18	3.03	249.79	6	641.29	3.66
辽宁	2.47	2.94	2.88	385.20	4	703.64	1.11
吉林	2.21	2.93	2.97	197.30	2	486.96	1.31
黑龙江	2.45	3.03	3.05	263.72	3	570.95	2.15
上海	2.60	2.91	2.93	453.73	1	1039.47	1.91
江苏	2.28	2.74	2.82	908.30	12	2563.41	3.04
浙江	2.51	3.01	2.92	729.51	6	2039.52	3.54
安徽	2.71	2.99	2.98	308.94	2	1315.66	5.40
福建	2.95	3.17	3.09	336.76	4	1079.81	2.50
江西	1.99	2.50	2.67	292.43	3	1249.10	2.55
山东	2.75	3.19	3.14	635.20	3	2411.09	3.98
河南	2.51	2.96	2.95	452.58	13	1786.41	2.81
湖北	2.50	2.91	2.84	433.28	21	1201.93	2.38
湖南	2.11	2.60	2.74	407.42	3	1373.63	2.24
广东	2.44	2.81	2.81	1407.31	24	3796.69	1.87
广西	2.58	3.01	2.95	288.38	8	1094.08	2.82
海南	2.93	3.04	2.99	102.42	2	295.10	4.18
重庆	2.62	3.18	3.05	273.20	5	794.95	1.46
四川	2.80	2.99	3.04	531.89	8	1733.04	4.54
贵州	2.88	3.14	3.12	274.27	4	1129.35	7.18
云南	2.60	3.08	3.00	375.60	5	1143.30	4.93
陕西	2.03	2.70	2.66	289.72	9	1025.00	3.38
甘肃	2.40	2.98	2.89	193.55	5	661.92	9.11
青海	2.94	3.46	3.25	93.90	5	221.21	9.16
宁夏	2.71	2.88	3.01	63.95	9	200.01	5.18

续表

指标	C_{313}	C_{321}	C_{322}	C_{323}	C_{324}	C_{325}	C_{411}
北京	5313	220.06	3203	1106.13	1.52	156.83	132
天津	5153	36.97	3005	1130.28	1.66	317.70	89
河北	2926	127.08	1903	1727.65	0.53	97.07	75
山西	3112	97.04	3357	1544.59	0.66	167.16	81
内蒙古	2351	107.33	942	962.79	0.89	209.79	88
辽宁	3742	84.36	3827	1210.24	1.10	147.03	79
吉林	4550	61.08	745	580.47	1.01	138.61	92
黑龙江	3448	55.42	502	1087.76	0.78	116.32	80
上海	3691	156.42	8022	2003.91	3.30	177.94	92
江苏	3531	271.01	9949	6329.87	1.31	190.97	81
浙江	2632	249.35	14499	4070.23	1.62	238.85	89
安徽	3089	86.10	1694	1961.83	0.62	103.96	71
福建	3023	104.82	2968	1778.92	1.25	159.54	70
江西	4001	117.32	5746	4353.76	0.69	129.80	68
山东	3429	180.36	5416	4955.84	0.74	119.53	84
河南	3424	122.01	4665	5081.81	0.42	84.20	77
湖北	3914	131.37	2494	3051.91	0.80	128.23	78
湖南	3487	134.98	11777	5776.30	0.73	106.64	76
广东	2922	395.59	6609	3848.95	1.00	138.65	69
广西	3432	88.51	2500	2517.34	0.60	98.69	78
海南	2839	37.74	3525	268.87	0.68	98.24	79
重庆	3605	64.23	1305	2508.17	0.73	124.69	77
四川	2925	210.47	3727	6068.29	0.55	98.72	80
贵州	2593	117.08	694	2064.09	0.47	100.65	80
云南	2871	77.57	4504	1175.87	0.52	91.73	81
陕西	4279	161.76	1386	2781.80	0.58	108.80	93
甘肃	2999	82.71	1034	2599.50	0.78	154.02	81
青海	1613	36.99	987	98.57	1.01	217.68	87
宁夏	2749	24.39	88	493.93	1.18	204.55	84

续表

指标	C_{412}	C_{413}	C_{414}	C_{415}	C_{416}	C_{421}	C_{422}
北京	13.03	11.0	92.24	0.6	12892	181.49	100.00
天津	6.87	12.8	68.25	1.1	6357	127.10	100.00
河北	45.50	167.8	71.94	25.3	36825	116.05	99.79
山西	22.89	120.3	75.87	12.9	18533	118.55	97.90
内蒙古	16.66	158.9	67.28	8.5	17288	125.71	97.86
辽宁	32.45	99.0	73.91	12.7	26893	117.63	97.86
吉林	17.65	89.2	78.13	7.6	13439	124.88	94.85
黑龙江	26.05	130.1	74.77	9.1	20313	120.30	92.23
上海	16.04	17.0	69.46	0.2	17368	176.70	100.00
江苏	54.86	72.4	70.13	19.7	89247	119.68	99.92
浙江	36.99	59.3	67.63	3.3	72825	135.47	100.00
安徽	41.10	208.6	79.20	33.0	35615	101.30	99.48
福建	22.38	54.9	69.92	6.1	35436	115.22	99.34
江西	30.73	173.7	73.53	12.4	28300	99.54	98.76
山东	67.39	145.8	77.10	32.9	63687	110.60	99.33
河南	72.13	324.9	77.74	48.4	49917	104.75	97.65
湖北	43.40	166.0	76.29	23.5	31536	100.70	98.86
湖南	53.27	184.3	79.80	35.3	38384	100.70	97.45
广东	58.90	142.3	61.19	20.2	71834	104.84	98.26
广西	31.90	277.4	72.60	23.4	29485	109.42	99.47
海南	6.14	18.1	64.53	2.3	8830	113.56	99.42
重庆	24.07	82.5	77.65	9.7	18561	116.77	98.19
四川	66.20	418.5	75.96	41.8	45535	111.55	98.12
贵州	29.69	249.2	69.69	8.7	14742	110.85	90.19
云南	33.03	265.2	68.22	11.6	23011	107.58	78.53
陕西	28.45	134.5	76.60	12.5	31210	120.83	98.77
甘肃	18.32	176.3	75.92	9.2	21554	110.23	96.87
青海	4.22	34.6	72.65	1.5	5997	114.56	94.48
宁夏	4.12	44.9	66.59	0.9	5070	119.46	97.75

续表

指标	C_{423}	C_{424}	C_{431}	C_{432}	C_{433}	C_{511}	C_{512}
北京	16.45	3.31	0.62	75002	43640	4.87	6350
天津	12.51	3.73	2.07	47449	33188	15.52	10076
河北	11.34	3.71	0.94	29383	19954	153.53	95548
山西	10.32	3.38	0.73	27426	17191	61.61	76071
内蒙古	9.87	7.58	0.99	34108	22658	76.71	330854
辽宁	11.95	2.40	2.78	35112	23831	119.86	120759
吉林	9.57	3.88	0.95	27770	19605	76.32	39423
黑龙江	13.11	4.31	1.13	27159	20636	85.14	131055
上海	8.98	2.53	1.63	78027	48879	7.51	110942
江苏	14.67	4.21	1.48	47498	31451	119.49	98229
浙江	13.22	2.98	1.11	57541	36668	49.87	175538
安徽	11.23	3.44	1.21	30904	21911	120.04	165279
福建	11.54	4.65	0.83	40659	28440	55.69	120401
江西	8.29	4.33	0.77	30610	20290	109.57	87284
山东	14.41	2.23	1.50	35705	22821	156.28	376918
河南	9.67	4.48	0.93	26811	18391	151.85	75012
湖北	9.85	2.61	1.02	30829	23846	156.75	138490
湖南	11.97	2.61	0.92	31993	22798	151.82	105596
广东	10.88	2.08	0.69	44993	31589	158.08	380607
广西	8.41	1.48	1.43	26727	18088	95.82	119600
海南	13.13	2.85	1.41	30457	22242	17.17	11091
重庆	9.38	2.98	1.27	33803	24598	33.82	20657
四川	9.03	3.05	1.12	29080	21518	135.82	81009
贵州	8.43	4.38	1.15	23996	17957	118.35	97800
云南	10.28	5.72	1.93	25666	18851	69.43	71485
陕西	11.35	4.64	0.82	28568	19347	50.74	64414
甘肃	10.63	4.40	0.41	22066	17456	66.13	53787
青海	12.78	3.54	0.80	25920	19020	7.94	11826
宁夏	10.75	3.04	1.50	27905	20024	24.50	65360

续表

指标	C_{513}	C_{514}	C_{515}	C_{516}	C_{521}	C_{522}	C_{523}
北京	784.22	100.0	17439	727.8	16.62	977.98	24.78
天津	335.68	100.0	14361	345.9	9.74	103.96	5.40
河北	788.10	100.0	37331	690.6	15.14	6147.02	181.39
山西	488.70	100.0	25061	357.1	13.66	7731.93	338.83
内蒙古	365.30	99.9	25178	247.6	19.96	15959.19	272.95
辽宁	1029.79	99.8	45838	1041.0	13.44	5936.10	56.56
吉林	469.10	100.0	18796	457.4	13.55	3004.09	105.90
黑龙江	521.95	100.0	27553	469.2	13.60	6269.70	95.69
上海	955.06	100.0	19477	857.3	9.02	0.00	5.78
江苏	1903.60	100.0	74920	1815.7	15.60	959.90	3.21
浙江	1531.14	100.0	57717	1338.8	12.87	3702.58	23.98
安徽	714.90	100.0	47682	809.7	14.49	2219.00	52.74
福建	905.27	100.0	23281	568.2	15.01	4146.54	96.94
江西	567.46	100.0	27592	446.6	16.22	6333.42	256.82
山东	1769.00	100.0	80294	1449.7	17.94	4583.12	11.82
河南	1107.83	100.0	50624	1010.8	15.08	4141.81	147.51
湖北	1075.69	100.0	45681	1001.4	14.63	6568.50	138.49
湖南	868.51	100.0	34431	804.4	12.61	4244.92	153.23
广东	3288.59	100.0	123268	2929.7	17.74	2034.54	58.23
广西	583.48	100.0	29136	875.0	13.80	3237.28	194.77
海南	265.27	100.0	9164	125.9	12.96	147.30	8.94
重庆	670.31	96.6	24008	451.8	16.67	3947.31	117.66
四川	1267.61	100.0	54194	970.7	13.73	11501.82	186.39
贵州	393.62	99.0	18616	358.9	16.01	7899.87	35.43
云南	546.86	100.0	20622	374.3	12.94	11092.91	149.13
陕西	669.40	100.0	24121	535.8	12.90	8350.48	324.33
甘肃	285.79	100.0	14537	178.4	14.88	10829.48	178.18
青海	120.54	99.4	4073	62.4	12.81	1702.20	165.88
宁夏	126.91	100.0	9051	120.6	20.48	2567.89	100.41

附表 4

全国 29 省评价指标的云模型特征信息

地区	C_{111}	C_{112}	C_{121}	C_{122}
北京	(0.3952, 0.0622, 0.0007)	(0.6994, 0.0610, 0.0149)	(0.1623, 0.0143, 0.0038)	(0.1623, 0.2903, 0.0672)
天津	(0.1281, 0.0150, 0.0066)	(0.6908, 0.0572, 0.033)	(0.0708, 0.0098, 0.0039)	(0.0708, 0.0365, 0.0229)
河北	(0.1905, 0.0420, 0.0154)	(0.7342, 0.0529, 0.0028)	(0.0421, 0.0077, 0.0021)	(0.0421, 0.1033, 0.0068)
山西	(0.1174, 0.0370, 0.0115)	(0.7479, 0.0511, 0.0170)	(0.0174, 0.0006)	(0.0174, 0.1063, 0.0129)
内蒙古	(0.1140, 0.0148, 0.0037)	(0.6706, 0.1280, 0.0585)	(0.0156, 0.0013, 0.0005)	(0.0156, 0.1044, 0.0076)
辽宁	(0.1749, 0.0270, 0.0037)	(0.6032, 0.2103, 0.1205)	(0.0897, 0.0031, 0.0012)	(0.0897, 0.0760, 0.0174)
吉林	(0.0649, 0.0049, 0.0019)	(0.6967, 0.0843, 0.0444)	(0.0208, 0.0010, 0.0003)	(0.0208, 0.0750, 0.0193)
黑龙江	(0.0701, 0.0055, 0.0005)	(0.6927, 0.0547, 0.0052)	(0.0253, 0.0032, 0.0017)	(0.0253, 0.0754, 0.0138)
上海	(0.4820, 0.1130, 0.0402)	(0.7301, 0.0255, 0.0074)	(0.4309, 0.0698, 0.0196)	(0.4309, 0.1305, 0.0573)
江苏	(0.6068, 0.0892, 0.0325)	(0.7591, 0.0798, 0.018)	(0.3059, 0.0310, 0.0112)	(0.3059, 0.0941, 0.0548)
浙江	(0.4486, 0.1240, 0.0278)	(0.7674, 0.0501, 0.0124)	(0.1975, 0.0353, 0.0131)	(0.1975, 0.0381, 0.0194)
安徽	(0.1660, 0.0327, 0.0052)	(0.7847, 0.0559, 0.0105)	(0.0314, 0.0089, 0.0026)	(0.0314, 0.1767, 0.0548)
福建	(0.1755, 0.0261, 0.0093)	(0.7780, 0.0790, 0.0158)	(0.1491, 0.0199, 0.0063)	(0.1491, 0.1238, 0.0164)
江西	(0.1280, 0.02410, 0.0104)	(0.7945, 0.0445, 0.021)	(0.0348, 0.0020, 0.0009)	(0.0348, 0.1107, 0.0058)
山东	(0.3938, 0.0640, 0.0187)	(0.7449, 0.0913, 0.0181)	(0.1599, 0.0227, 0.0056)	(0.1599, 0.1881, 0.0553)
河南	(0.2013, 0.0470, 0.0126)	(0.7785, 0.0619, 0.0148)	(0.0485, 0.0066, 0.0033)	(0.0485, 0.0825, 0.0225)
湖北	(0.1811, 0.0370, 0.0090)	(0.8020, 0.1128, 0.0895)	(0.0532, 0.0129, 0.0061)	(0.0532, 0.1482, 0.0146)
湖南	(0.1461, 0.0372, 0.0123)	(0.8136, 0.0751, 0.0287)	(0.0395, 0.0142, 0.0045)	(0.0395, 0.1357, 0.0073)
广东	(0.7586, 0.1945, 0.0588)	(0.7743, 0.0342, 0.0111)	(0.7441, 0.2145, 0.0923)	(0.7441, 0.0673, 0.0209)
广西	(0.0832, 0.0113, 0.0049)	(0.7601, 0.0382, 0.0024)	(0.0251, 0.0067, 0.0018)	(0.0251, 0.1252, 0.0265)
海南	(0.0369, 0.0102, 0.0037)	(0.7656, 0.1308, 0.0787)	(0.0164, 0.0048, 0.0031)	(0.0164, 0.1942, 0.0869)
重庆	(0.1164, 0.0186, 0.0043)	(0.7607, 0.0485, 0.0153)	(0.0292, 0.0044, 0.0009)	(0.0292, 0.1831, 0.0571)
四川	(0.2247, 0.0439, 0.0103)	(0.7774, 0.0620, 0.0049)	(0.0600, 0.0106, 0.0027)	(0.0600, 0.1835, 0.0372)
贵州	(0.0869, 0.0156, 0.0064)	(0.8306, 0.1314, 0.0165)	(0.0095, 0.0046, 0.0016)	(0.0095, 0.1601, 0.0369)
云南	(0.1081, 0.0154, 0.0061)	(0.8248, 0.0827, 0.0246)	(0.0234, 0.0051, 0.0017)	(0.0234, 0.1728, 0.0367)
陕西	(0.1302, 0.0350, 0.0099)	(0.7858, 0.1197, 0.0235)	(0.0317, 0.0023, 0.0006)	(0.0317, 0.1804, 0.0471)
甘肃	(0.0359, 0.0078, 0.0038)	(0.7297, 0.1569, 0.1261)	(0.0105, 0.0009, 0.0002)	(0.0105, 0.1177, 0.0290)
青海	(0.0044, 0.0022, 0.0006)	(0.7402, 0.1077, 0.0515)	(0.0007, 0.0007, 0.0001)	(0.0007, 0.1626, 0.0296)
宁夏	(0.0106, 0.0024, 0.0010)	(0.7219, 0.1513, 0.0538)	(0.0019, 0.0010, 0.0004)	(0.0019, 0.1239, 0.0505)

续表

地区	C_{123}	C_{124}	C_{125}	C_{126}
北京	(0.4968, 0.1491, 0.0618)	(0.6324, 0.2258, 0.0521)	(0.0694, 0.0079, 0.0011)	(0.0687, 0.0373, 0.0075)
天津	(0.1516, 0.0195, 0.0096)	(0.0919, 0.0488, 0.0024)	(0.0862, 0.0216, 0.0069)	(0.0362, 0.0135, 0.0041)
河北	(0.0969, 0.0368, 0.0046)	(0.0320, 0.0380, 0.0091)	(0.1047, 0.0127, 0.0039)	(0.0291, 0.0208, 0.0015)
山西	(0.0702, 0.0225, 0.0070)	(0.0108, 0.0066, 0.0025)	(0.0427, 0.0045, 0.0008)	(0.0122, 0.0066, 0.0014)
内蒙古	(0.0368, 0.0048, 0.0009)	(0.0046, 0.0033, 0.0023)	(0.0298, 0.0089, 0.0032)	(0.0065, 0.0041, 0.0009)
辽宁	(0.1122, 0.0316, 0.0055)	(0.0573, 0.0291, 0.0077)	(0.0762, 0.009, 0.0038)	(0.0327, 0.0191, 0.0061)
吉林	(0.0474, 0.0066, 0.0052)	(0.0262, 0.0273, 0.0089)	(0.0254, 0.009, 0.0040)	(0.0076, 0.0035, 0.0006)
黑龙江	(0.0522, 0.0046, 0.0011)	(0.0247, 0.0117, 0.0016)	(0.0347, 0.0165, 0.0075)	(0.0095, 0.0048, 0.0009)
上海	(0.503, 0.1238, 0.0524)	(0.1523, 0.0897, 0.0198)	(0.1257, 0.0081, 0.0011)	(0.0791, 0.0345, 0.0086)
江苏	(0.6519, 0.2166, 0.0647)	(0.1515, 0.1067, 0.0133)	(0.6514, 0.0966, 0.0465)	(0.2614, 0.1445, 0.0433)
浙江	(0.4912, 0.2310, 0.0734)	(0.0800, 0.0892, 0.0119)	(0.5017, 0.1357, 0.0440)	(0.1058, 0.0661, 0.0097)
安徽	(0.3597, 0.1892, 0.0584)	(0.0608, 0.0579, 0.0436)	(0.1532, 0.0376, 0.0139)	(0.0827, 0.0478, 0.0119)
福建	(0.1376, 0.0602, 0.0187)	(0.0126, 0.0083, 0.0018)	(0.1654, 0.0358, 0.0175)	(0.0449, 0.0309, 0.0092)
江西	(0.1618, 0.1069, 0.0382)	(0.0182, 0.0146, 0.0076)	(0.0752, 0.0470, 0.0193)	(0.0183, 0.0141, 0.0035)
山东	(0.3132, 0.1315, 0.0372)	(0.1155, 0.1100, 0.0301)	(0.3408, 0.0424, 0.0402)	(0.0992, 0.0565, 0.0097)
河南	(0.2147, 0.1324, 0.0136)	(0.0238, 0.0257, 0.0089)	(0.1857, 0.0185, 0.0117)	(0.0388, 0.0262, 0.0054)
湖北	(0.2959, 0.1530, 0.0494)	(0.1468, 0.0815, 0.0188)	(0.1432, 0.0295, 0.0065)	(0.0537, 0.0348, 0.0052)
湖南	(0.1596, 0.1083, 0.0375)	(0.0485, 0.0525, 0.0190)	(0.1340, 0.0322, 0.0068)	(0.0508, 0.0274, 0.0081)
广东	(0.1596, 0.1083, 0.0375)	(0.2086, 0.1862, 0.0130)	(0.7387, 0.2043, 0.0975)	(0.5200, 0.2987, 0.0787)
广西	(0.0774, 0.0160, 0.0035)	(0.0181, 0.0291, 0.0289)	(0.0276, 0.0040, 0.0026)	(0.0116, 0.0072, 0.0032)
海南	(0.0195, 0.0173, 0.0055)	(0.0011, 0.0012, 0.0005)	(0.0020, 0.0009, 0.0003)	(0.0024, 0.0010, 0.0004)
重庆	(0.0775, 0.0337, 0.0098)	(0.0157, 0.0087, 0.0035)	(0.0745, 0.0230, 0.0041)	(0.0237, 0.0156, 0.0057)
四川	(0.1853, 0.1006, 0.0076)	(0.0897, 0.0833, 0.0389)	(0.0975, 0.0223, 0.0066)	(0.0529, 0.0309, 0.0114)
贵州	(0.1008, 0.0511, 0.0177)	(0.0158, 0.0176, 0.0076)	(0.0251, 0.0072, 0.0015)	(0.0104, 0.0056, 0.0016)
云南	(0.0656, 0.0152, 0.0024)	(0.0093, 0.0036, 0.0015)	(0.0270, 0.0109, 0.0043)	(0.0116, 0.0065, 0.0008)
陕西	(0.0832, 0.0306, 0.0046)	(0.1519, 0.0871, 0.0172)	(0.0620, 0.0058, 0.0028)	(0.0256, 0.0149, 0.0053)
甘肃	(0.0285, 0.0083, 0.0028)	(0.0231, 0.0087, 0.0023)	(0.0141, 0.0033, 0.0011)	(0.0047, 0.0027, 0.0005)
青海	(0.0051, 0.0023, 0.0012)	(0.0051, 0.0038, 0.0013)	(0.0009, 0.0005, 0.0001)	(0.0007, 0.0007, 0.0001)
宁夏	(0.0216, 0.0151, 0.0064)	(0.0012, 0.0012, 0.0003)	(0.0078, 0.0027, 0.0007)	(0.0029, 0.0024, 0.0008)

续表

地区	C_{211}	C_{212}	C_{213}	C_{214}
北京	(0.0687, 0.1769, 0.0777)	(0.3048, 0.0752, 0.0334)	(0.3021, 0.1211, 0.056)	(0.3989, 0.1945, 0.0511)
天津	(0.0362, 0.1533, 0.0304)	(0.3863, 0.2094, 0.1088)	(0.4211, 0.2281, 0.0331)	(0.4262, 0.2329, 0.0094)
河北	(0.0291, 0.2400, 0.0672)	(0.4032, 0.2345, 0.0992)	(0.4275, 0.2457, 0.0345)	(0.4689, 0.2509, 0.0926)
山西	(0.0122, 0.1604, 0.0872)	(0.3113, 0.1100, 0.0475)	(0.3549, 0.1613, 0.0416)	(0.4732, 0.2307, 0.1047)
内蒙古	(0.0065, 0.1150, 0.0543)	(0.3169, 0.1492, 0.0557)	(0.3085, 0.1214, 0.0255)	(0.4033, 0.3189, 0.1489)
辽宁	(0.0327, 0.1274, 0.0265)	(0.3363, 0.1358, 0.0634)	(0.2972, 0.1398, 0.0686)	(0.4230, 0.1907, 0.0898)
吉林	(0.0076, 0.2306, 0.0842)	(0.3790, 0.1637, 0.0194)	(0.3599, 0.1878, 0.0453)	(0.3902, 0.3145, 0.061)
黑龙江	(0.0095, 0.1516, 0.0638)	(0.4250, 0.1492, 0.0470)	(0.3915, 0.1914, 0.0642)	(0.4437, 0.2455, 0.0637)
上海	(0.0791, 0.0891, 0.0015)	(0.2750, 0.0978, 0.0211)	(0.3225, 0.1433, 0.0331)	(0.4000, 0.2509, 0.0713)
江苏	(0.2614, 0.1999, 0.0779)	(0.2637, 0.2026, 0.0876)	(0.2930, 0.2217, 0.0661)	(0.3563, 0.3002, 0.1275)
浙江	(0.1058, 0.1451, 0.0522)	(0.3008, 0.0914, 0.0393)	(0.3711, 0.1832, 0.0631)	(0.4415, 0.2504, 0.0590)
安徽	(0.0827, 0.1421, 0.0424)	(0.3379, 0.0821, 0.0176)	(0.3549, 0.1317, 0.0631)	(0.4306, 0.1896, 0.0938)
福建	(0.0449, 0.0436, 0.0052)	(0.3847, 0.1047, 0.0409)	(0.3521, 0.1183, 0.0445)	(0.4350, 0.2542, 0.0031)
江西	(0.0183, 0.2513, 0.0479)	(0.3726, 0.2490, 0.1047)	(0.3817, 0.2627, 0.0758)	(0.4219, 0.2318, 0.1051)
山东	(0.0992, 0.2389, 0.0521)	(0.4371, 0.2038, 0.0438)	(0.4690, 0.2429, 0.0766)	(0.4208, 0.3698, 0.1453)
河南	(0.0388, 0.1250, 0.0066)	(0.3097, 0.1043, 0.0353)	(0.3373, 0.1317, 0.0311)	(0.3967, 0.2186, 0.0641)
湖北	(0.0537, 0.1091, 0.0179)	(0.3387, 0.1213, 0.0387)	(0.3556, 0.1324, 0.0454)	(0.4546, 0.1901, 0.0230)
湖南	(0.0508, 0.1728, 0.0863)	(0.2750, 0.0999, 0.0271)	(0.3042, 0.1532, 0.0047)	(0.4219, 0.1688, 0.0418)
广东	(0.5200, 0.1522, 0.0456)	(0.4282, 0.2620, 0.0634)	(0.4275, 0.2846, 0.0466)	(0.5290, 0.3112, 0.0900)
广西	(0.0116, 0.1185, 0.0065)	(0.4169, 0.1965, 0.0825)	(0.3852, 0.1733, 0.0665)	(0.4557, 0.2827, 0.1028)
海南	(0.0024, 0.1616, 0.0822)	(0.3661, 0.0837, 0.0067)	(0.3746, 0.1133, 0.0458)	(0.3825, 0.2329, 0.0931)
重庆	(0.0237, 0.2790, 0.0627)	(0.5718, 0.4172, 0.2013)	(0.5401, 0.3287, 0.1118)	(0.4699, 0.3013, 0.1095)
四川	(0.0529, 0.1817, 0.0360)	(0.4065, 0.1245, 0.0367)	(0.4373, 0.1564, 0.0599)	(0.4557, 0.2471, 0.0753)
贵州	(0.0104, 0.1073, 0.0277)	(0.4460, 0.1937, 0.0854)	(0.4127, 0.1313, 0.0764)	(0.4470, 0.3276, 0.0917)
云南	(0.0116, 0.0985, 0.0475)	(0.4419, 0.2422, 0.0939)	(0.4239, 0.1691, 0.0597)	(0.4350, 0.2761, 0.0519)
陕西	(0.0256, 0.1357, 0.0297)	(0.2395, 0.1209, 0.0306)	(0.2768, 0.1416, 0.0314)	(0.3738, 0.1649, 0.0135)
甘肃	(0.0047, 0.1209, 0.0558)	(0.3040, 0.1500, 0.0744)	(0.3155, 0.1091, 0.0234)	(0.3410, 0.1797, 0.0889)
青海	(0.0007, 0.1828, 0.0749)	(0.4992, 0.1690, 0.0072)	(0.4803, 0.1197, 0.0312)	(0.4131, 0.3419, 0.0663)
宁夏	(0.0029, 0.1651, 0.1212)	(0.4492, 0.1662, 0.0868)	(0.4528, 0.2503, 0.0549)	(0.5126, 0.3107, 0.1175)

续表

地区	C_{215}	C_{216}	C_{221}	C_{222}
北京	(0.3543, 0.1742, 0.0782)	(0.3543, 0.152, 0.0632)	(0.3749, 0.2058, 0.0924)	(0.3230, 0.0626, 0.0227)
天津	(0.4172, 0.2482, 0.1241)	(0.4172, 0.2774, 0.1254)	(0.4446, 0.2844, 0.1380)	(0.3756, 0.1859, 0.0605)
河北	(0.3640, 0.1945, 0.0453)	(0.3640, 0.2440, 0.0876)	(0.4801, 0.3361, 0.1694)	(0.4056, 0.1535, 0.0486)
山西	(0.3476, 0.1791, 0.0834)	(0.3476, 0.1946, 0.0929)	(0.3638, 0.2047, 0.0868)	(0.3042, 0.0857, 0.035)
内蒙古	(0.3378, 0.2865, 0.0364)	(0.3378, 0.3370, 0.0883)	(0.3533, 0.2589, 0.1055)	(0.2930, 0.1375, 0.0619)
辽宁	(0.3820, 0.1239, 0.0381)	(0.3820, 0.1094, 0.0623)	(0.4000, 0.1576, 0.0748)	(0.2986, 0.0843, 0.0366)
吉林	(0.3303, 0.2077, 0.0861)	(0.3303, 0.1937, 0.0768)	(0.3958, 0.2879, 0.1114)	(0.2836, 0.0805, 0.032)
黑龙江	(0.4202, 0.2264, 0.1156)	(0.4202, 0.2051, 0.0837)	(0.4139, 0.2260, 0.1042)	(0.3831, 0.1149, 0.0121)
上海	(0.3910, 0.2482, 0.0730)	(0.3910, 0.2568, 0.0826)	(0.3164, 0.1894, 0.0451)	(0.3211, 0.0960, 0.0424)
江苏	(0.2704, 0.2118, 0.1135)	(0.2704, 0.2527, 0.0855)	(0.2864, 0.2320, 0.1226)	(0.2423, 0.1831, 0.0493)
浙江	(0.4007, 0.1577, 0.0392)	(0.4007, 0.1406, 0.0698)	(0.3868, 0.1467, 0.0252)	(0.3399, 0.1087, 0.0301)
安徽	(0.3963, 0.0834, 0.0330)	(0.3963, 0.0952, 0.0109)	(0.4300, 0.1611, 0.0549)	(0.3174, 0.0937, 0.0324)
福建	(0.4270, 0.1408, 0.0049)	(0.4270, 0.1804, 0.0808)	(0.4111, 0.1590, 0.0524)	(0.3493, 0.0584, 0.0222)
江西	(0.3633, 0.2760, 0.1274)	(0.3633, 0.2825, 0.1026)	(0.3700, 0.2491, 0.0988)	(0.3192, 0.1577, 0.1050)
山东	(0.3813, 0.2167, 0.1147)	(0.3813, 0.2921, 0.1064)	(0.3993, 0.2564, 0.0951)	(0.4479, 0.1746, 0.1020)
河南	(0.3521, 0.1446, 0.0412)	(0.3521, 0.1502, 0.0321)	(0.3345, 0.1397, 0.0458)	(0.2873, 0.0626, 0.0184)
湖北	(0.4127, 0.1739, 0.0858)	(0.4127, 0.1708, 0.0588)	(0.4070, 0.2156, 0.1041)	(0.2873, 0.0838, 0.0092)
湖南	(0.3438, 0.1359, 0.0382)	(0.3438, 0.1003, 0.0353)	(0.3254, 0.1446, 0.0464)	(0.2282, 0.0828, 0.0331)
广东	(0.4464, 0.3297, 0.1161)	(0.4464, 0.3452, 0.1022)	(0.4613, 0.3340, 0.1476)	(0.3812, 0.2156, 0.0656)
广西	(0.3903, 0.2020, 0.0883)	(0.3903, 0.2330, 0.1017)	(0.4098, 0.2599, 0.1239)	(0.3230, 0.1092, 0.0330)
海南	(0.3363, 0.1119, 0.0506)	(0.3363, 0.1126, 0.0392)	(0.3366, 0.0842, 0.0345)	(0.3915, 0.1770, 0.0166)
重庆	(0.5139, 0.3992, 0.1910)	(0.5139, 0.3704, 0.1515)	(0.5463, 0.4322, 0.2197)	(0.4235, 0.1902, 0.0971)
四川	(0.4300, 0.1923, 0.0671)	(0.4300, 0.2037, 0.0839)	(0.4488, 0.2016, 0.0903)	(0.3840, 0.1398, 0.0413)
贵州	(0.4195, 0.2647, 0.0261)	(0.4195, 0.3251, 0.1439)	(0.4390, 0.2638, 0.0567)	(0.3427, 0.0824, 0.0255)
云南	(0.3993, 0.2043, 0.0706)	(0.3993, 0.1909, 0.0817)	(0.4209, 0.2208, 0.1027)	(0.3812, 0.0909, 0.0141)
陕西	(0.3266, 0.1551, 0.0865)	(0.3266, 0.1117, 0.0442)	(0.3296, 0.1726, 0.0416)	(0.1944, 0.0617, 0.0242)
甘肃	(0.3041, 0.0706, 0.0044)	(0.3041, 0.1149, 0.0484)	(0.3003, 0.0870, 0.0383)	(0.2385, 0.1045, 0.0141)
青海	(0.3521, 0.1446, 0.0282)	(0.3521, 0.2234, 0.0705)	(0.3596, 0.1771, 0.0545)	(0.4432, 0.0960, 0.0098)
宁夏	(0.4809, 0.2632, 0.1112)	(0.4809, 0.2889, 0.1048)	(0.5721, 0.4098, 0.2067)	(0.4545, 0.2740, 0.1173)

续表

地区	C_{223}	C_{231}	C_{232}	C_{311}
北京	(0.3079, 0.1913, 0.0598)	(0.2577, 0.0973, 0.0452)	(0.2577, 0.0265, 0.0125)	(0.2207, 0.055, 0.0161)
天津	(0.4017, 0.2811, 0.1053)	(0.1001, 0.0331, 0.0115)	(0.1001, 0.0054, 0.0030)	(0.0969, 0.0105, 0.0039)
河北	(0.4126, 0.2710, 0.0540)	(0.2173, 0.0663, 0.0259)	(0.2173, 0.0116, 0.0028)	(0.3010, 0.0909, 0.0336)
山西	(0.3222, 0.1363, 0.0666)	(0.1197, 0.0350, 0.0132)	(0.1197, 0.0278, 0.0096)	(0.1423, 0.0238, 0.0037)
内蒙古	(0.3121, 0.2534, 0.1229)	(0.1288, 0.0286, 0.0130)	(0.1288, 0.0116, 0.0045)	(0.1201, 0.0196, 0.0022)
辽宁	(0.2937, 0.1162, 0.0147)	(0.1927, 0.0509, 0.0188)	(0.1927, 0.0164, 0.0036)	(0.1526, 0.0134, 0.0035)
吉林	(0.3046, 0.2232, 0.0773)	(0.1073, 0.0271, 0.0109)	(0.1073, 0.0054, 0.0014)	(0.1011, 0.0108, 0.0008)
黑龙江	(0.3799, 0.2526, 0.0730)	(0.1263, 0.0315, 0.0125)	(0.1263, 0.0049, 0.0010)	(0.1193, 0.0061, 0.0027)
上海	(0.3021, 0.1942, 0.0662)	(0.2146, 0.0697, 0.0243)	(0.2146, 0.3807, 0.0673)	(0.2004, 0.0406, 0.0118)
江苏	(0.2787, 0.2366, 0.0977)	(0.4522, 0.1535, 0.0624)	(0.4522, 0.1644, 0.0240)	(0.4887, 0.1134, 0.0203)
浙江	(0.3331, 0.1548, 0.0671)	(0.3476, 0.1144, 0.0356)	(0.3476, 0.0324, 0.0121)	(0.3536, 0.1109, 0.0228)
安徽	(0.3264, 0.1384, 0.0436)	(0.1411, 0.0490, 0.0208)	(0.1411, 0.0182, 0.0100)	(0.2392, 0.0667, 0.0242)
福建	(0.3180, 0.2056, 0.0928)	(0.1661, 0.0592, 0.0266)	(0.1661, 0.0222, 0.0048)	(0.1924, 0.0519, 0.0124)
江西	(0.3607, 0.2597, 0.1069)	(0.1429, 0.0520, 0.0199)	(0.1429, 0.0080, 0.0025)	(0.2220, 0.0671, 0.0226)
山东	(0.3757, 0.3994, 0.1217)	(0.3383, 0.1036, 0.0414)	(0.3383, 0.0120, 0.0035)	(0.4708, 0.1039, 0.0157)
河南	(0.3021, 0.1733, 0.0722)	(0.2415, 0.0791, 0.0338)	(0.2415, 0.0184, 0.0048)	(0.3704, 0.0864, 0.0339)
湖北	(0.3322, 0.1548, 0.0694)	(0.2221, 0.0738, 0.0281)	(0.2221, 0.0384, 0.0099)	(0.2385, 0.0568, 0.0212)
湖南	(0.3063, 0.0826, 0.0320)	(0.2101, 0.0684, 0.0268)	(0.2101, 0.0328, 0.0105)	(0.2606, 0.0632, 0.0224)
广东	(0.4209, 0.2639, 0.1419)	(0.7421, 0.2675, 0.1066)	(0.7421, 0.0351, 0.0261)	(0.6567, 0.2198, 0.0529)
广西	(0.3874, 0.2492, 0.0535)	(0.1525, 0.0476, 0.0182)	(0.1525, 0.0184, 0.0092)	(0.2022, 0.0517, 0.0127)
海南	(0.3013, 0.1909, 0.0895)	(0.0321, 0.0130, 0.0028)	(0.0321, 0.0058, 0.0013)	(0.0325, 0.0141, 0.0038)
重庆	(0.4126, 0.2786, 0.0576)	(0.1271, 0.0413, 0.0132)	(0.1271, 0.0215, 0.0125)	(0.1358, 0.0372, 0.0127)
四川	(0.3590, 0.2211, 0.0737)	(0.2807, 0.0786, 0.0291)	(0.2807, 0.0198, 0.0088)	(0.3367, 0.0750, 0.0180)
贵州	(0.3632, 0.2404, 0.0698)	(0.1401, 0.0398, 0.0150)	(0.1401, 0.0127, 0.0017)	(0.2008, 0.0626, 0.0148)
云南	(0.3004, 0.1917, 0.0717)	(0.1895, 0.0651, 0.0280)	(0.1895, 0.0075, 0.0026)	(0.2184, 0.0603, 0.0262)
陕西	(0.3079, 0.1359, 0.0336)	(0.1324, 0.0451, 0.0183)	(0.1324, 0.1308, 0.0416)	(0.1965, 0.0353, 0.0102)
甘肃	(0.2326, 0.1212, 0.0232)	(0.0810, 0.0330, 0.0137)	(0.0810, 0.0196, 0.0097)	(0.1152, 0.0327, 0.0098)
青海	(0.2485, 0.2186, 0.0634)	(0.0227, 0.0156, 0.0061)	(0.0227, 0.0066, 0.0027)	(0.0208, 0.0089, 0.0013)
宁夏	(0.3967, 0.2400, 0.0371)	(0.0127, 0.0082, 0.0035)	(0.0127, 0.0246, 0.0101)	(0.0136, 0.0099, 0.0025)

续表

地区	C_{312}	C_{313}	C_{321}	C_{322}
北京	(0.042, 0.0155, 0.0088)	(0.9530, 0.0294, 0.0137)	(0.4671, 0.1033, 0.0225)	(0.4671, 0.1088, 0.0504)
天津	(0.073, 0.0200, 0.0046)	(0.7253, 0.0562, 0.0446)	(0.0797, 0.0217, 0.0027)	(0.0797, 0.0280, 0.0074)
河北	(0.1594, 0.0409, 0.0077)	(0.2790, 0.0704, 0.0193)	(0.2268, 0.0877, 0.0107)	(0.2268, 0.0198, 0.0137)
山西	(0.0943, 0.0283, 0.0055)	(0.3194, 0.0412, 0.0294)	(0.1685, 0.0531, 0.0208)	(0.1685, 0.0259, 0.0040)
内蒙古	(0.2319, 0.0296, 0.0105)	(0.2150, 0.0259, 0.0090)	(0.2195, 0.0386, 0.0166)	(0.2195, 0.0127, 0.0003)
辽宁	(0.0533, 0.0198, 0.0055)	(0.4346, 0.0699, 0.0185)	(0.1773, 0.0146, 0.0081)	(0.1773, 0.0724, 0.0482)
吉林	(0.1041, 0.0329, 0.0180)	(0.4948, 0.0967, 0.0555)	(0.1270, 0.0225, 0.0067)	(0.1270, 0.0157, 0.0031)
黑龙江	(0.1166, 0.0235, 0.0121)	(0.3322, 0.0543, 0.0458)	(0.0932, 0.0105, 0.0007)	(0.0932, 0.0119, 0.0047)
上海	(0.1187, 0.0370, 0.0134)	(0.5359, 0.0314, 0.0070)	(0.2981, 0.1263, 0.0570)	(0.2981, 0.0627, 0.0222)
江苏	(0.2613, 0.0533, 0.0240)	(0.4464, 0.0711, 0.0138)	(0.4963, 0.1271, 0.0213)	(0.4963, 0.1518, 0.0603)
浙江	(0.2745, 0.0444, 0.0157)	(0.2967, 0.0301, 0.0055)	(0.3753, 0.1210, 0.0414)	(0.3753, 0.0932, 0.0544)
安徽	(0.3795, 0.0401, 0.0255)	(0.2845, 0.0617, 0.0273)	(0.1721, 0.0155, 0.0068)	(0.1721, 0.2062, 0.2063)
福建	(0.2973, 0.0706, 0.0402)	(0.3190, 0.0487, 0.0210)	(0.1697, 0.0509, 0.0166)	(0.1697, 0.0129, 0.0035)
江西	(0.1842, 0.0507, 0.0044)	(0.3887, 0.1084, 0.0454)	(0.1568, 0.0585, 0.0211)	(0.1568, 0.0595, 0.0347)
山东	(0.3336, 0.0541, 0.0279)	(0.3480, 0.0823, 0.0242)	(0.3315, 0.0632, 0.0148)	(0.3315, 0.0266, 0.0104)
河南	(0.2483, 0.0416, 0.0263)	(0.3252, 0.1114, 0.0230)	(0.2213, 0.0510, 0.0173)	(0.2213, 0.0394, 0.0026)
湖北	(0.2711, 0.0594, 0.0325)	(0.4737, 0.0630, 0.0284)	(0.2191, 0.0801, 0.0230)	(0.2191, 0.0132, 0.0079)
湖南	(0.1478, 0.0250, 0.0163)	(0.3187, 0.1126, 0.0219)	(0.2519, 0.0923, 0.0304)	(0.2519, 0.0524, 0.0265)
广东	(0.1206, 0.0193, 0.0098)	(0.3185, 0.0713, 0.0237)	(0.6202, 0.2798, 0.1050)	(0.6202, 0.1135, 0.0170)
广西	(0.1673, 0.0322, 0.0139)	(0.3036, 0.1225, 0.0243)	(0.1420, 0.0416, 0.0195)	(0.1420, 0.0117, 0.0026)
海南	(0.2276, 0.0251, 0.0097)	(0.2879, 0.0512, 0.0018)	(0.0491, 0.0360, 0.0126)	(0.0491, 0.0612, 0.0204)
重庆	(0.1979, 0.0820, 0.0030)	(0.4524, 0.0529, 0.0224)	(0.0837, 0.0260, 0.0103)	(0.0837, 0.0093, 0.0018)
四川	(0.3898, 0.0517, 0.0385)	(0.2883, 0.0584, 0.0200)	(0.3656, 0.0941, 0.0241)	(0.3656, 0.0494, 0.0442)
贵州	(0.6159, 0.0911, 0.0428)	(0.2089, 0.1037, 0.0265)	(0.1295, 0.0371, 0.0309)	(0.1295, 0.0051, 0.0013)
云南	(0.4524, 0.0669, 0.0405)	(0.2141, 0.1017, 0.0203)	(0.1407, 0.0269, 0.0059)	(0.1407, 0.0367, 0.0023)
陕西	(0.2471, 0.0429, 0.0111)	(0.5906, 0.0584, 0.0138)	(0.2602, 0.0550, 0.0062)	(0.2602, 0.0186, 0.0060)
甘肃	(0.5397, 0.0685, 0.0195)	(0.2751, 0.0564, 0.0245)	(0.1327, 0.0354, 0.0084)	(0.1327, 0.0121, 0.0018)
青海	(0.7021, 0.1487, 0.0294)	(0.0499, 0.0372, 0.0101)	(0.0496, 0.0163, 0.0098)	(0.0496, 0.0050, 0.0011)
宁夏	(0.4335, 0.0700, 0.0278)	(0.2812, 0.0523, 0.0125)	(0.0185, 0.0122, 0.0020)	(0.0185, 0.0051, 0.0049)

续表

地区	C_{323}	C_{324}	C_{325}	C_{411}
北京	(0.1086, 0.0825, 0.0216)	(0.3211, 0.0663, 0.0228)	(0.3047, 0.0608, 0.0190)	(0.6866, 0.1464, 0.0368)
天津	(0.0928, 0.0360, 0.0052)	(0.3179, 0.0743, 0.0107)	(0.6535, 0.2544, 0.1071)	(0.2731, 0.1011, 0.0182)
河北	(0.2383, 0.0755, 0.0228)	(0.0364, 0.0278, 0.0061)	(0.0813, 0.0496, 0.0190)	(0.1731, 0.0948, 0.0222)
山西	(0.1623, 0.0613, 0.0194)	(0.0805, 0.0299, 0.0046)	(0.3110, 0.0973, 0.0092)	(0.2395, 0.0737, 0.0054)
内蒙古	(0.1024, 0.0199, 0.0025)	(0.1451, 0.0452, 0.0101)	(0.4037, 0.1051, 0.0298)	(0.2899, 0.0874, 0.0033)
辽宁	(0.1280, 0.0388, 0.0169)	(0.2192, 0.0383, 0.0064)	(0.3035, 0.0570, 0.0046)	(0.2504, 0.0674, 0.0216)
吉林	(0.0812, 0.0240, 0.0077)	(0.1614, 0.0466, 0.0087)	(0.2079, 0.0760, 0.0320)	(0.2521, 0.1137, 0.0276)
黑龙江	(0.1945, 0.0443, 0.0173)	(0.1071, 0.0366, 0.0066)	(0.1506, 0.0560, 0.0150)	(0.2160, 0.0714, 0.0310)
上海	(0.1988, 0.0424, 0.0151)	(0.9516, 0.0395, 0.0111)	(0.4766, 0.0235, 0.0017)	(0.3731, 0.1074, 0.0432)
江苏	(0.7502, 0.1838, 0.0680)	(0.2519, 0.0757, 0.0312)	(0.3858, 0.1316, 0.0383)	(0.2597, 0.0937, 0.0267)
浙江	(0.4979, 0.1855, 0.0668)	(0.3429, 0.0944, 0.0377)	(0.5098, 0.1367, 0.0145)	(0.3529, 0.0822, 0.0168)
安徽	(0.2420, 0.0583, 0.0165)	(0.0581, 0.0386, 0.0073)	(0.1090, 0.0677, 0.0052)	(0.1277, 0.0931, 0.0207)
福建	(0.2453, 0.0842, 0.0323)	(0.2101, 0.0677, 0.0194)	(0.2793, 0.1152, 0.0548)	(0.1950, 0.0615, 0.0121)
江西	(0.3119, 0.0680, 0.0223)	(0.0912, 0.0289, 0.0035)	(0.1662, 0.0668, 0.0248)	(0.1252, 0.0790, 0.0142)
山东	(0.5367, 0.1470, 0.0362)	(0.1039, 0.0383, 0.0139)	(0.1862, 0.0881, 0.0362)	(0.2790, 0.0826, 0.0237)
河南	(0.4767, 0.1005, 0.0287)	(0.0221, 0.0226, 0.0057)	(0.0732, 0.0433, 0.0034)	(0.1966, 0.0948, 0.0155)
湖北	(0.2793, 0.0801, 0.0197)	(0.1169, 0.0439, 0.0139)	(0.2335, 0.0757, 0.0358)	(0.2395, 0.0779, 0.0144)
湖南	(0.4526, 0.1322, 0.0456)	(0.0727, 0.0378, 0.0114)	(0.0925, 0.0594, 0.0198)	(0.2034, 0.0990, 0.0152)
广东	(0.4318, 0.1196, 0.0374)	(0.1695, 0.0537, 0.0185)	(0.2666, 0.0499, 0.0136)	(0.2160, 0.0565, 0.0056)
广西	(0.1614, 0.0387, 0.0150)	(0.0987, 0.0176, 0.0041)	(0.1307, 0.0576, 0.0182)	(0.2101, 0.0906, 0.0187)
海南	(0.0158, 0.0084, 0.0026)	(0.1153, 0.0488, 0.0263)	(0.1751, 0.0144, 0.0065)	(0.2361, 0.0790, 0.0120)
重庆	(0.2489, 0.0744, 0.0168)	(0.0942, 0.0350, 0.0031)	(0.2164, 0.0618, 0.0240)	(0.2059, 0.1043, 0.0229)
四川	(0.5690, 0.1207, 0.0162)	(0.0692, 0.0191, 0.0049)	(0.1025, 0.0465, 0.0113)	(0.2252, 0.0948, 0.0141)
贵州	(0.1586, 0.0370, 0.0043)	(0.0494, 0.0155, 0.0035)	(0.0897, 0.0489, 0.0206)	(0.1950, 0.1348, 0.0315)
云南	(0.1629, 0.0575, 0.0135)	(0.0656, 0.0148, 0.0027)	(0.1262, 0.0284, 0.0119)	(0.1782, 0.1348, 0.0355)
陕西	(0.4267, 0.1855, 0.0638)	(0.0708, 0.0267, 0.0088)	(0.1240, 0.0672, 0.0214)	(0.3471, 0.1169, 0.0382)
甘肃	(0.2239, 0.0641, 0.0089)	(0.1104, 0.0342, 0.0062)	(0.2229, 0.1083, 0.0041)	(0.1798, 0.1083, 0.0162)
青海	(0.0102, 0.0070, 0.0018)	(0.1756, 0.0379, 0.0149)	(0.3036, 0.1630, 0.0483)	(0.2689, 0.1095, 0.0389)
宁夏	(0.0332, 0.0319, 0.0121)	(0.2578, 0.0286, 0.0163)	(0.5003, 0.0705, 0.0284)	(0.2790, 0.1032, 0.0419)

续表

地区	C_{412}	C_{413}	C_{414}	C_{415}
北京	(0.6866, 0.0156, 0.0043)	(0.0042, 0.0039, 0.0008)	(0.7651, 0.1940, 0.0641)	(0.0059, 0.0015, 0.0006)
天津	(0.2731, 0.0078, 0.0012)	(0.0155, 0.0098, 0.0038)	(0.2510, 0.2029, 0.0750)	(0.0182, 0.0017, 0.0006)
河北	(0.1731, 0.0956, 0.0370)	(0.3448, 0.0991, 0.0434)	(0.4904, 0.0760, 0.0251)	(0.4701, 0.0275, 0.0112)
山西	(0.2395, 0.0340, 0.0106)	(0.2615, 0.0773, 0.0196)	(0.5020, 0.1050, 0.0202)	(0.2844, 0.0289, 0.0085)
内蒙古	(0.2899, 0.0299, 0.0106)	(0.2692, 0.0312, 0.0101)	(0.3211, 0.1276, 0.0406)	(0.1643, 0.0051, 0.0020)
辽宁	(0.2504, 0.0516, 0.0172)	(0.2069, 0.0614, 0.0160)	(0.5132, 0.0997, 0.0409)	(0.2563, 0.0137, 0.0062)
吉林	(0.2521, 0.0258, 0.0069)	(0.1966, 0.0554, 0.0221)	(0.3180, 0.2066, 0.0247)	(0.1986, 0.0397, 0.0083)
黑龙江	(0.2160, 0.0481, 0.0186)	(0.3131, 0.0987, 0.0387)	(0.3747, 0.2041, 0.0686)	(0.2262, 0.0460, 0.0178)
上海	(0.3731, 0.0251, 0.0059)	(0.0162, 0.0045, 0.0012)	(0.4629, 0.0547, 0.0143)	(0.0008, 0.0012, 0.0006)
江苏	(0.2597, 0.1099, 0.0309)	(0.1797, 0.0671, 0.0250)	(0.4407, 0.0869, 0.0278)	(0.3881, 0.0063, 0.0025)
浙江	(0.3529, 0.0857, 0.0280)	(0.0926, 0.0144, 0.0005)	(0.4514, 0.0443, 0.0113)	(0.0594, 0.0091, 0.0021)
安徽	(0.1277, 0.0975, 0.0144)	(0.3758, 0.0699, 0.0309)	(0.6272, 0.0888, 0.0380)	(0.7691, 0.0853, 0.0258)
福建	(0.1950, 0.0379, 0.0061)	(0.0895, 0.0378, 0.0184)	(0.4032, 0.0808, 0.0031)	(0.1398, 0.0245, 0.0099)
江西	(0.1252, 0.0743, 0.0233)	(0.3642, 0.0687, 0.0224)	(0.4182, 0.1251, 0.0153)	(0.3709, 0.0973, 0.0351)
山东	(0.2790, 0.1116, 0.0440)	(0.3424, 0.1381, 0.0609)	(0.5945, 0.0536, 0.0234)	(0.4725, 0.0809, 0.0326)
河南	(0.1966, 0.1626, 0.0451)	(0.6512, 0.1674, 0.0728)	(0.5490, 0.1068, 0.0300)	(0.9453, 0.0137, 0.0005)
湖北	(0.2395, 0.0831, 0.0017)	(0.3676, 0.1441, 0.0511)	(0.4482, 0.1165, 0.0137)	(0.4875, 0.0262, 0.0082)
湖南	(0.2034, 0.1287, 0.0301)	(0.4898, 0.2457, 0.1310)	(0.5701, 0.1131, 0.0318)	(0.8295, 0.1499, 0.0654)
广东	(0.2160, 0.1204, 0.0336)	(0.2594, 0.0451, 0.0098)	(0.3868, 0.0669, 0.0116)	(0.4410, 0.0323, 0.0084)
广西	(0.2101, 0.0708, 0.0115)	(0.4927, 0.0966, 0.0281)	(0.2440, 0.1721, 0.0593)	(0.5119, 0.0585, 0.0247)
海南	(0.2361, 0.0150, 0.0027)	(0.0263, 0.0137, 0.0006)	(0.2958, 0.0748, 0.0179)	(0.0486, 0.0086, 0.0028)
重庆	(0.2059, 0.0592, 0.0184)	(0.1379, 0.0183, 0.0106)	(0.5126, 0.1041, 0.0133)	(0.2535, 0.0764, 0.0400)
四川	(0.2252, 0.1481, 0.0508)	(0.8161, 0.1485, 0.0610)	(0.4612, 0.1475, 0.0436)	(0.9127, 0.0781, 0.0343)
贵州	(0.1950, 0.0761, 0.0204)	(0.5715, 0.2003, 0.0503)	(0.3323, 0.1752, 0.0515)	(0.1934, 0.0397, 0.0162)
云南	(0.1782, 0.0744, 0.0251)	(0.6812, 0.2408, 0.1142)	(0.3670, 0.1088, 0.0255)	(0.3141, 0.1038, 0.0491)
陕西	(0.3471, 0.0589, 0.0177)	(0.2734, 0.1176, 0.0447)	(0.5145, 0.1107, 0.0387)	(0.2422, 0.0088, 0.0011)
甘肃	(0.1798, 0.0420, 0.0154)	(0.5169, 0.2018, 0.0850)	(0.4834, 0.1507, 0.0607)	(0.2102, 0.0296, 0.0123)
青海	(0.2689, 0.0080, 0.0019)	(0.0649, 0.0232, 0.0092)	(0.4091, 0.1614, 0.0507)	(0.0357, 0.0081, 0.0034)
宁夏	(0.2790, 0.0077, 0.0028)	(0.0675, 0.0092, 0.0046)	(0.2618, 0.1357, 0.0332)	(0.0188, 0.0054, 0.0023)

续表

地区	C_{416}	C_{421}	C_{422}	C_{423}
北京	(0.0846, 0.0229, 0.0095)	(0.0846, 0.0798, 0.0255)	(1, 0, 0)	(0.7524, 0.2284, 0.1081)
天津	(0.0239, 0.0064, 0.0025)	(0.0239, 0.1026, 0.0160)	(1, 0, 0)	(0.4354, 0.1961, 0.0877)
河北	(0.2227, 0.0833, 0.0265)	(0.2227, 0.1197, 0.0464)	(0.9616, 0.0360, 0.0331)	(0.3033, 0.068, 0.0204)
山西	(0.1198, 0.0298, 0.0115)	(0.1198, 0.1063, 0.0283)	(0.9164, 0.0396, 0.0147)	(0.1416, 0.052, 0.0083)
内蒙古	(0.1187, 0.0312, 0.0108)	(0.1187, 0.0869, 0.0290)	(0.8070, 0.1195, 0.0441)	(0.1396, 0.0689, 0.0164)
辽宁	(0.2072, 0.0292, 0.0092)	(0.2072, 0.0573, 0.0215)	(0.9058, 0.0375, 0.0112)	(0.2571, 0.0329, 0.0104)
吉林	(0.0892, 0.0204, 0.0068)	(0.0892, 0.1107, 0.0305)	(0.7732, 0.0367, 0.0197)	(0.1662, 0.0213, 0.0102)
黑龙江	(0.1390, 0.0382, 0.0164)	(0.1390, 0.1208, 0.0311)	(0.6419, 0.0874, 0.0235)	(0.3225, 0.0490, 0.0147)
上海	(0.1215, 0.0266, 0.0083)	(0.1215, 0.1578, 0.0654)	(1, 0, 0)	(0.2103, 0.1039, 0.0444)
江苏	(0.8109, 0.1820, 0.0542)	(0.8109, 0.0901, 0.0347)	(0.9903, 0.0058, 0.0023)	(0.4273, 0.0549, 0.0228)
浙江	(0.5161, 0.1606, 0.0347)	(0.5161, 0.0544, 0.0363)	(0.9968, 0.0043, 0.0021)	(0.4269, 0.0633, 0.0164)
安徽	(0.2568, 0.0641, 0.0195)	(0.2568, 0.1193, 0.0438)	(0.9335, 0.0446, 0.0085)	(0.2536, 0.0601, 0.0169)
福建	(0.2510, 0.0658, 0.0156)	(0.2510, 0.0295, 0.0080)	(0.9546, 0.0189, 0.0079)	(0.3541, 0.0789, 0.0242)
江西	(0.1805, 0.0773, 0.0373)	(0.1805, 0.1222, 0.0473)	(0.8921, 0.0530, 0.0253)	(0.1266, 0.0520, 0.0340)
山东	(0.4850, 0.0930, 0.0195)	(0.4850, 0.0836, 0.0212)	(0.9821, 0.0048, 0.0015)	(0.3939, 0.0688, 0.0217)
河南	(0.3334, 0.1139, 0.0395)	(0.3334, 0.1069, 0.0237)	(0.7031, 0.2360, 0.0933)	(0.1896, 0.0836, 0.0330)
湖北	(0.2713, 0.0269, 0.0078)	(0.2713, 0.0817, 0.0365)	(0.8975, 0.0533, 0.0215)	(0.2267, 0.0398, 0.0149)
湖南	(0.2899, 0.0771, 0.0243)	(0.2899, 0.0817, 0.0365)	(0.8169, 0.0733, 0.0141)	(0.3538, 0.1349, 0.0274)
广东	(0.5839, 0.1460, 0.0406)	(0.5839, 0.1241, 0.0487)	(0.9172, 0.0307, 0.0121)	(0.3062, 0.0602, 0.0236)
广西	(0.2162, 0.0506, 0.0059)	(0.2162, 0.1511, 0.0613)	(0.8919, 0.0877, 0.0388)	(0.1313, 0.0379, 0.0061)
海南	(0.0365, 0.0195, 0.0056)	(0.0365, 0.0813, 0.0266)	(0.9091, 0.0585, 0.0274)	(0.2687, 0.0488, 0.0195)
重庆	(0.1370, 0.0236, 0.0043)	(0.1370, 0.1417, 0.0556)	(0.8736, 0.0525, 0.0078)	(0.1719, 0.0510, 0.0190)
四川	(0.3978, 0.0492, 0.0117)	(0.3978, 0.1307, 0.0460)	(0.7858, 0.0965, 0.0107)	(0.3082, 0.0662, 0.0489)
贵州	(0.0916, 0.0284, 0.0091)	(0.0916, 0.1331, 0.0525)	(0.5342, 0.2312, 0.0138)	(0.1744, 0.0581, 0.0144)
云南	(0.1924, 0.0322, 0.0046)	(0.1924, 0.1149, 0.0272)	(0.2787, 0.1018, 0.0570)	(0.2678, 0.0601, 0.0073)
陕西	(0.2198, 0.0710, 0.0308)	(0.2198, 0.1118, 0.0505)	(0.8727, 0.0632, 0.0215)	(0.4011, 0.0722, 0.0256)
甘肃	(0.1827, 0.0639, 0.0173)	(0.1827, 0.1240, 0.0541)	(0.6459, 0.1884, 0.0284)	(0.1916, 0.0788, 0.0131)
青海	(0.0179, 0.0171, 0.0086)	(0.0179, 0.0872, 0.0375)	(0.7338, 0.1286, 0.0562)	(0.3712, 0.0407, 0.0316)
宁夏	(0.0247, 0.0104, 0.0037)	(0.0247, 0.1001, 0.0380)	(0.7418, 0.1553, 0.0568)	(0.3068, 0.0542, 0.0300)

续表

地区	C_{424}	C_{431}	C_{432}	C_{433}
北京	(0.2778, 0.0310, 0.0135)	(0.0299, 0.0320, 0.0141)	(0.0299, 0.1995, 0.0599)	(0.6880, 0.1409, 0.0274)
天津	(0.1237, 0.1228, 0.0534)	(0.3269, 0.1581, 0.0383)	(0.3269, 0.1205, 0.0350)	(0.4573, 0.1194, 0.0239)
河北	(0.3476, 0.0689, 0.0275)	(0.2290, 0.0470, 0.0027)	(0.2290, 0.0804, 0.0210)	(0.1814, 0.0851, 0.0246)
山西	(0.2387, 0.0761, 0.0319)	(0.1087, 0.0138, 0.0111)	(0.1087, 0.0674, 0.0132)	(0.1432, 0.0675, 0.0217)
内蒙古	(0.7343, 0.2583, 0.1351)	(0.1691, 0.0217, 0.0089)	(0.1691, 0.0886, 0.0252)	(0.2623, 0.0661, 0.0104)
辽宁	(0.1586, 0.0369, 0.0130)	(0.3111, 0.1158, 0.0411)	(0.3111, 0.0811, 0.0194)	(0.2826, 0.0864, 0.0286)
吉林	(0.3260, 0.0474, 0.0191)	(0.1938, 0.0956, 0.0428)	(0.1938, 0.0655, 0.0143)	(0.1915, 0.0707, 0.0175)
黑龙江	(0.4832, 0.0604, 0.0188)	(0.2076, 0.0417, 0.0066)	(0.2076, 0.0628, 0.0147)	(0.1905, 0.0752, 0.0156)
上海	(0.2079, 0.0091, 0.0072)	(0.2794, 0.0996, 0.0841)	(0.2794, 0.2057, 0.0599)	(0.7483, 0.1695, 0.0449)
江苏	(0.4049, 0.0370, 0.0146)	(0.3727, 0.0672, 0.0197)	(0.3727, 0.1275, 0.0343)	(0.3763, 0.1101, 0.0005)
浙江	(0.3411, 0.0699, 0.0275)	(0.1184, 0.0360, 0.0115)	(0.1184, 0.1546, 0.0404)	(0.4703, 0.1349, 0.0171)
安徽	(0.1959, 0.0478, 0.0256)	(0.2747, 0.0428, 0.0173)	(0.2747, 0.0870, 0.0205)	(0.1920, 0.0994, 0.0234)
福建	(0.3181, 0.1343, 0.0494)	(0.1401, 0.0137, 0.0025)	(0.1401, 0.1092, 0.0287)	(0.3323, 0.1067, 0.0177)
江西	(0.1972, 0.1141, 0.0199)	(0.0875, 0.0360, 0.0257)	(0.0875, 0.0864, 0.0218)	(0.1673, 0.0908, 0.0208)
山东	(0.1306, 0.0119, 0.0079)	(0.2857, 0.0448, 0.0112)	(0.2857, 0.0954, 0.0271)	(0.2268, 0.1012, 0.0284)
河南	(0.3499, 0.0840, 0.0342)	(0.1813, 0.0538, 0.0079)	(0.1813, 0.0724, 0.0205)	(0.1488, 0.0756, 0.0200)
湖北	(0.2151, 0.0179, 0.0073)	(0.1780, 0.0203, 0.0042)	(0.1780, 0.0830, 0.0246)	(0.2265, 0.1068, 0.0232)
湖南	(0.1818, 0.0206, 0.0104)	(0.2031, 0.0325, 0.0055)	(0.2031, 0.0899, 0.0233)	(0.2254, 0.1029, 0.0309)
广东	(0.1232, 0.0096, 0.0046)	(0.0585, 0.0219, 0.0135)	(0.0585, 0.1199, 0.0309)	(0.3952, 0.1291, 0.0297)
广西	(0.0863, 0.0611, 0.0226)	(0.3543, 0.0825, 0.0380)	(0.3543, 0.0708, 0.0179)	(0.1423, 0.0805, 0.0251)
海南	(0.1904, 0.0913, 0.0126)	(0.2354, 0.0213, 0.0056)	(0.2354, 0.0829, 0.0225)	(0.1991, 0.0972, 0.0226)
重庆	(0.2055, 0.0664, 0.0176)	(0.1443, 0.0413, 0.0055)	(0.1443, 0.0957, 0.0240)	(0.2429, 0.1047, 0.0237)
四川	(0.2059, 0.0499, 0.0156)	(0.6839, 0.2529, 0.1214)	(0.6839, 0.0819, 0.0189)	(0.2012, 0.0986, 0.0275)
贵州	(0.2219, 0.0933, 0.0402)	(0.1494, 0.0450, 0.0174)	(0.1494, 0.0720, 0.0182)	(0.1179, 0.0819, 0.0138)
云南	(0.4465, 0.2108, 0.0903)	(0.3730, 0.0518, 0.0138)	(0.3730, 0.0734, 0.0191)	(0.1334, 0.0872, 0.0180)
陕西	(0.4887, 0.0729, 0.0259)	(0.1307, 0.0161, 0.0077)	(0.1307, 0.0794, 0.0199)	(0.1764, 0.0742, 0.0184)
甘肃	(0.2538, 0.0829, 0.0320)	(0.0707, 0.0227, 0.0075)	(0.0707, 0.0624, 0.0156)	(0.1315, 0.0822, 0.0235)
青海	(0.3825, 0.0356, 0.0101)	(0.1532, 0.0590, 0.0420)	(0.1532, 0.0742, 0.0202)	(0.1859, 0.0721, 0.0166)
宁夏	(0.2274, 0.0347, 0.0016)	(0.2692, 0.0333, 0.0053)	(0.2692, 0.0758, 0.0205)	(0.1873, 0.0762, 0.0086)

续表

地区	C_{511}	C_{512}	C_{513}	C_{514}
北京	(0.0416, 0.0395, 0.0197)	(0.0381, 0.0377, 0.0104)	(0.2300, 0.0382, 0.0074)	(0.2300, 0.0810, 0.0798)
天津	(0.0610, 0.0489, 0.0214)	(0.0844, 0.0462, 0.0173)	(0.0607, 0.0168, 0.0058)	(0.0607, 0.0523, 0.0175)
河北	(0.4596, 0.3406, 0.1688)	(0.3073, 0.2103, 0.0384)	(0.1922, 0.0287, 0.0105)	(0.1922, 0.1373, 0.0455)
山西	(0.1731, 0.1222, 0.0512)	(0.2440, 0.0886, 0.0365)	(0.1187, 0.0110, 0.0026)	(0.1187, 0.1024, 0.0428)
内蒙古	(0.2635, 0.2348, 0.1175)	(0.2779, 0.1237, 0.0535)	(0.0896, 0.0078, 0.0023)	(0.0896, 0.0516, 0.0101)
辽宁	(0.4095, 0.3425, 0.1746)	(0.1199, 0.0641, 0.0205)	(0.2659, 0.0147, 0.0057)	(0.2659, 0.0914, 0.0287)
吉林	(0.2346, 0.2039, 0.0996)	(0.0539, 0.0325, 0.0046)	(0.1293, 0.0061, 0.0021)	(0.1293, 0.3230, 0.0916)
黑龙江	(0.4515, 0.3774, 0.1731)	(0.0815, 0.0537, 0.0227)	(0.1484, 0.0142, 0.0114)	(0.1484, 0.3215, 0.0441)
上海	(0.0586, 0.0497, 0.0246)	(0.1485, 0.1126, 0.0202)	(0.2055, 0.0305, 0.0146)	(0.2055, 0.0887, 0.0404)
江苏	(0.4616, 0.2002, 0.0988)	(0.3759, 0.1259, 0.0636)	(0.4620, 0.0861, 0.0298)	(0.4620, 0.0258, 0.0047)
浙江	(0.2481, 0.1360, 0.0506)	(0.3151, 0.1261, 0.0494)	(0.3946, 0.0538, 0.0144)	(0.3946, 0.0072, 0.0024)
安徽	(0.3746, 0.2080, 0.0878)	(0.1726, 0.0670, 0.0217)	(0.1517, 0.0325, 0.0132)	(0.1517, 0.0338, 0.0331)
福建	(0.2413, 0.1117, 0.0554)	(0.1730, 0.0918, 0.0228)	(0.2030, 0.0574, 0.0251)	(0.2030, 0.0207, 0.0036)
江西	(0.3244, 0.1594, 0.0463)	(0.0889, 0.0361, 0.0060)	(0.1091, 0.0319, 0.0112)	(0.1091, 0.0701, 0.0241)
山东	(0.6010, 0.4518, 0.2236)	(0.6210, 0.2324, 0.0137)	(0.4185, 0.1033, 0.0310)	(0.4185, 0.0082, 0.0063)
河南	(0.4862, 0.3497, 0.1761)	(0.2547, 0.1362, 0.0192)	(0.2730, 0.0434, 0.0156)	(0.2730, 0.0860, 0.0167)
湖北	(0.4339, 0.2891, 0.1058)	(0.1390, 0.0518, 0.0146)	(0.2486, 0.0379, 0.0079)	(0.2486, 0.1510, 0.0518)
湖南	(0.4747, 0.3176, 0.1538)	(0.0933, 0.0563, 0.0145)	(0.1972, 0.0354, 0.0148)	(0.1972, 0.0303, 0.0108)
广东	(0.6529, 0.3218, 0.1615)	(0.2273, 0.0424, 0.0064)	(0.7897, 0.1638, 0.0654)	(0.7897, 0.1401, 0.0464)
广西	(0.3191, 0.1615, 0.0650)	(0.0818, 0.0492, 0.0068)	(0.1081, 0.0306, 0.0018)	(0.1081, 0.0278, 0.0066)
海南	(0.0588, 0.0437, 0.0219)	(0.0155, 0.0149, 0.0054)	(0.0389, 0.0184, 0.0063)	(0.0389, 0.0015, 0.0005)
重庆	(0.1182, 0.0992, 0.0492)	(0.0330, 0.0111, 0.0031)	(0.1321, 0.0367, 0.0090)	(0.1321, 0.0573, 0.0234)
四川	(0.4570, 0.2945, 0.1491)	(0.1059, 0.0401, 0.0104)	(0.2699, 0.0623, 0.0198)	(0.2699, 0.0567, 0.0254)
贵州	(0.2077, 0.2007, 0.0825)	(0.0795, 0.0368, 0.0067)	(0.0743, 0.0175, 0.0062)	(0.0743, 0.0404, 0.0040)
云南	(0.2002, 0.1473, 0.0682)	(0.1066, 0.0514, 0.0180)	(0.1053, 0.0228, 0.0027)	(0.1053, 0.1006, 0.0081)
陕西	(0.1725, 0.1265, 0.0644)	(0.1686, 0.0711, 0.0056)	(0.1422, 0.0285, 0.0087)	(0.1422, 0.0506, 0.0311)
甘肃	(0.1498, 0.1235, 0.0366)	(0.0702, 0.0495, 0.0165)	(0.0618, 0.0037, 0.0011)	(0.0618, 0.4613, 0.1914)
青海	(0.0250, 0.0235, 0.0111)	(0.0254, 0.0200, 0.0055)	(0.0078, 0.0070, 0.0032)	(0.0078, 0.1227, 0.0299)
宁夏	(0.0799, 0.0417, 0.0208)	(0.0849, 0.0564, 0.0090)	(0.0166, 0.0026, 0.0005)	(0.0166, 0.1327, 0.0823)

续表

地区	C_{515}	C_{516}	C_{521}	C_{522}	C_{523}
北京	(0.1088, 0.0083, 0.0028)	(0.1911, 0.0552, 0.0263)	(0.6002, 0.1138, 0.0430)	(0.0486, 0.0082, 0.0014)	(0.0486, 0.0126, 0.0043)
天津	(0.0830, 0.0145, 0.0009)	(0.0906, 0.0107, 0.0027)	(0.2430, 0.0781, 0.0636)	(0.0059, 0.0007, 0.0006)	(0.0059, 0.0045, 0.0021)
河北	(0.2372, 0.0536, 0.0173)	(0.1956, 0.0242, 0.0076)	(0.5273, 0.0291, 0.0118)	(0.3439, 0.0362, 0.0063)	(0.3439, 0.1736, 0.0483)
山西	(0.1321, 0.0338, 0.0096)	(0.0790, 0.0197, 0.0062)	(0.3581, 0.0673, 0.0113)	(0.4007, 0.0553, 0.0166)	(0.4007, 0.0346, 0.0055)
内蒙古	(0.1561, 0.0331, 0.0083)	(0.0649, 0.0122, 0.0046)	(0.8269, 0.0889, 0.0459)	(0.8446, 0.0950, 0.0218)	(0.8446, 0.1578, 0.0998)
辽宁	(0.3107, 0.0441, 0.0135)	(0.2924, 0.0442, 0.0131)	(0.3474, 0.0584, 0.0233)	(0.3361, 0.0387, 0.0111)	(0.3361, 0.0701, 0.0155)
吉林	(0.1219, 0.0184, 0.0053)	(0.1118, 0.0307, 0.0130)	(0.3845, 0.0655, 0.0112)	(0.1482, 0.0416, 0.0065)	(0.1482, 0.0467, 0.0303)
黑龙江	(0.1835, 0.0257, 0.0018)	(0.1744, 0.0616, 0.0275)	(0.3721, 0.0366, 0.0165)	(0.2949, 0.0580, 0.0135)	(0.2949, 0.0276, 0.0023)
上海	(0.1371, 0.0117, 0.0022)	(0.2661, 0.0133, 0.0069)	(0.0690, 0.0585, 0.0213)	(0, 0, 0)	(0, 0.0023, 0.0003)
江苏	(0.4968, 0.0742, 0.0161)	(0.5917, 0.0453, 0.0119)	(0.5449, 0.0395, 0.0143)	(0.0586, 0.0047, 0.0046)	(0.0586, 0.0190, 0.0111)
浙江	(0.3458, 0.0723, 0.0141)	(0.3362, 0.0705, 0.0041)	(0.4360, 0.0360, 0.0097)	(0.2227, 0.0163, 0.0162)	(0.2227, 0.0308, 0.0131)
安徽	(0.2575, 0.0712, 0.0165)	(0.2074, 0.0352, 0.0075)	(0.4820, 0.0771, 0.0223)	(0.1238, 0.0129, 0.0014)	(0.1238, 0.0576, 0.0381)
福建	(0.1298, 0.0280, 0.0068)	(0.1398, 0.0170, 0.0092)	(0.4754, 0.0919, 0.0424)	(0.2169, 0.0363, 0.0300)	(0.2169, 0.1020, 0.0442)
江西	(0.1358, 0.0511, 0.0172)	(0.0906, 0.0227, 0.0076)	(0.5325, 0.0385, 0.0275)	(0.3563, 0.0294, 0.0060)	(0.3563, 0.0861, 0.0233)
山东	(0.5863, 0.0617, 0.0216)	(0.3796, 0.0714, 0.0216)	(0.7403, 0.0367, 0.0044)	(0.2567, 0.0272, 0.0055)	(0.2567, 0.0690, 0.0377)
河南	(0.2726, 0.0775, 0.0222)	(0.2392, 0.0578, 0.0131)	(0.3316, 0.1656, 0.0629)	(0.2374, 0.0227, 0.0055)	(0.2374, 0.0503, 0.0102)
湖北	(0.2571, 0.0621, 0.0238)	(0.2381, 0.0496, 0.0109)	(0.3330, 0.0937, 0.0323)	(0.3644, 0.0357, 0.0034)	(0.3644, 0.1131, 0.0428)
湖南	(0.1878, 0.0575, 0.0214)	(0.2061, 0.0332, 0.0055)	(0.2505, 0.0943, 0.0167)	(0.2206, 0.0306, 0.0084)	(0.2206, 0.1747, 0.0168)
广东	(0.8145, 0.1638, 0.0495)	(0.7463, 0.1428, 0.0052)	(0.7380, 0.0741, 0.0208)	(0.1028, 0.0164, 0.0052)	(0.1028, 0.1338, 0.0327)
广西	(0.1514, 0.0530, 0.0128)	(0.2419, 0.0232, 0.0073)	(0.3744, 0.0734, 0.0282)	(0.1524, 0.0327, 0.0086)	(0.1524, 0.0420, 0.0047)
海南	(0.0470, 0.0149, 0.0020)	(0.0234, 0.0059, 0.0011)	(0.3523, 0.0643, 0.0258)	(0.0061, 0.0025, 0.0008)	(0.0061, 0.0051, 0.0020)
重庆	(0.1248, 0.0411, 0.0098)	(0.1014, 0.0280, 0.0100)	(0.7170, 0.0363, 0.0170)	(0.2051, 0.0336, 0.0073)	(0.2051, 0.0555, 0.0322)
四川	(0.2756, 0.0885, 0.0152)	(0.2127, 0.0599, 0.0089)	(0.3901, 0.0899, 0.0075)	(0.5799, 0.0956, 0.0171)	(0.5799, 0.2534, 0.0630)
贵州	(0.0745, 0.0481, 0.0208)	(0.0656, 0.0302, 0.0086)	(0.5054, 0.1854, 0.0553)	(0.4065, 0.0675, 0.0385)	(0.4065, 0.1887, 0.1176)
云南	(0.1239, 0.0200, 0.0051)	(0.0819, 0.0160, 0.0030)	(0.3116, 0.0588, 0.0016)	(0.5522, 0.0965, 0.0122)	(0.5522, 0.1524, 0.0451)
陕西	(0.1251, 0.0299, 0.0068)	(0.1092, 0.0298, 0.0101)	(0.3694, 0.0401, 0.0166)	(0.4915, 0.0435, 0.0210)	(0.4915, 0.0220, 0.0144)
甘肃	(0.0668, 0.0248, 0.0074)	(0.0435, 0.0041, 0.0021)	(0.4457, 0.1243, 0.0213)	(0.5448, 0.0757, 0.0186)	(0.5448, 0.1194, 0.0533)
青海	(0.0079, 0.0052, 0.0016)	(0.0052, 0.0042, 0.0011)	(0.2901, 0.0746, 0.0082)	(0.0723, 0.0213, 0.0057)	(0.0723, 0.0626, 0.0215)
宁夏	(0.0490, 0.0101, 0.0045)	(0.0214, 0.0061, 0.0003)	(0.8507, 0.1306, 0.0343)	(0.1357, 0.0175, 0.0026)	(0.1357, 0.0105, 0.0023)

参 考 文 献

［1］白德全. 社会主义政治文明建设与行政价值评价［J］. 河北省社会主义学院学报, 2003（4）: 34－37.

［2］鲍勃·杰索普, 漆燕. 治理的兴起及其失败的风险: 以经济发展为例的论述［J］. 国际社会科学杂志（中文版）, 1999（1）: 31－48.

［3］卜永光. 中西方国家治理逻辑的分析与比较——兼论西方国家治理困境的成因与镜鉴［J］. 国外社会科学, 2022（1）: 74－92, 197－198.

［4］才吉卓玛. 青海省生态文明建设差异化评价指标体系构建与实证研究［J］. 生态经济, 2023, 39（4）: 214－220.

［5］蔡宏宇, 黄陈武. 低碳经济发展统计理论与测度研究［J］. 求索, 2015（11）: 38－43.

［6］蔡伟, 赵西超, 才凌惠. 中国战略性新兴产业经济效率的统计测度［J］. 统计与决策, 2021（7）: 98－102.

［7］钞小静, 任保平. 中国的经济转型与经济增长质量: 基于TFP贡献的考察［J］. 当代经济科学, 2008, 30（4）: 23－31.

［8］陈波, 李好. 新时代下财政支持公共文化建设的思路与路径选择［J］. 湖北社会科学, 2018（10）: 32－37.

［9］陈波, 李晶晶. 文化高质量发展视域下乡村公共文化空间指标体系研究［J］. 湖北社会科学, 2021（8）: 34－40.

［10］陈波, 邱新秀. 我国区域公共文化场馆绩效评价研究——以中部地区八省为例［J］. 艺术百家, 2016, 32（3）: 65－74, 220.

［11］陈贵富, 蒋娟. 中国省际经济发展质量评价体系及影响因素研究［J］. 河北学刊, 2021, 41（1）: 148－157.

[12] 陈辉，张全红．基于 Alkire-Foster 模型的多维贫困测度影响因素敏感性研究——基于粤北山区农村家庭的调查数据［J］．数学的实践与认识，2016，46（11）：91－98．

[13] 陈晋玲，张靖．教育层次结构与产业结构优化效应的统计测度［J］．科学学研究，2019，37（11）：1990－1998．

[14] 陈景庆．国家干预主义与经济自由主义：理论、实践及其影响［J］．辽宁行政学院学报，2011，13（3）：68－70．

[15] 陈明凡．人民民主专政理论的哲学基础、历史演进和现实意义［J］．北京联合大学学报（人文社会科学版），2022，20（2）：69－75．

[16] 陈鹏宇．线性无量纲化方法对比及反向指标正向化方法［J］．运筹与管理，2021，30（10）：95－101．

[17] 陈胜利．中国特色社会主义国家治理之主要特征透析［J］．云南行政学院学报，2014，16（5）：32－34．

[18] 陈霞，王彩波．有效治理与协同共治：国家治理能力现代化的目标及路径［J］．探索，2015（5）：48－53．

[19] 陈毅．国家自我反思平衡：国家治理现代化的关键之所在——基于中国国家建设的考察［J］．学习与探索，2015（6）：58－63．

[20] 崔晓彤．国家治理体系与治理能力现代化的政治学阐析［J］．党政干部学刊，2017（2）：28－30．

[21] 崔晓彤．社会联系机制创新：推进民主党派自身建设研究的新视角［J］．天津市社会主义学院学报，2017（3）：22－26．

[22] 戴维．奥斯本，特德．盖布勒．改革政府：企业精神如何改革公营部门［M］．上海：上海译文出版社，1996．

[23] 戴维·奥斯本，特德·盖布勒．改革政府——企业精神如何改革着公营部门［M］．上海：上海译文出版社，2021．

[24] 丹尼斯·缪勒．公共选择理论［M］．北京：中国社会科学出版社，2017．

[25] 丁志刚．论国家治理能力及其现代化［J］．上海行政学院学报，2015，16（3）：60－67．

[26] 杜人淮．马克思主义和西方的政府与市场理论述评［J］．长春

市委党校学报，2011（6）：36－42.

［27］樊红艳，刘学录．基于综合评价法的各种无量纲化方法的比较和优选——以兰州市永登县的土地开发为例［J］．湖南农业科学，2010（17）：163－166.

［28］方振邦，邬定国，唐健．我国地方政府社会建设绩效评价体系创新研究［J］．国家行政学院学报，2015（3）：87－91.

［29］封胜杰．多属性决策中的组合赋权及 TOPSIS 法研究［J］．江苏科技大学，2016.

［30］冯华艳．地方政府社会治理能力评价指标体系构建与实证［J］．统计与决策，2022，38（10）：157－161.

［31］傅墨庄，魏建．斯蒂格利茨新国家干预理论的承继与发展［J］．学习与实践，2023（4）：64－72.

［32］高建华．互联网时代我国意识形态面临的机遇与挑战研究［D］．天津：南开大学，2012.

［33］高小平．论我国国家治理体系的价值目标［J］．行政管理改革，2014（12）：71－74.

［34］格里·斯托克，华夏风．作为理论的治理：五个论点［J］．国际社会科学杂志（中文版），2019，36（3）：23－32.

［35］龚建华．基于自身实践的制度探索——浅论"国家治理体系与治理能力现代化"［J］．特区实践与理论，2019（6）：12－17.

［36］龚艳冰，徐续堪，刘高峰．基于正态云期望和方差距离的语言型多属性决策方法研究［J］．统计与信息论坛，2021，36（10）：12－19.

［37］关于《中共中央关于制定国民经济和社会发展第十四个五年规划和二〇三五年远景目标的建议》的说明［N］．人民日报，2020－11－04（002）.

［38］桂琦寒，陈敏，陆铭，等．中国国内商品市场趋于分割还是整合——基于相对价格法的分析［J］．世界经济，2006（2）：20－30.

［39］郭建锦，郭建平．大数据背景下的国家治理能力建设研究［J］．中国行政管理，2015（6）：73－76.

［40］郭亚军，阮泰学，宫诚举，等．线性无量纲化方法在群体评价

中的扩展及选取 [J]. 运筹与管理, 2023, 32 (3): 184 – 190.

[41] 郭亚军, 易平涛. 线性无量纲化方法的性质分析 [J]. 统计研究, 2008, 25 (2): 93 – 100.

[42] 郭亚军. 综合评价理论方法及应用 [M]. 北京: 科学出版社, 2007.

[43] 韩君, 张慧楠. 中国经济高质量发展背景下区域能源消费的测度 [J]. 数量经济技术经济研究, 2019 (7): 42 – 61.

[44] 韩克芳. 法治在国家治理现代化中的地位、作用及其实现路径 [J]. 江西社会科学, 2019, 39 (12): 186 – 192.

[45] 韩亚光. 习近平宪法思想: 中华人民共和国长治久安的根本遵循 [J]. 前沿, 2018 (2): 5 – 19.

[46] 郝保权. 多元开放条件下中国社会主义意识形态安全研究 [M]. 北京: 人民出版社, 2018.

[47] 郝保权. 行为主义之后政治学理论范式发展的三大最新取向 [J]. 学习与探索, 2018 (3): 54 – 66, 175.

[48] 郝淑玲, 米子川. 流动人口基础教育的统计测度与比较 [J]. 统计与决策, 2021 (3): 63 – 66.

[49] 何秉孟. 新自由主义评析 [M]. 北京: 社会科学文献出版社, 2004.

[50] 何慧媛, 卢超. 主流媒体推动国家治理现代化的方式、挑战与应对 [J]. 青年记者, 2020 (10): 19 – 21.

[51] 何建敏, 刘春林, 曹杰, 等. 应急管理与应急系统——选址、调度与算法 [M]. 北京: 科学出版社, 2005.

[52] 何双梅. 正义与社群——社群主义对以罗尔斯为首的新自由主义的批判 [M]. 北京: 人民出版社, 2009.

[53] 何增科. 建立中国国家廉政体系——反腐倡廉体系——对我国有效预防和治理腐败的政策分析 [J]. 党政干部文摘, 2008 (2): 11 – 12.

[54] 和夏冰, 殷培红, 王卓玥, 等. 关于地方推进现代环境治理体系实践进展的述评 [J]. 中国环境管理, 2022, 14 (4): 69 – 73.

[55] 洪力铖. 新公共管理理论对我国公共管理的启示 [J]. 公关世

界，2022（14）：65－66.

［56］胡洪彬．大数据时代国家治理能力建设的双重境遇与破解之道［J］．社会主义研究，2014（4）：89－95.

［57］胡乐明，胡怀国．中国式现代化的政治经济学解析［J］．政治经济学评论，2023，14（2）：14－29.

［58］胡祥．近年来治理理论研究综述［J］．毛泽东邓小平理论研究，2005（3）：25－30.

［59］胡永宏．对TOPSIS法用于综合评价的改进［J］．数学的实践与认识，2002，32（4）：572－575.

［60］胡越秋，矫立军．区域经济一体化视域下我国五大经济带城市开放型经济评价研究［J］．科学决策，2022（1）：106－116.

［61］胡志远，胡顺宇．民主法治视域下国家治理现代化的理论依据与实践逻辑［J］．山西高等学校社会科学学报，2021，33（7）：45－52.

［62］胡忠，张效莉．中国沿海省份经济发展质量评价及障碍因子诊断［J］．统计与决策，2022，38（4）：112－117.

［63］华小义，谭景信．基于"垂面"距离的TOPSIS法——正交投影法［J］．系统工程理论与实践，2004（1）：114－119.

［64］黄建军．中国国家治理体系和治理能力现代化的制度逻辑［J］．马克思主义研究，2020（8）：43－51，155－156.

［65］黄科．政治生态视域中的国家治理能力建构［J］．湖北行政学院学报，2017（6）：46－52.

［66］黄伟群．我国文化产业发展的主要影响因素实证分析［J］．图书情报工作，2014，58（10）：19－23，61.

［67］黄振华，王美娜．政治沟通视角下的地方治理——地方政府沟通指数的测算与分析［J］．行政论坛，2021，28（6）：58－65.

［68］回宇．国家治理现代化视域下思想政治教育现代化研究［D］．长春：吉林大学，2022.

［69］惠康，任保平．西方经济学国家干预理论的述评［J］．西安邮电学院学报，2007（4）：50－54.

［70］火明彩．基于灰色关联改进的TOPSIS法在铁路线路方案综合评

价中的应用 [D]. 兰州：兰州交通大学，2015.

［71］霍光耀. 建设生态文明的思考 [J]. 经济研究导刊，2010（9）：154 – 155.

［72］贾玉娇. 从社会管理到社会治理：现代国家治理能力提升路径研究 [J]. 吉林大学社会科学学报，2015，55（4）：99 – 107，251.

［73］贾玉娇. 走向治理的中心：现代社会保障制度与西方国家治理——兼论对中国完善现代国家治理体系的启示 [J]. 江海学刊，2015（5）：107 – 113.

［74］江红义. 试论波朗查斯的结构主义国家理论 [J]. 海南大学学报（人文社会科学版），2011，29（2）：26 – 31.

［75］决胜全面建成小康社会 夺取新时代中国特色社会主义伟大胜利 [N]. 人民日报，2017 – 10 – 19（002）.

［76］决胜全面建成小康社会 夺取新时代中国特色社会主义伟大胜利——在中国共产党第十九次全国代表大会上的报告 [J]. 吉林人大，2017（10）：4 – 21.

［77］凯恩斯. 就业、利息和货币通论 [M]. 北京：商务印书馆，1994.

［78］孔凡斌，王苓，徐彩瑶，等. 中国生态环境治理体系和治理能力现代化：理论解析、实践评价与研究展望 [J]. 管理学刊，2022，35（5）：50 – 63.

［79］匡继昌. 常用不等式 [M]. 济南：山东科学技术出版社，2010.

［80］李德毅，杜鹢. 不确定性人工智能 [M]. 北京：国防工业出版社，2014.

［81］李登峰. 直觉模糊集决策与对策分析方法 [M]. 北京：国防工业出版社，2012.

［82］李放. 现代国家制度建设：中国国家治理能力现代化的战略选择 [J]. 新疆师范大学学报（哲学社会科学版），2014，35（4）：29 – 35.

［83］李庚香. 建党百年对"中国规律"的探索 [J]. 领导科学，2021（7）：5 – 18.

［84］李国，张亚，王怀超. 基于云模型及粗糙集的民航主数据识别方法 [J]. 计算机工程与设计，2020，41（8）：2338 – 2344.

［85］李金昌.再谈统计测度［J］.中国统计，2019（11）：27-29.

［86］李金华.中国先进制造业技术效率的测度及政策思考［J］.中国地质大学学报（社会科学版），2017，17（4）：104-116.

［87］李景鹏.关于推进国家治理体系和治理能力现代化——"四个现代化"之后的第五个"现代化"［J］.天津社会科学，2014（2）：57-62.

［88］李玲玉，郭亚军，易平涛.无量纲化方法的选取原则［J］.系统管理学报，2016，25（6）：1040-1045.

［89］李琦.基于DOE和TOPSIS的智能手机评价研究［J］.西安：西安电子科技大学，2014.

［90］李伟，马玉洁.国家治理现代化视域下社会治理与经济发展的关系研究［J］.当代经济管理，2020，42（1）：8-13.

［91］李伟伟，易平涛，李玲玉.综合评价中异常值的识别及无量纲化处理方法［J］.运筹与管理，2018，27（4）：173-178.

［92］李新廷.价值、制度与能力——法治提升国家治理体系与治理能力现代化的逻辑与理路［J］.武汉科技大学学报（社会科学版），2016，18（3）：252-256.

［93］李兴国，赵晓冬，张妮.基于中智犹豫模糊灰关联投影的动态多属性决策方法及应用［J］.数学的实践与认识，2019，49（2）：43-55.

［94］李兴奇，高晓红.无量纲化方法的有效性评价［J］.统计与决策，2021（15）：24-28.

［95］李星，蔡琦.我国战略性新兴产业生态创新能力的统计测度与比较［J］.统计与决策，2019（18）：84-88.

［96］李旭辉，李丽雅，殷缘圆.中原城市群经济社会发展统计测度［J］.统计与决策，2021（4）：123-127.

［97］李旭辉."五位一体"总布局视角下经济社会发展绩效综合评价研究——以中国"十二五"期间实证为例［J］.科技管理研究，2019，39（6）：63-71.

［98］李姿姿.国家与社会互动理论研究述评［J］.学术界，2008（1）：70-77.

［99］梁迎修.推进国家治理体系和治理能力现代化的法治之道［J］.

社会治理，2019（11）：24－26.

[100] 林婷."新公共管理"理论范式变革之争［N］.中国社会科学报，2022－12－14（10）.

[101] 林秀梅，张亚丽.文化产业发展影响因素的区域差异研究——基于面板数据模型［J］.当代经济研究，2014（5）：42－46.

[102] 刘方平.论共同富裕与社会主义基本经济制度的政治经济学逻辑［J］.学术界，2023（1）：151－162.

[103] 刘杰.改革开放以来全能型政府向服务型政府的转变论析［J］.毛泽东邓小平理论研究，2008（5）：34－39，84－85.

[104] 刘守威，张玉玲.内生性因素的多维贫困测度及因素变动分析［J］.新疆大学学报（哲学人文社会科学版），2020，48（1）：11－19.

[105] 刘淑芳.法学思维与国家治理体系和治理能力现代化［J］.湖南行政学院学报，2021（2）：57－63.

[106] 刘宇，罗敏，黄杜娟.国家治理能力现代化与政府领导力对接模型的构建［J］.领导科学，2017（8）：22－24.

[107] 柳剑平，龚兆鋆，程时雄.中国技术不平衡的统计测度与分解［J］.统计与决策，2016（24）：88－91.

[108] 娄成武，张国勇.国家治理体系和治理能力现代化与政府治理创新［J］.辽宁行政学院学报，2020（1）：2，5－12.

[109] 陆小莉，姜玉英.京津冀产业结构优化效果的统计测度［J］.统计与决策，2021（8）：90－93.

[110] 罗智芸.国家治理能力研究：文献综述与研究进路［J］.社会主义研究，2020（5）：156－163.

[111] 罗宗毅.现代化道路的文明坐标——以中国式现代化的本质要求为视角［J］.中国行政管理，2022（11）：9－10.

[112] 马俊毅.民族事务治理彰显中国式现代化的逻辑［J］.贵州民族研究，2023，44（1）：13－15.

[113] 马克思，恩格斯.马克思恩格斯文集（第一卷）［M］.北京：人民出版社，2010.

[114] 马茹，罗晖，王宏伟，等.中国区域经济高质量发展评价指标

体系及测度研究 [J]. 中国软科学, 2019 (7): 60 – 67.

[115] 马原, 丁晓强. 党内政治生态考核评价体系: 构建原则、价值构想与模型设计 [J]. 河南师范大学学报 (哲学社会科学版), 2021, 48 (5): 23 – 28.

[116] 毛军军, 姚登宝, 王翠翠. 基于时序模糊软集的群决策方法 [J]. 系统工程理论与实践, 2014, 34 (1): 182 – 189.

[117] 莫纪宏. 国家治理体系和治理能力现代化与法治化 [J]. 法学杂志, 2014, 35 (4): 21 – 28.

[118] 欧文·休斯. 公共管理导论 [M]. 北京: 中国人民大学出版社, 2015.

[119] 潘晴艳, 贺晓宇, 邢魁. 基于多指标综合评价体系的城市经济活力因素分析——以我国 18 个城市为例 [J]. 湖北科技学院学报, 2020, 40 (4): 36 – 43.

[120] 裴长洪. 认识和把握中国式现代化理论的科学内涵 [J]. 经济纵横, 2023 (4): 1 – 12.

[121] 曲洪波, 田宇禾. 加强党的政治建设与国家治理能力现代化辩证统一关系探析 [J]. 山东省社会主义学院学报, 2019 (6): 22 – 28.

[122] 全球治理委员会. 我们的全球伙伴关系 [M]. 伦敦: 牛津大学出版社, 1995.

[123] 冉杰. 新时代国家治理现代化新形态的建构与创新 [J]. 学术研究, 2022 (12): 12 – 16.

[124] 尚子娟, 薛云利, 郝一博. 中国省级文化建设及其外部环境影响因素的实证研究 [J]. 长安大学学报 (社会科学版), 2021, 23 (3): 56 – 65.

[125] 施雪华, 张琴. 国外治理理论对中国国家治理体系和治理能力现代化的启示 [J]. 学术研究, 2014 (6): 31 – 36.

[126] 宋鑫华. 核心政治: 内涵、价值及其发展向度 [J]. 求实, 2015 (8): 68 – 74.

[127] 苏丽敏, 马翔文. 经济高质量发展评价指标体系的构建 [J]. 统计与决策, 2022, 38 (2): 36 – 40.

[128] 苏跃林. 毛泽东人民民主专政理论及其新时代价值 [J]. 黑河学院学报, 2021, 12 (4): 11 – 15.

[129] 孙伟. 新中国国家治理现代化理论与实践研究 [D]. 北京: 中共中央党校, 2020.

[130] 孙岩, 王瑶. 国家治理现代化与党的执政能力: 中国的逻辑 [J]. 广西社会科学, 2016 (6): 32 – 35.

[131] 孙永波, 张悦. 基于云模型的煤炭上市公司绿色发展评价研究 [J]. 中国矿业, 2020, 29 (10): 79 – 85.

[132] 汤海滨. 中国经济发展质量的测度、时空研究及提升研究 [D]. 昆明: 云南大学, 2019.

[133] 唐皇凤, 陶建武. 大数据时代的中国国家治理能力建设 [J]. 探索与争鸣, 2014 (10): 54 – 58.

[134] 唐天伟, 曹清华, 郑争文. 地方政府治理现代化的内涵、特征及其测度指标体系 [J]. 中国行政管理, 2014 (10): 46 – 50.

[135] 唐勇. 国家治理评价指标设计的法理分析 [J]. 观察与思考, 2015 (4): 54 – 59.

[136] 托马斯·孟, 等. 贸易论 (三种) [M]. 北京: 商务印书馆, 1982.

[137] 王春玺, 马源. 民主集中制在国家治理实践中的巨大优势 [J]. 国外社会科学, 2021 (4): 4 – 12, 159.

[138] 王淳, 马海群. 我国数据安全治理体系及路径研究 [J]. 图书馆理论与实践, 2018 (1): 5 – 9, 112.

[139] 王德蓉. 推动绿色发展促进人与自然和谐共生 [J]. 新湘评论, 2022 (22): 20 – 23.

[140] 王佃利. 破解机制性梗阻, 实现"放管服"制度优势 [J]. 国家治理, 2020 (17): 43 – 44.

[141] 王冬冬, 李晶. 陕西省农产品生产效率统计度与评价——基于非参数 DEA 前沿的实证分析 [J]. 数学的实践与认识, 2015, 45 (8): 102 – 110.

[142] 王国胤, 李德毅. 云模型与粒计算 [M]. 北京: 科学出版社,

2012.

[143] 王洪利，冯玉强．基于云模型具有语言评价信息的多属性决策研究 [J]．控制与决策，2005，20（6）：679 – 685.

[144] 王浦劬．全面准确深入把握全面深化改革的总目标 [J]．中国高校社会科学，2014（1）：4 – 18.

[145] 王伟国．习近平法治思想中的马克思主义政党制度建设理论 [J]．法治现代化研究，2023，7（1）：36 – 53.

[146] 王艳珍，颜俊儒．国家治理现代化视域下全面从严治党效能提升的路径研究 [J]．理论探讨，2016（3）：132 – 135.

[147] 王煜，徐泽水．OWA 算子赋权新方法 [J]．数学的实践与认识，2008，38（3）：51 – 61.

[148] 魏晓文．论国家治理体系现代化与治理能力现代化的相互促进 [J]．政治学研究，2014（2）：25 – 28.

[149] 魏治勋．"善治"视野中的国家治理能力及其现代化 [J]．法学论坛，2014，29（2）：32 – 45.

[150] 吴滨．我国先进制造业技术效率的统计测度 [J]．统计与决策，2021（5）：99 – 104.

[151] 吴丹．国家治理的多维绩效贡献及其协调发展能力评价 [J]．管理评论，2019，31（12）：264 – 272.

[152] 西斯蒙第．政治经济学新原理 [M]．北京：商务印书馆，2020.

[153] 夏自军．深化党和国家机构改革 推进国家治理体系和治理能力现代化 [J]．江南社会学院学报，2018，20（3）：6 – 10.

[154] 谢晓娟，辛显华．推进国家治理体系和治理能力现代化的法治建设维度 [J]．辽宁师范大学学报（社会科学版），2021，44（1）：7 – 13.

[155] 辛向阳．当代中国国家治理体系的独特优势 [J]．中国特色社会主义研究，2014（3）：44 – 48.

[156] 辛向阳．推进国家治理体系和治理能力现代化的三个基本问题 [J]．理论探讨，2014（2）：27 – 31.

[157] 辛向阳．习近平国家治理思想的理论渊源 [J]．当代世界与社会主义，2014（6）：65 – 69.

［158］ 熊光清，蔡正道．中国国家治理体系和治理能力现代化的内涵及目的——从现代化进程角度的考察［J］．学习与探索，2022（8）：55 – 66．

［159］ 徐奉臻．从两个图谱看国家治理体系和治理能力现代化［J］．人民论坛，2020（1）：68 – 70．

［160］ 徐辉，师诺，武玲玲．黄河流域高质量发展水平测度及其时空演变［J］．资源科学，2020，42（1）：115 – 126．

［161］ 徐林明，李美娟．动态综合评价中的数据预处理方法研究［J］．中国管理科学，2020，28（1）：162 – 169．

［162］ 徐琳，谷世飞．公民参与视角下的中国国家治理能力现代化［J］．新疆师范大学学报（哲学社会科学版），2014，35（4）：2，36 – 42．

［163］ 徐顽强，段萱．国家治理体系中"共管共治"的意蕴与路径［J］．新疆师范大学学报（哲学社会科学版），2014，35（3）：2，21 – 26．

［164］ 徐勇，吕楠．热话题与冷思考——关于国家治理体系和治理能力现代化的对话［J］．当代世界与社会主义，2014（1）：4 – 10．

［165］ 徐泽水．直觉模糊信息集成理论及应用［M］．北京：科学出版社，2008．

［166］ 许耀桐．习近平的国家治理现代化思想论析［J］．上海行政学院学报，2014，15（4）：17 – 22．

［167］ 许珍．大数据时代国家治理能力现代化的构建路径——整体性治理的视角［J］．广西社会科学，2017（6）：134 – 138．

［168］ 杨冠琼，刘雯雯．公共问题与治理体系——国家治理体系与能力现代化的问题基础［J］．中国行政管理，2014（2）：15 – 23．

［169］ 杨光斌．改革开放的国家治理：坚持方向，混合至上［J］．经济导刊，2019（11）：60 – 62．

［170］ 杨浩勃，滕涛，傅利平．社区多元治理发展阶段评价体系研究——以深圳市宝安区为例［J］．天津大学学报（社会科学版），2020，22（6）：535 – 543．

［171］ 杨丽．《民法典》背景下推进国家治理体系和治理能力建设研究［J］．华北水利水电大学学报（社会科学版），2021，37（3）：89 – 94．

［172］ 杨明洪．基于社会和谐建设的中国社会质量指标体系研究

[J]．西南民族大学学报（人文社会科学版），2015，36（4）：53－62．

[173] 杨荣涛．质监部门"服务型监管方式"探索 [D]．长沙：中南大学，2012．

[174] 杨天宇．斯蒂格利茨的政府干预理论评析 [J]．学术论坛，2000（2）：24－27．

[175] 杨志荣．以制度创新促进国家治理体系和治理能力现代化 [J]．丽水学院学报，2016，38（1）：39－43．

[176] 殷啸虎．统一战线在推进国家治理体系和治理能力现代化中的地位和作用 [J]．上海市社会主义学院学报，2020（1）：5－13．

[177] 应松年．加快法治建设促进国家治理体系和治理能力现代化 [J]．中国法学，2014（6）：40－56．

[178] 俞可平．国家治理的中国特色和普遍趋势 [J]．公共管理评论，2019，1（3）：25－32．

[179] 俞可平．治理和善治引论 [J]．马克思主义与现实，1999（5）：37－41．

[180] 俞可平．中国社会治理评价指标体系 [J]．中国治理评论，2012（2）：1－29．

[181] 俞可平．中国治理评估框架 [J]．经济社会体制比较，2008（6）：1－9．

[182] 郁俊莉，姚清晨．多中心治理研究进展与理论启示：基于2002—2018年国内文献 [J]．重庆社会科学，2018（11）：36－46．

[183] 袁海，吴振荣．中国省域文化产业效率测算及影响因素实证分析 [J]．软科学，2012，26（3）：72－77．

[184] 袁红．国家治理现代化中两个"政治建设"的关系模式探讨 [J]．云南社会科学，2019（6）：24－29，181．

[185] 约瑟夫·斯蒂格利茨．美国真相——民众、政府和市场势力的失衡与再平衡 [M]．刘斌，等译．北京：机械工业出版社，2020．

[186] 岳立柱，许可，施光磊．指标无量纲化的性质分析与方法选择 [J]．统计与信息论坛，2020，36（6）：3－9．

[187] 詹敏，廖志高，徐玖平．非线性无量纲化插值分类的一种新方

法 [J]. 统计与决策, 2015 (19): 72 – 76.

[188] 詹敏, 廖志高, 徐玖平. 线性无量纲化方法比较研究 [J]. 统计与信息论坛, 2016, 31 (12): 17 – 22.

[189] 张大勇. 土地资源有效利用与生态平衡发展研究 [D]. 北京: 中国地质大学 (北京), 2009.

[190] 张芳, 袁嫄. 中国省域生态文明建设协调发展的统计测度 [J]. 统计与决策, 2021 (10): 47 – 51.

[191] 张凤阳. 科学认识国家治理现代化问题的几点方法论思考 [J]. 政治学研究, 2014 (2): 11 – 14.

[192] 张和平, 陈齐海. 基于因子分析—DEMATEL 定权法的期刊综合评价研究 [J]. 情报杂志, 2017, 36 (11): 180 – 185.

[193] 张康洁. 国家生态文明建设示范区时空特征及其影响因素分析 [J]. 统计与决策, 2023, 39 (7): 73 – 78.

[194] 张璐斐, 张艳丽. 大数据视域下的国家治理能力现代化 [J]. 中央社会主义学院学报, 2020 (1): 84 – 89.

[195] 张萌萌, 杨雪冬. 测量抑或规训: 对政治评估指数的评估 [J]. 社会科学, 2022 (11): 113 – 128.

[196] 张强. 决策理论与方法 [M]. 大连: 东北财经大学出版社, 2009.

[197] 张荣臣, 王启超. 党的领导是推进国家治理体系和治理能力现代化的保证 [J]. 理论学刊, 2020 (2): 25 – 33.

[198] 张颖, 黄卫来, 周泉. 基于"垂面"距离的 TOPSIS 和熵权法的产业关联分析——以我国机械设备制造业为例 [J]. 工业技术经济, 2010, 29 (6): 136 – 141.

[199] 张震, 刘雪梦. 新时代我国 15 个副省级城市经济高质量发展评价体系构建与测度 [J]. 经济问题探索, 2019 (6): 20 – 31, 70.

[200] 赵书强, 汤善发. 基于改进层次分析法、CRITIC 法与逼近理想解排序法的输电网规划方案综合评价 [J]. 电力自动化设备, 2019, 39 (3): 143 – 149.

[201] 郑士鹏, 张静宇. 国家治理现代化的内在逻辑——合规律性与合

目的性的统一 [J]. 重庆大学学报（社会科学版），2021，28（3）：279 - 288.

［202］郑燕，周宏. 多指标评价 深入推进政治生态建设 [J]. 中国税务，2019（6）：76.

［203］中共中央关于党的百年奋斗重大成就和历史经验的决议 [M]. 北京：人民出版社，2021.

［204］中共中央关于坚持和完善中国特色社会主义制度推进国家治理体系和治理能力现代化若干重大问题的决定 [M]. 北京：人民出版社，2019.

［205］中共中央关于全面深化改革若干重大问题的决定 [N]. 人民日报，2013 - 11 - 16（001）.

［206］中共中央关于全面推进依法治国若干重大问题的决定 [N]. 人民日报，2014 - 10 - 29（001）.

［207］周迪，钟绍军. 中国多维减贫成效的统计测度研究 [J]. 统计与信息论坛，2019，34（2）：85 - 96.

［208］周志芬. 以协商民主创新社会治理 [J]. 科学社会主义，2014（5）：100 - 102.

［209］朱文毅. 国家治理体系和治理能力现代化的复合维度特征 [J]. 海峡通讯，2020（4）：34 - 35.

［210］朱喜安，魏国栋. 熵值法中无量纲化方法优良标准的探讨 [J]. 统计与决策，2015（2）：12 - 15.

［211］邹克，郑石明. 高等教育不平衡不充分发展统计测度研究 [J]. 清华大学教育研究，2020，41（1）：55 - 64.

［212］C. L. Hwang，K. Yoon. Multiple Attributes Decision Making Methods and Applications [M]. Springer, BerlinHeidelberg, 1981.

［213］Denhardt Robert B. , Denhardt, Janet Vinzant. The New Public Service：Serving Rather than Steering [J]. Public Administration Review, 2000, 6 (60)：549 - 559.

［214］Rhodes R A W. The New Governance：Governing without Government [J]. Political Studies, 1996, 44 (4)：652 - 667.

［215］Stocker G. Governance as Theory：Five Propositions [M]. Oxford： Blackwell， 1998.

［216］Subramanian S. On a Distance Function – based Inequality Measure in the Spirit of the Bonferroni and Gini Indices ［R］. WIDER Working Paper， 2012.

［217］Xu Z S. On multi-period multi-attribute decision making ［J］. Knowledge-Based Systems， 2008， 21： 164 – 171.

［218］Xu Z S， Yager R R. Dynamic intuitionistic fuzzy multiple attribute decision making ［J］. International Journal of approximate reasoning， 2008， 48： 246 – 262.